実務の技法シリーズ **8**

離婚の
チェックポイント

編著

髙中正彦
岸本史子

著

大森啓子
國塚道和
澄川洋子

弘文堂

シリーズ刊行にあたって

　ひと昔は、新人・若手弁護士は、先輩弁護士による OJT によって実務を学び、成長していったものであるが、現在は残念なことに、先輩弁護士から十分な実務の指導を受ける機会を得られない弁護士や指導が短期間に終わってしまう弁護士も、かなりの数に上っているようである。そのような OJT に対する強い要望が背景にあるのであろう、弁護士実務のノウハウや留意点を叙述した新人・若手弁護士向けの実務書が実に多数刊行されている。しかし、それらを見ると、若干高度すぎる内容となっているもの、真に先輩弁護士に相談したい事柄を網羅していないもの、先輩の経験談を披露したにとどまるものなどが混在しているように思われる。

　このような状況の中、私たちは、実務を適切に処理するにあたって体得しておくべき技法を、一覧性のあるチェックポイントと簡潔かつ明快な基礎知識とともに叙述する書籍が必要とされているのではないかと考えるに至った。執筆陣には、新人・若手弁護士に接する機会が多い中堅弁護士を核とし、さらにはこれに気鋭の若手弁護士にも加わってもらった。「実務の技法シリーズ」と銘打ったこの出版企画は、弁護士が実務において直面するであろう具体的な場面を想定し、これを紛争類型ごとに分けたシリーズとなっている。本シリーズは全巻を通して、新人弁護士ノボルが身近な先輩弁護士である「兄弁」「姉弁」に対して素朴な疑問を投げかけ、先輩がこれに対して実務上のチェックポイントを指摘しながら回答していく対話から始まる。その後にチェックポイントをリスト化して掲げることを原則とし、その解説を簡潔に行うという構成となっている。このチェックリストだけを拾い読みしても、有益なヒントを得ることができるものとなっている。さらに、当該事件を処理する上での必携・必読の文献をまとめたブックガ

イドを本編に先立って設けているが、これは類書にはほとんど見られない本シリーズの大きな特色であろうと自負している。また、随所にコラム欄も置き、実務上知っておきたい豆知識や失敗しないための経験知を気楽に身につけることができるようにも工夫した。

　本シリーズは、各法律・紛争分野ごとの巻のほか、これに総論的テーマを扱う巻を加えて順次刊行していく予定である。読者の皆様には、ぜひ全巻を机上に揃え、未経験・未知の案件が舞い込んだときにも、該当する巻をすぐ手にとり、チェックポイントを確認して必要部分の解説を通読していただき、誤りのない事件処理をする一助としていただきたいと念願している。また、ベテランの弁護士の方々にも、未経験の事件のほか、自らの法律知識や実務経験の再チェックをするために本シリーズを活用していただけるならば、望外の幸せである。私たちも、実務家にとってそのように身近で有用なシリーズとなるよう、最大限の努力と工夫を続けるつもりである。絶大なご支援を心からお願いする次第である。

　　2019 年 1 月

高中正彦

市川　充

はしがき

　本書は、法律実務家が新規に事件の受任をする際、事前に何を勘所としておくべきかを簡潔に確認でき、また、深く争点を掘り下げる際の調査の端緒を見つけられるものとして実務処理の道標となることを目指して企画、編集、執筆したものである。

　離婚事件は、若手弁護士が「個人事件」として受任する機会が多い事件類型と思われ、取扱マニュアル的な本も多数ある。しかし、いざ「離婚事件が得意か？」と問われると、自分がまだ結婚していないとか、自分に子どもがいないといった「人生経験の不足」が気になって、苦手意識をもってしまうこともある。また、経験豊富なベテラン弁護士でも、「私は離婚事件が苦手だ」とか「DV案件はやったことがないからできない」「最近の不貞行為には付いていけない」などという理由で、取り扱いを避ける向きもある。

　本書は、そのような「なんとなく難しそう」「なんとなく苦手」という層の方々が離婚事件を受任する際に、「離婚事件に詳しい先輩弁護士が近くにいる」のと同じような気持ちで読んでいただくことを想定している。

　第1章で離婚事件の流れを概観した上で、第2章以降では、実務上、特に当事者間で紛争が先鋭化しやすく、また取り扱いにコツや経験が求められるテーマとして「金銭給付」「子ども」「DV」「不貞行為」を取り上げた。

　各章の項目の頭には**Case**として事例が設定され、それに関して新人弁護士と先輩弁護士が会話をする。新人弁護士がわからないことを質問したり、ミスをするのに対して、先輩弁護士がアドバイスをしたり間違いを指摘して「チェックリスト」と「解説」につながる構成となっている。会話部分は「こんな先輩がいたらいいな」「さすがにこ

んなミスはしないだろう」など、楽しんで読んでいただければ幸いである。

　ブックガイドには離婚事件の「基本書」的なものから「この分野を得意にしたいなら読むべき本」まで幅広く参考書籍を挙げている。本書をとっかかりに、さらに専門性を高めたいときはブックガイドの本にもぜひあたってもらいたい。最先端の議論や運用を追いかけたいなら『家庭の法と裁判』の定期購読をお勧めする。

　本書を上梓するにあたっては、弘文堂の登健太郎氏、中村壮亮氏に大変お世話になった。執筆期間中に養育費等の算定表の改定があったり、新型コロナウイルス感染症が拡大した関係で、シリーズ連続発刊のスケジュールが遅れることになってしまったが、特に中村氏の粘り強くあたたかいサポートのおかげでなんとか発刊に漕ぎ着けることができた。この場を借りて心からお礼を申し上げる次第である。

　　2021 年 6 月

岸本　史子

目次 *contents*

第**1**章 総論 —— 1

I … 法律相談 ———————— 2

II … 手続の選択 ——————— 12

第**4**章 DV がある場合の対応 —— 149

凡　例

【法令】

　本書において法令を示すときは、令和 3 年 4 月 30 日現在のものによっている。なお、かっこ内で参照条文を示すときは、法令名について以下のように略記した。

民	民法
戸籍	戸籍法
民訴	民事訴訟法
人訴	人事訴訟法
家事	家事事件手続法
DV 防止	配偶者からの暴力の防止及び被害者の保護に関する法律
保護命令手続規則	配偶者暴力等に関する保護命令手続規則
児童の権利条約	児童の権利に関する条約

【判例】

最大判（決）	最高裁判所大法廷判決（決定）
最判（決）	最高裁判所小法廷判決（決定）
高判（決）	高等裁判所判決（決定）
地判（決）	地方裁判所判決（決定）
民集	最高裁判所民事判例集
集民	最高裁判所裁判集民事
判時	判例時報
判タ	判例タイムズ

■ 離婚事件の入門に適した本 ■

東京弁護士会法友全期会家族法研究会編
『離婚・離縁事件実務マニュアル〔第3版〕』
（ぎょうせい・2015年）
タイトルの通り、実務のマニュアルとして使い勝手がよい。網羅性があって調査のとっかかりになる。

吉岡睦子＝榊原富士子編著
『Q＆A離婚相談の法律実務』
（民事法研究会・2020年）
離婚事件に精通した弁護士が、基本から実務の運用までをコンパクトにまとめていて読みやすい。

■ 必携！ 必ず読むべき本 ■

秋武憲一
『離婚調停〔第4版〕』
（日本加除出版・2021年）
著者は元裁判官。離婚調停の基礎から裁判所の運用まで、詳しく丁寧に説明されている。

秋武憲一＝岡健太郎編著
『離婚調停・離婚訴訟〔三訂版〕』
（青林書院・2019年）
元裁判官と現役裁判官による離婚事件の基本書的な本。書式も充実している。

司法研修所編
『養育費、婚姻費用の算定に関する実証的研究』
（法曹会・2019年）
「算定表」のオリジナル。表はウェブサイトでも入手できるが、算定方法の解説などはこれを見ておきたい。

■ もう一歩進んで読みたい本 ■

二宮周平＝榊原富士子
『**離婚判例ガイド**〔第3版〕』
（有斐閣・2015年）

離婚関係で判例を探すならこれ。未公表・判例集未掲載の判例まで載っている。

日本弁護士連合会家事法制委員会編
『**家事事件における保全・執行・履行確保の実務**』
（日本加除出版・2017年）

履行確保に特化した充実の1冊になっている。

松本哲泓
『**離婚に伴う財産分与――裁判官の視点にみる分与の実務**』
（新日本法規出版・2019年）

財産分与について豊富な裁判例も掲載した解説になっており、財産分与関係では必読。

小島妙子
『**Q＆A財産分与と離婚時年金分割の法律実務――離婚相談の初動対応から裁判手続まで**』
（民事法研究会・2018年）

財産分与と年金分割について弁護士実務の観点から解説したわかりやすい1冊。

渡辺惺之監修、大谷美紀子＝榊原富士子＝中村多美子著
『**渉外離婚の実務――離婚事件の基礎からハーグ条約まで**』
（日本加除出版・2012年）

渉外家事について丁寧に解説している。

水野有子
『**Q＆A家事事件手続法下の離婚調停――人事訴訟と家事審判を踏まえて**』
（日本加除出版・2016年）

家事事件手続法における調停等について現職裁判官（家事法の法制審委員で前東京家裁所長代行）が解説している。わかりやすく、参考文献等も記載されている。

家庭の法と裁判研究会編

『家庭の法と裁判』

（日本加除出版・隔月刊。現在、32 号まで刊行されている）

最新の動きがわかる雑誌。家事事件に詳しい弁護士は定期購読していることが多い。

■ 論点別 手元に置くべき本 ■

【子ども関係】

片岡武 = 萱間友道 = 馬場絵理子

『実践調停 面会交流──子どもの気持ちに寄り添う調停実務』

（日本加除出版・2018 年）

面会交流の調停実務がとてもよく分かる 1 冊。

近藤ルミ子 = 西口元編著

『離婚をめぐる親権・監護権の実務──裁判官・家裁調査官の視点をふまえた弁護士実務』

（学陽書房・2016 年）

親権・監護権について調査官調査も含めた解説等が充実。

【不貞行為関係】

中里和伸

『判例による不貞慰謝料請求の実務』

（LABO・2015 年）

不貞慰謝料請求に特化した実務書。類似事案を参照するときに使用したい 1 冊。

中里和伸

『判例による不貞慰謝料請求の実務──主張・立証編』

（LABO・2017 年）

不貞慰謝料請求訴訟の主張や立証方法で迷ったときに参照したい 1 冊。

中里和伸

『判例による不貞慰謝料請求の実務──最新判例編 1』

（LABO・2020 年）

シリーズ最新の 1 冊。近時の慰謝料額を知りたい場合などに参照したい。

大塚正之
「不貞行為慰謝料に関する裁判例の分析（1）～（5・完）」
（『家庭の法と裁判』10 号（2017 年 7 月号）、11 号（同年 10 月号）、12 号（2018 年
　1 月号）、14 号（同年 6 月号）、15 号（同年 8 月号））
本文にも引用したが、著者の鋭い分析が実務家には大変参考になる。

【DV 関係】

小島妙子
『DV・ストーカー対策の法と実務』
（民事法研究会・2013 年）
DV の基礎知識とともに実務上の問題点が詳細に説明されている。平成
25 年改正 DV 防止法にも対応している。

打越さく良
**『Q＆A DV 事件の実務──相談から保護命令・離婚事件
まで〔第 3 版〕』**
（日本加除出版・2018 年）
前半は、DV 事件の基礎的な知識が網羅されている。後半は、実務家が
間違えやすい内容あるいは疑問に思う内容について Q＆A 方式で簡潔に
まとめられている。平成 25 年改正 DV 防止法にも対応している。

東京弁護士会両性の平等に関する委員会編
『DV・セクハラ相談マニュアル』
（商事法務・2012 年）
平成 25 年改正 DV 防止法前のものであるが、DV 事件に関して実務家
が知っておくべきポイントがコンパクトにまとめられている。

第 1 章

総論

I…法律相談

Case

ノボル弁護士は、ボス弁と姉弁のいる事務所に所属する登録1年目の弁護士である。学生時代の友人Aから「幼なじみのXが夫Yとの関係で悩んでおり、離婚も考えているらしいので話を聞いてもらえないか」との連絡があり、Xが来所することになった。

Xについての事前情報は、A経由で得た「夫は年上のサラリーマン」「Xは専業主婦」「小学生の子どもが1人いる」「夫婦は不仲」という程度しかない。

ノボル弁護士は初回の法律相談でどのようなことを聴取し、またどのようなことを説明すべきだろうか。

• • •

ノボル：先輩、今度友人の紹介で離婚の相談を受けることになったんですけど、離婚調停の着手金って申立側だといくらもらえますか？

姉　弁：えっ、もう離婚調停を受任するって決まっているの？　離婚しか選択肢はないケースなのかしら。お子さんはいないの？

ノボル：ええと、お子さんはいるそうです。依頼者は母親で子どもは小学生だから、こっちが引き取るって言うのではないでしょうか。

姉　弁：子どもと2人でこれからの生活は可能なの？　仕事はしているの？

ノボル：本人は専業主婦だということなので、これから探すんじゃないですか。

姉　弁：簡単に言うわね。

ノボル：生活費は、夫から養育費をもらえば何とかなるんじゃないですか。

姉　弁：あなた、調停で認められる養育費ってどのくらいか知っているの？

ノボル：それは僕でも知ってますよ。裁判所の基準があるんでしょ。確かにそれ

だけでは生活に十分ではないけれど、慰謝料とか財産分与と合わせれば、しばらくは暮らせるんじゃないですか。

姉　弁：慰謝料がもらえる事案なの？　離婚原因は何？

ノボル：それはまだ聞いていません。でも離婚事件ってだいたい女性側がもらえるじゃないですか。

姉　弁：なんなの、その安易な発想は。そもそも確実に離婚できる事案なの？　調停の話が出るくらいだから、相手は離婚に同意していないんでしょう？

ノボル：そこはまだわかりません。でも話し合うなら、まずは調停ですよね。

姉　弁：あのねえ。離婚事件はその人のこれからの人生がかかっているのよ。離婚を申し出たけど認められませんでした、で元の家族に戻れるわけじゃないでしょう。裁判での勝訴の見込みや今後の生活の経済的な問題など、いろいろな事情をふまえて作戦を立てる必要があるのよ。

ノボル：え……。結構大変なんですね。わかりました。調停という思い込みを捨てて、まずはご本人の事情を聞いてみます。

Check List

□離婚相談を受ける心構えはどんなものか〔→ 1〕

□法律相談カードは準備しているか〔→ 2〕

□法律相談カードにはどのような項目を記入してもらうか〔→ 2・3〕

□どのような資料を持参してもらうべきか〔→ 3〕

□「不受理届」について説明したか〔→ 4〕

□聞き取りの結果、見通しを立てることができたか〔→ 5〕

□見通しが不利な場合、そのことをきちんと説明したか〔→ 5〕

□方針を説明し、理解を得たか〔→ 5〕

□受任の場合、委任事項の範囲を説明し委任契約書を作成したか〔→ 6〕

〔 解説 〕

1 離婚事件の心構え

　今や「3組に1組は離婚する」といわれ、2019（令和元）年の離婚件数は20万件を超えている。離婚は身近な法律問題となっていて友人や知人からの相談も受けやすいことから、若手弁護士が取り扱う機会の多い類型といえよう。その一方で離婚事件は個々の事件の個性が強く、夫婦の形も様々であるから、たとえば債務整理事件のような画一的処理になじまない。そのため対処方法がマニュアル化しづらく、若手弁護士が処理方針や手順について悩むことも多いと思われる。

　離婚事件の特色として「現在進行形」「未来志向」「感情的」ということが挙げられる。そして、それに取り組む弁護士には、家事事件の法的特色である「後見的」「裁量的」という面を意識した活動が求められる。

　弁護士の取り扱う事件のうち訴訟事件は主として「過去に何があったのか」を争うものであるが、離婚事件はそうではない。子の監護状況や当事者の生活状況は日々変化し（現在進行形）、また事件の終了が新しい生活のスタートとなる（未来志向）。事件処理は「これからの生活」に直結するため、検討するのは法律問題にとどまらない。そして多くの事件は当事者間の感情的対立が激しく、精神的な負担も大きい（感情的）。そのためメンタルケアの側面もあるが、依頼者の感情に引きずられないように注意する必要がある。子どもがいる事案では、弁護士として依頼者の利益だけでなく「子の利益」を常に考える必要があるし（後見的）、多くの場合裁判所に「その他一切の事情を考慮し」という広範な裁量があるので（裁量的）、代理人は裁判所が裁量的判断を行いやすいような「材料」を多く、的確に提供できるよう努力しなくてはならない。

　離婚事件は依頼者の人生に大きな影響を及ぼすものである。弁護士としては「依頼者に寄り添う」気持ちを持ちつつも一定の距離を保っ

て、冷静な処理をすることを心がけたい。

◀ コラム ▶ 共感には種類がある

　離婚事件をめぐっての弁護士懲戒事案に、「情動的共感」に起因すると思われる案件がある。日弁連機関誌『自由と正義』の懲戒処分公告でも、妻からの委任を受けた弁護士が夫の勤務先に不貞行為を働いている旨を記載した書面を送付した行為、夫の勤務先の上司に電話をかけて、夫が犯罪行為を行っていると述べ、さらに然るべき懲戒処分を求めるとの文書を送付した行為等が懲戒処分の対象となっている（飯島澄雄＝飯島純子『弁護士心得帖』（レクシスネクシス・2013年）225頁）。

　これらは、「熱心弁護」あるいは「やり過ぎ弁護」と呼ばれているが、飯田高東京大学教授は、市場経済の浸透に伴い、サービス業全体に「心の商品化」が進行しているとともに、共感あるいは同情の大切さが社会でことさら強調されるようになっていると指摘する。そして、この共感には、他者の立場を理性によって理解する「認知的共感」と他者と同じ感情を自らも経験する「情動的共感」とがあるところ、後者が優位に立つと人は判断を誤りやすくなると述べる（高中正彦＝石田京子編『新時代の弁護士倫理』（有斐閣・2020年）173頁）。飯田教授は、依頼者と対話する中で情動的共感が支配的にならないようにする仕組みが大切であると説くが、全く異論がない。

　離婚事件は、ほぼ全ての弁護士が手がける案件といってよいであろう。そして、親しい友人や親戚の人から依頼されることも多いように思われる。人間関係が密であると、ついつい「情動的共感」に陥りやすい。気をつけなければならない。　　　　　　［高中正彦］

2 法律相談の準備（法律相談カードの活用）

　離婚事件の法律相談は、依頼者側に「聞いてほしいこと」が溢れているため、相談時間が長くなりやすい。しかも「契約書」のように事案の基本となるべき資料がないため、弁護士側も話のポイントを絞りづらい。

　そこで初回の法律相談を効率的に行うためには、事案の概要を簡潔に把握するための工夫が必要となる。

　具体的には、聴取すべきことをリストアップした「法律相談カード」を準備し、これに記入してもらうのが有効である（これは事務所内の利益相反チェックにも役立つ）。事前に連絡が可能ならば、あらかじめ記入したカードを持参してもらう。そうでない場合は、来所してから10分程度で記入してもらう。弁護士がそれを一読してから相談をスタートすることで、相談の核心部分に割ける時間が長くなる。

　また簡単な「時系列表」を準備してもらうのも役立つ。時系列表は事件の進行に応じて詳しいものを作る場合もあるが、初回相談の時点ではごく大まかなものでよい。出会い、交際、結婚、出産、就職、転職、引越し、子の入学卒業といった項目を絞れば依頼者も作りやすい。そのうえで事案に応じたトラブル（暴力や不貞行為）を適宜加筆していけば良い。

　その他としては、戸籍謄本（全部事項証明書）、不動産登記簿謄本（全部事項証明書）を持参してもらうと基礎資料として便利である。

3 聴取すべきこと

(1)聴取の順序──概要の把握　　まずは基本的事項として、次のような外形的事項から聴取する。

・家族構成、家族の生年月日（子どもの年齢の把握のため）

・婚姻日、同居開始日、別居の有無、別居していれば別居開始日

・住所、連絡先、職業、勤務先、収入

・資産、負債など

その後、離婚したいのはどちらか、離婚意思は固いか、その理由は何か、相手は離婚に応じるか、といった内面の聴取に移るとよい。そのようにして紛争の概要を把握できたら、その内容に応じて聴取内容を絞っていく。

　たとえば「相手が離婚に応じない場合」「離婚は合意できるが金銭面の条件がまとまらない場合」「子どもの親権で争っている場合」では、それぞれ聴取のポイントも変わってくる。

　また、依頼者は「自分に不利だと思うこと」は語りたがらないが、不利な事実でも知っておかないと、戦術を誤ってさらに不利になることがある等と説得して、できるだけ聞き出すよう努力する。たとえば「それに対して相手は何と反論してくると思いますか？」「そのことが何かの拍子で相手方に知られたら、相手方はどうすると思いますか？」のように視点を変えた質問をすると、それまで出ていなかった事実が出てくることもある。

(2)離婚原因の有無　依頼者（または相手方）の主張する離婚原因が何かについては、その後の手続選択に大きな影響を及ぼすので詳しく聴取する。最初は任意の交渉であっても、「最終的に裁判になったとき、裁判所がこの離婚原因で離婚を認めるかどうか」という視点は常に持っておく必要がある。

(3)聴取すべき事項　紛争類型によって念頭におくべき項目の一例
　・離婚の可否　　離婚原因の有無
　　　　　　　　　主張内容を立証できる証拠の有無
　・子の処遇　　　親権、養育費、面会交流
　　　　　　　　　これまでの監護状況と今後の生活見通し
　・財産関係　　　婚姻費用、財産分与、慰謝料、年金分割
　　　　　　　　　資産および負債（住宅ローン）の資料、管理状況

4　離婚を求められている側からの相談の場合
(1)相手の出方を読む　相談者は離婚を希望しておらず、配偶者か

ら離婚を求められているという事案でも、基本的な聴取内容は同じである。

相談者は「相手からこう言われているのですが、離婚しなくてはいけませんか？」というスタンスで相談にくることが多いので、やはりまずは相手方の主張する離婚原因について、「裁判になった時に裁判所が離婚を認める可能性があるかどうか」という観点から検討することが必要になる。ただ、仮に「裁判所は離婚を認めないだろう」と思われたとしても、それで相談を終了して良いわけではない。相手は「離婚したい」のだから、相談者に離婚を認めさせるために策を弄してくる可能性もある。相手がどんなことをしてくる可能性があるか、その場合にどう対応したら良いか、といった先の見通しまで話すことができると相談者の安心につながる。

たとえば、相手方が「別居して別居期間を稼ごうとする」「夫婦関係の破綻を主張するため、そのような証拠を集めようとする」のであれば、仮に相手が家を出たとしても連絡を取り続ける努力をするとか、子どもの行事に同行するなど「夫婦関係は破綻していない」ことを示すような行動をしておく、といったことである（今ではメールやラインなど証拠に残りやすい方法があるので有利に活用する）。相手が、なんとか離婚を認めさせようとして「生活費を渡さずに困らせる」行為に出た場合は、早期に婚姻費用の分担を求めることも考えられる。

（2）不受理届　　無断で離婚届を提出されないようにするためには離婚届の「不受理届」（離婚届不受理申出。戸籍 27 条の 2 第 3 項）という制度がある。平たくいえば、「離婚届を受理しないでください」という届出である。たとえば、相手の勢いに押されて協議離婚届に署名捺印して渡してしまったが本当は離婚したくないとか、相手が勝手に署名捺印をして（偽造）協議離婚届を出してしまう危険性がある場合は、不受理届を検討すべきである。協議離婚届がいったん受理されてしまうと、仮にそれが偽造によるものであったとしても離婚を無効にするためには訴訟手続をとらなくてはならず、負担が非常に大きくなって

しまう。なお、不受理届には有効期間がないので、もしその後納得して協議離婚することになったときは取り下げを忘れずに。

5 説明しておくべきこと（不利なことも）

　事件の概要が摑めると、それに対する法的見解を求められる。しかし法律相談で把握した事実はあくまで「一方当事者の主観によるもの」であるから、見通しを述べるにあたっては「今説明を受けた事実関係が認められたとすれば」等の前提をおくことが望ましい。これは離婚以外の事件でも同じことではあるが、離婚事件はその多くが家庭内の出来事のため証人もなく、双方の言い分が食い違うことがむしろ普通であるから、より慎重さが求められる。依頼者には、相手方当事者にも言い分があること、こちらの主張が認められない可能性もあることを説明しておくべきである。なお、あまり「相手の言い分」を強調すると、依頼者は自分の主張を否定されていると感じることもある。同じことを言う場合も、「もし私が相手方から相談を受けた弁護士だとすると、こういう反論をするかもしれません」とシチュエーションを変えると敵対感が薄まることがある。

　また、最近では依頼者が事前にインターネット等で情報収集をして、「私はいくらもらえるはずだ」と言ってくることがある。芸能人の離婚のニュースを参考に高額の慰謝料をイメージする人もいるが、一般的な離婚事件の慰謝料相場は数十万円から 200 万円程度が多く、300万円を超えるようなことは稀である。また、芸能ニュースでは「財産分与」と「慰謝料」を区別せずに、「離婚に伴って支払われる金銭」が「慰謝料」と表現されることもある。

　依頼者にとって耳の痛いことや不利なこともきちんと伝えることが、結局は依頼者の信頼を得ることにつながるのである。

6 受任（タイミング・費用など）

　相談の結果、弁護士が付いた方が良いと判断された場合も、委任を

受けて弁護士が表に出るタイミングは慎重に検討する必要がある。

　まず、本人の離婚意思自体が揺れているような場合は、本人の意思が固まるまで安易な介入は控えた方がよい。実際、弁護士に相談したが、その後離婚を思いとどまるケースはかなりある。

　弁護士が介入する場合でも、現在同居しているのであれば、同居を続けたまま離婚の話をするのか、別居するのかによっても対応は変わってくる。夫婦が同居しながら弁護士をつけて離婚交渉をすることはイメージしにくいかもしれないが、同居を継続せざるを得ないときは「離婚条件については弁護士を介して話すこととし、家庭内では離婚条件の話をしない」とルールを作ることによって日常生活が送りやすくなることもある。

　また、依頼者が家財道具をすべて持ち出すような強引な別居を強行しようとする場合も注意を要する。弁護士がついていながらそのような行為をすると、実際には依頼者が独断でやったことでも「弁護士が指南してやらせたのだろう」と弁護士の責任を問われることがある。

　受任に際して委任契約書の作成が必要なのは他の事件と同様である。離婚事件では、弁護士名を出さないアドバイスの段階から、代理人としての任意の交渉、調停、裁判と段階をふんでいくことが多いので、当初の着手金がどこまでをカバーするか、段階がかわったときに追加費用はいくらになるか、といったことも明確にしておくべきである。

【 *Answer* 】

　「当事者の主張する離婚原因が裁判所の認める離婚原因足りうるか否か」が、その後の方針決定に大きな影響を及ぼすので、法律相談ではその視点で事実関係について、立証の可能性も含めて聞き取ることが必要である。

　聞き取りの結果、本人の意向に沿った解決が難しいと考えられた場合も「それは無理ですね」で終わらせることなく、そう判断した理由を丁寧に説明したうえで、今後とりうる手段やそのメリット・デメリットを説明できるとよい。

◀ コラム ▶ 法律相談

　法律相談に関する教室設例として、次のようなものがある。

　「自治体の無料法律相談に行ったところ、ある人妻から離婚の相談を受け、離婚の法律手続、婚姻費用や養育費の算定表、慰謝料の相場を回答した。後日、その妻の夫が離婚調停の相手方代理人を依頼してきた。受任してよいか。受任を断る際、妻の法律相談をしたことを話してよいか」

　もちろん、妻の法律相談に回答したことは、弁護士法25条1号・職務基本規程27条1号の「相手方の協議を受けて賛助した事件」の取り扱いに該当するから、夫からの受任は不可である。また、依頼をしていた夫に対し、妻の法律相談を受けてしまったことを告知することは、弁護士法23条の守秘義務違反・刑法134条の秘密漏示罪となることも明らかである。

　以上の結論は、利益相反や守秘義務の初歩的なものといってよいのであるが、現在は、弁護士1人の事務所は少数派となり、全弁護士の4分の3は共同事務所に所属している。そして、弁護士職務基本規程57条は、共同事務所の1人の弁護士に職務基本規程27条（弁護士法25条各号）の事由があるときは他の弁護士も原則として職務を行ってはならないと規定しているから、その共同事務所に所属する全員が妻はもちろん夫の代理人にもなれないことになっている。事務所に入所したばかりの勤務弁護士が自治体等の法律相談を担当したとき、どのような相談があったのかをきちんと把握しておく態勢が求められるのである。

　無料法律相談では、弁護士は名前も名乗らないことが多いし、相談数が多いときは案件を覚えてはいられない。しかし、法律相談に来た人は、相談担当の弁護士のことはよく覚えているものである。

[髙中正彦]

II…手続の選択

Case

依頼者Xからの法律相談の結果、次のような事情がわかった。

・Xは専業主婦。夫Yはサラリーマン。息子Bは小学4年生。

・夫Yには浮気や暴力といった問題はないが、すぐにXを自分の母親と比較して文句を言うため、Xは気が休まらない。またプライドが高く、気に入らないことがあると何日もXのことを無視することがある。Xは家庭内の雰囲気を守るため、最後には自分が折れて謝っていた。

・ここ2年ほどは生活時間帯が合わないこともあって食事は別々にとっていた。

・先日、些細なことからまたYがXを無視するようになったが、今回は無視が長く続いた上、YがBのことまで無視した。それを指摘すると「誰のせいでこうなった」などと激昂したため、Xは離婚を決意した。

・夫Yは息子Bに冷淡だが、Yの母親（Bの祖母）はBを溺愛しているため離婚には応じない気配。XはBとは絶対に離れたくない。

・家計は夫Yが管理しておりXは毎月の生活費をもらってやりくりしているので、貯金がいくらあるのかわからない。

ノボル弁護士は今後どのような手続を選択すべきか。

●●●

ノボル：先輩、この前話した離婚の件、昨日来てもらって詳しい話を聞きました。

姉　弁：あらそう。で、どうだった？　離婚原因は何なの？

ノボル：それがちょっとはっきりしないんですよね。ご主人がマザコンとか神経質とかいうくらいで。裁判所が認めてくれそうな離婚原因とはいえない感じです。相手は離婚に消極的ということだから、離婚は無理だと言おうと思っているんですけど。

姉　弁：ちょっと待ってよ。諦めが早いわね。でも本人は離婚したいんでしょう。ええと、表面的には夫婦円満なの？

ノボル：いえ、もう2年くらいまともに口を利いていなくて、連絡事項はメモかライン、食事も別々ということでした。

姉　弁：それなら、離婚を認められる可能性もなくはないんじゃない？

ノボル：そうなんですか！　本人は、もう同じ空間にいるのが耐えられないというくらい相手を嫌っていて、過呼吸の発作を起こしたこともあるそうです。

姉　弁：そういうのも重要よね。診断書はとってあるの？

ノボル：発作はすぐ収まったので、病院には行っていないんです。

姉　弁：それは残念ね。そういう細かい事実の積み重ねで、離婚に持ち込める場合もあるのよ。あとは、本人がそこまで追い詰められているなら、別居を先行させる方法もあるんじゃない？

ノボル：でも、子どもを連れていきなり家を出たら大事件になるんじゃないですか？

姉　弁：黙って出るだけが別居じゃないでしょ。体調不良を理由に、相手の同意を得て別居することもあるわ。

ノボル：なるほど。じゃあ、まずは内容証明で別居を申し入れるんですね！

姉　弁：内容証明!?　何ですぐそうなるの。そもそも、弁護士が介入すべきタイミングなの？　まだ早いんじゃない？

ノボル：顔を出さずにアドバイスだけするのって、なんか「裏で糸を引いている」みたいじゃないですか。そういうのは好きじゃないなあ。

姉　弁：あなたの好みは聞いてないの。離婚理由が弱いなら弱いなりに、本人の

意向を実現できるようにいろんな方法を考える必要があるでしょう。どこで弁護士が介入するかも戦略のうちよ。

ノボル：先輩、悪い顔になってますよ。

Check List

□弁護士介入前にやっておくべきことはないか［→ **1**］

□離婚原因となる事実を立証する証拠はあるか［→ **1**］

□争点は離婚そのものか、離婚条件か［→ **2**］

□相手方と話し合いをすることは可能か［→ **2**］

□当事者の主張する離婚原因は何か［→ **3**］

□離婚原因は裁判所が離婚を認める内容といえるか［→ **3**］

□現状で離婚原因が不足している場合、追完が可能か［→ **3**］

□破綻を主張できるか［→ **4**］

□別居期間はどのくらいか［→ **4**］

□調停申立て前にやっておくべきことはないか［→ **5**］

［ 解 説 ］

1 戦略をたてる

　弁護士が相談を受けて受任に至る場合でも、その関与の仕方は多様である。また、離婚に至る準備（離婚原因に関する証拠収集、資産の調査、就職活動、住まいの確保など）を行う間、あえて離婚についての交渉を開始せず、これまで通りの生活を続けることもある。その場合、弁護士は表に出ずにサポートを行うことになる。

　弁護士が「離婚したい」という相談を受けた後の展開として、たとえば、

　・離婚意思を秘して準備をする

・本人が相手に離婚意思を伝える

・本人が離婚について交渉をする

・弁護士が代理人となって交渉をする

・離婚調停を申し立てる

というような流れがありうるが、事案によって「本人による交渉」を飛ばすこともあるし、任意の交渉を行わず調停に入ることもあろう。

このほか、「子の奪い合い」があれば仮処分を検討することもある。

離婚事件を受任したからといって、すぐに受任通知を出して介入すると、相手方が防御態勢を固めてしまい、結果として資産の調査に余計な時間がかかるケースもある。また、本人が専業主婦であるような場合は離婚後の生活維持のために、まず就職活動をすべきこともある。いずれにしても「離婚」だけを見るのではなく、本人・子どもの将来を含めた複合的な視点で、問題解決に向けて何を優先して行うべきかを見極めたい。

2 離婚の種類

離婚には、夫婦の合意によって離婚届をする協議離婚（民763条）のほか、調停離婚、裁判離婚（和解離婚、判決離婚）、審判離婚がある。

当事者間で合意ができない場合でも、すぐに離婚訴訟を提起することはできず、まずは調停手続をとる必要がある（調停前置主義。家事257条1項）。これは、離婚のような家庭内の紛争は、公開の法廷よりも非公開の手続の中で話し合う方がプライバシーが守られること、訴訟手続による100か0かの解決よりも事案に応じた柔軟な解決に馴染むことなどから定められたものである。実際に、離婚調停では特に住宅ローンの取り扱いや面会交流の方法等で工夫を凝らした合意が行われており、これは判決では得られない解決といえる。ちなみに、調停を経ずに訴えを提起したときは裁判所は却下ではなく職権で事件を家事調停に付すことになるが、ごく例外的に「裁判所が事件を調停に付することが相当でないと認めるとき」は、そのまま裁判を開始する

こともできる（同257条2項）。

2018（平成30）年の政府統計によると、離婚全体（20万8333件）のうち、協議離婚が87.4%、調停離婚が9.5%、審判離婚が0.5%、和解離婚が1.6%、判決離婚が1%となっている。9割近くが協議離婚であって、調停以上の法的手続を利用しての離婚は全体の1割程度、なかでも裁判まで至る離婚事件はほんの数%なのである。

したがって、離婚についてはまず当事者間で話し合いを行い、それがまとまらないときに家庭裁判所に申し立てをして調停を行うことになる。調停の結果「離婚については合意できたが、財産分与についてはわずかな相違で合意できない」ような場合は調停に代わる審判がなされることもあるが、調停が不成立となった場合は離婚訴訟を提起する、というのが離婚手続の流れである。

3　離婚原因

(1)法定の離婚原因　　婚姻を1つの契約だとすると、離婚原因は契約解除事由にあたる。すなわち、相手方の同意がなくても裁判所が一方的に契約を破棄できる事由である。

離婚原因は、民法770条1項に次のとおり、定められている。

1号　配偶者に不貞な行為があったとき。

2号　配偶者から悪意で遺棄されたとき。

3号　配偶者の生死が3年以上明らかでないとき。

4号　配偶者が強度の精神病にかかり、回復の見込みがないとき。

5号　その他婚姻を継続し難い重大な事由があるとき。

このうち1号から4号までは「具体的離婚原因」であって、これに該当する事実の有無が主張立証の対象となる。5号は「抽象的離婚原因」であるため、一定の事実（評価根拠事実）とそれに対する評価が主張立証の対象となる。多くの離婚事件で争点となるのは5号である。

1号から4号はそもそも解釈の余地が狭いうえ、ほぼ判例も定着

している。たとえば「不貞行為」は異性と自由意思に基づく性的関係を持つことであり（最判昭和48・11・15民集27巻10号1323頁）、回数は問われない。「同性との関係」「自由意思でない」「性的関係を伴わない」場合は原則として1号の不貞行為には該当しない。ただし、近時の裁判例では同性間の性的行為が不貞行為にあたるとするものもあり、社会の変化とともに不貞行為の定義も変わる可能性があるので、今後の動向を注視する必要がある。また、1号の不貞行為に該当しない行為であっても5号に該当することはある。

　依頼者から「どこまでの行為があれば不貞行為と言えるか」と質問されることがあるが、基本的には不貞行為とは「性的関係を持つこと」である。一般的に性的関係があったことを直接に証拠で立証することは困難であるため、多くは「どのような間接事実があれば性的関係を持ったと認定できるか」が争われる。たとえば、ホテルから2人揃って出てきたところの写真があっても素直に性的関係を認めることは稀で、逆に性的関係はなかったと反論されることも多い。そのようなときはホテルの種類や時間帯、ホテルを利用する特段の理由の有無などを積み上げて推認させるようにもっていくことになる。性的な内容のメールのやり取りも同じであるが、これらは直接に性的関係の立証（1号）につながらなくとも、「婚姻生活の平和を害する行為」として5号に該当しうるから、主張立証をする側としては1号とともに5号も主張すべきであろう。

（2）婚姻を継続し難い重大な事由　　民法770条1項5号に該当すると認定された事項は多岐にわたるが、「婚姻を継続し難い重大な事由」とは、「その事由によって婚姻共同生活を維持・継続することが困難」「そのような事由があれば婚姻関係が破綻している」と認められる程度の事由ということになろう。

　これまでに裁判例で認められた事由としては、暴行、虐待、重大な侮辱、ギャンブル、過度の浪費、借財、勤労意欲の欠如、犯罪行為による収容、重大な疾病や身体的障害、宗教活動、親族との不和などが

ある。いずれも、各行為が直ちに離婚事由になるわけではなく、ギャンブルや借財のために家計が維持できない程度になったり、宗教活動に没頭して共同生活に支障が生じるほどになったりすれば離婚事由となる。「勤労意欲の欠如」については、単に「働いていない」ことが問題なのではなく、「働かなくてはならない経済状態にあり、特段の理由がないのに、勤労意欲がなく就労しない」ことが問題だということになる。親族との不和も、不和そのものではなく「不和を放置して解消に協力しない態度」が問題とされる。結局のところ、婚姻関係を維持・継続しようという意欲があるかどうかで、その意欲がなければもう共同生活は困難ということになろう。

「婚姻共同生活」が経済的な側面を有することには争いがなく、経済的に破綻していればもう一緒には暮らせないのは当然であろう。しかしそれ以外の面については、当事者が婚姻に何を求めているかによって捉え方が異なるため、一概にはいえない。経済的・外形的に共同生活が可能であっても、精神的・性的な結びつきがない共同生活を認めるのかどうか、その人の人生観にも関係する問題である。

たとえば、性交渉は婚姻生活の構成要素と考えられるが、性交の拒否、性交不能、生殖医療（妊活）への非協力などが離婚原因となるかどうかは、その理由や婚姻前の双方の認識によっても判断が分かれる。

最近では「モラルハラスメント（モラハラ）」が主張されることも多い。一つひとつは「精神的虐待」とまでは評価できないような行為であっても、それが日々積み重なると当事者には大きな負担となりうるが、モラハラをする側にはその自覚がない（逆に「心配しているから」「教育してやっている」など、愛情を主張してくる）ことも多く、また立証も困難であることから、それのみで離婚原因として認められるのは簡単ではない。主張する側としては、他の離婚原因と組み合わせて「合わせて一本」を狙う必要がある。

さらに、上記のいずれにも該当しない離婚理由として「性格の不一致」があり、実際にも多くの離婚事件で性格の不一致が主張される。

これまで述べたことと同様に、性格の不一致を原因として「婚姻関係が継続できない」とか「修復不可能なまでに破綻している」かどうかが問題となるので、単に「性格の不一致」というだけでは足りない。その評価に値する事実をどれだけ拾い出して主張立証できるかが、弁護士の腕の見せ所である。

(3)裁量棄却　　離婚原因に該当する事実があれば必ず離婚が認められるかというとそうではない。民法770条2項は、1号から4号に該当する事由があっても「一切の事情を考慮して婚姻の継続を相当と認めるときは、離婚の請求を棄却することができる」と定めている（裁量棄却）。たとえば、不貞行為はあったが1度だけで婚姻の破綻には至らないと認められる場合などがあろう。

4　明確な理由のない離婚——破綻主義の流れ

　実際の相談では、離婚原因が薄いケースも少なくない。依頼者の主張する離婚原因が5号にも該当しない場合、離婚は認められないのだろうか。

　従来は「有責主義」、すなわち当事者に婚姻関係を壊した原因がある場合に離婚を認めるというのが主流の考え方であったが、近年は、当事者の有責行為がなくとも婚姻関係が破綻していれば離婚を認める「破綻主義」に移行しつつある。これまでは判例や学説によって徐々に「破綻しているかどうか」の判断基準が浸透してきたが、平成8年に法制審議会が答申した民法改正案で「夫婦が5年以上継続して婚姻の本旨に反する別居をしているとき」が離婚事由に追加され、また「婚姻関係が破綻して回復の見込みがないとき」が盛り込まれたことから（法務省ウェブサイト「民法の一部を改正する法律案要綱」（平成8年2月26日））、その方向性は明確になっている。裁判所の運用としても、数年間の別居を「長期別居」として5号該当を認めているケースもみられるようになっている。

　このように今後、長期別居が離婚原因として認められるようになる

と、いつ別居が開始したかという「別居の始期」をどこに認めるかで離婚の可否が分かれる可能性がある。そのため、始期の判断はより重要になるであろう。別居とは「別々に住むこと」であるが、上記民法改正案では「婚姻の本旨に反する別居」と表現していることから、たとえば、単身赴任や長期出張は、別々に住んでいるが「別居」とはいえない。では単身赴任中に不仲となり、「もう戻らない」と言われたときはどうだろうか。また、出たり入ったりを繰り返して徐々に別居していった場合も、どこに始期を定めるか悩ましい。逆に、同じ建物に住んでいても一切の交流がない「家庭内別居」といわれる新たな別居の形態も生じているが、これは文言上「別居」というのは難しく、「破綻」の一形態として主張するべきものと考える。

5　手続の選択

　当該事案において、法定の離婚原因が認められる見込みがあれば、交渉、調停、裁判というルートにのせることに問題はない。

　離婚原因が認められるかどうかわからない場合も、調停を申し立てることは可能である。そのような調停でも離婚の合意に至ることは多い。しかし、「調停が不調になると裁判では勝てない」ということがネックとなって離婚条件で大幅な譲歩をせざるを得なくなる（いわゆる足元を見られる状況）になるので、できれば「裁判でも勝てる」状態で話し合いを行うことが望ましい。

　そうだとすると、現状で離婚原因が薄いのであれば、まずは別居を先行させて別居期間を稼ぐといった「離婚原因の補強」に取り組み、その上で「合わせて一本」を狙うといった計画性も重要である。

【　*Answer*　】
　ノボル弁護士としては、本件事案では未だ「離婚原因」が十分でないと考えられるので、すぐには受任せず、依頼者に現状の生活を維持させたうえで、相手方の「文句」や「無視」の具体例を記録する（できれば録音・

録画する）といった証拠収集に務めてもらう。また並行して、財産分与請求に備えて、郵便物等から取引銀行や証券会社を特定するなど相手方の資産についての情報収集も行う。その間は、心配なことがあればメール等で相談を受ける体制とし、どうしても耐えられなければ別居を選択することができるように準備をする。そのうえで、ある程度の期間が経って情報収集ができたところで、再度相談に来てもらうことが考えられる。

III…交渉

Case

　依頼者Xとの打ち合わせの後、X本人が何度か夫Yと話し合いをしたが、YはXを責めるばかりで自分の言動を反省する様子がないため、Xは関係修復を諦め、離婚を決意するに至った。

　Xとしては不仲の主たる原因はYの言動にあると考えており、Yに謝罪と慰謝料の支払を求めたいと言っている。

　夫Yは離婚の話が不服らしく、「頭を冷やせ」と言い残して家を出ていった。しばらくは実家で暮らしていたが、実家は手狭なため現在は実家を出てホテルなどに泊まっているとのことだった。

　XからYとの交渉を受任したノボル弁護士は、どのような対応を取るべきか。

- - -

ノボル：先輩、Xさんの離婚の件、まずは交渉ということで受任することになりました。夫宛の受任通知を作成したので見てもらえますか。

姉　弁：どれどれ。え、ちょっと、宛先が「C株式会社内」になっているのはどうして？

ノボル：夫の勤務先です。今、夫Yはホテルを転々としているらしいので、勤務先の会社なら確実に届くから会社宛に出そうと思っています。

姉　弁：こんな手紙が弁護士から会社に届くって、大変なことよ。その辺ちゃんと考えた？

ノボル：はい、むしろ、会社の上司とかの目に止まれば、本人にプレッシャーになるし、こちらが有利になると思ったんですけど。ダメですか？

姉　弁：はあ……（ため息）。私が向こうの立場だったら、激怒して「こんな非常
　　　　識な弁護士とは話をしない！」って言うわよ。他に連絡方法がないわけ
　　　　じゃないんでしょ？　Ｘさんはどうやって連絡しているの？

ノボル：ええと、Ｘさんとはメールやラインも繋がっているそうですし、必要な
　　　　ものはＹの実家宛に送ってＹに渡してもらっていると言っていました。

姉　弁：じゃあ、受任通知はＹの実家に出す方法もあるし、まずメールで連絡を
　　　　して、送り先を指定してもらう方法もあるでしょう。

ノボル：そうなんですね。会社が手っ取り早いと思っていました。

姉　弁：それでこの受任通知だけど、慰謝料請求するとか応じなければ訴訟する
　　　　とか、ずいぶん強硬姿勢なのね。

ノボル：はい！　舐められたらダメだと思って。まあ確かにちょっと盛ってます
　　　　けど、それを信じて払ってくれたらラッキーって感じです。

姉　弁：あなたまさか、直接会ってもそんな態度で交渉するつもりじゃないでし
　　　　ょうね？

ノボル：そのつもり……でしたけど。だって交渉は最初にガツンと行かないと。

姉　弁：あなたは童顔だから、舐められたくないっていう気持ちもわかるけど、
　　　　とくに相手が本人のときは、代理人がついているときよりむしろ色々な
　　　　配慮が必要なのよ。いくら中学生みたいな顔でも、「弁護士」というだ
　　　　けで怖がる人もいるんだから。

ノボル：先輩、中学生は言い過ぎじゃないでしょうか……。

Check List

□受任通知の送付先は特定可能か［→ **1**］

□電話やメール、LINEでの連絡は可能か［→ **1**］

□勤務先への送付が、真にやむを得ないといえる事情があるか
　［→ **1**］

□調停前に交渉をする必要があるか［→ **2**］

□面談場所はどこを指定するか［→ **3**］

□面談前の準備はできているか［→ **4**］

　　□成立した合意を書面化できるか［→ **5**］

　　□合意内容の履行確保手段は必要か［→ **5**］

　　□交渉を終了させることを相手方に通知したか［→ **6**］

［ 解 説 ］

1　受任通知の送付

　離婚事件においても、弁護士が介入して交渉を開始する方法は他の民事事件と特に異なることはない。多くの場合、相手方に対して「受任通知」を書面で送付することになろう。

　問題となるのは、相手方の所在が明らかでない場合である。相手方が自宅を出て別居している場合、住民登録を移していなくても郵便局に「転送届」が出ていれば、元の住所に宛てた手紙も転送されて届くので、試してみる価値はある。

　住まいの住所がわからないが職場はわかっているという場合、つい簡便な方法として職場宛に受任通知を送付したくなるが、安易な送付は避けるべきである。昨今は「受任通知の職場への送付」が品位を失うべき非行であるとして、弁護士が相手方から懲戒請求されることも多いし、現実に懲戒処分に至った例もある。職場によっては他の従業員が内容を確認することもある。離婚問題を抱えているという事実を職場に知られるのは相手方の望まないことであろうし、仮に「親展」として中身は見られなくても、弁護士事務所の封筒だと「何か法的トラブルに巻き込まれているのではないか」と推測されるのは同様である。

　書面での通知と電話やメールでの連絡とのどちらを先行させるかは事案による。一般的には書面通知が先であろうが（いきなり電話をかけると、「誰ですか」とか「失礼だ」と言われることがある）、上記のよう

な事情があれば、先にメールや電話で「受任通知を送付したいが、どちらにお送りすればよいか」と質問することもありえよう。いずれにしても、受任通知の送付先は安易に考えてはならない。

　なお、受任通知には「今後は当職が窓口となるので本人との交渉は控えていただきたい」旨を記載するのが一般的であるが、離婚事件では依頼者と相手方とが同居したままで弁護士が介入せざるを得ないこともある。そのような場合、家庭内で一切の会話をするなと求めるのは行き過ぎであるしその必要もないので、「離婚および離婚条件に関する交渉は一切当職が受任しているので、必ず当職を通していただきたい。本人にご質問いただいてもお答えはできない」のように、具体的に記載する方がよい。ただし、いくら禁止しても依頼者が相手方から「どうして弁護士なんかつけたんだ！」などと責められることは避けられないので、同居したままでの受任通知の送付は、依頼者ともよく検討の上で慎重に行う必要がある。

2　任意の交渉の要否

　離婚事件で弁護士が介入するケースでは、そもそも当事者間の離婚交渉がうまく進んでいない場合が多いので、受任したら、任意の交渉を経ずに調停申立てを行うことも多いと思われる。その場合は、受任通知に「近日中に調停申立てを行うので、離婚についての話し合いは、調停の場で行いたい」旨を記載することになろう。

　相手方にも弁護士がついているような場合は、「弁護士同士で会って話をしましょう」という形で任意の交渉をすることもありうるが、相手方が本人である場合は対応に注意を要する。面談が敵対的な内容となれば、こちらが裁判の見込みを説明しただけで、「脅された」とか「離婚を強要された」などと言われることもあるからである。逆に、相手方から「私はどうしたらいいんですか」「これからどうなるんですか」などと相談を受けるような形になってしまうと、一方の代理人でありながら双方の間に立つような微妙な立場になるので、自分の立

場を明確にし、きちんと線引きをする配慮も必要になる。

3　直接交渉をする場合の留意点

　相手方と直接交渉をすることとなった場合、電話やメール、面談といった種類を問わず、言動が居丈高になったり過度に断定的になっていないか、逆に、相手方に歩み寄り過ぎていないか、第三者的な視点で自分の対応をチェックするようにしたい。メールは記録に残るし、相手方が録音・録画している可能性も考えておくべきである。

　相手方本人と直接面談をせざるを得ない場合、面談の場所については、多くの場合は自分の弁護士事務所に来てもらうことを提案することになろう。ただ、相手方からすると弁護士事務所は「敵の城」なので抵抗感が強いこともある。交渉の内容を考えると、喫茶店やファミレスというわけにもいかないから、事務所に来るのを拒まれたときは、弁護士会館の面談室などの「中立的な場所」で実施することも必要であろう（弁護士でない人にとっては、弁護士会館も弁護士の「ホーム」だと思われる可能性が高いので、あくまで場所を使うだけであることを丁寧に説明すべきである）。

　面談場所として、相手方から「自分の家に来てほしい」と言われることもあるが、基本的に自宅には行くべきではない。特に、「妻の代理人である女性弁護士が、別居中で一人暮らしの夫の家に行く」ことは厳に避けるべきであろう。密室で、第三者の目が届かないことで、現実の身体の危険もあるほか、弁護士と相手方とが異性である場合は二人きりで会うことがあらぬ誤解を招くこともあるためである。

4　準備すべきもの（主張する離婚条件）

　初回の面談であれば、特に書面を用意せず「とりあえず会って話を聞く」というスタンスで臨むことも多いと思われる。ただし、それだと話の焦点を絞りにくいので、依頼者が求める離婚条件が決まっているのであれば、その骨子程度を書面にして持参するのも有用である。

特に、子どもがいるケースでは、親権、養育費、面会交流など決める
べきことが多いので、口頭よりも書面で伝える方が、間違いがなくて
良い。相手方が「絶対離婚しない」などと主張し、条件の話に入れな
いときはもちろん渡す必要はない。

　面談において、こちらの手元にある証拠をどの程度明らかにすべき
かは慎重に検討する必要がある。相手方の不貞行為を理由に離婚を求
めている場合や、相手方の暴力を問題にしている場合においては、相
手方は「こちらがどんな証拠を握っているのか」を非常に気にして証
拠を開示するように迫ってくるだろう。しかし、交渉の段階でこちら
の手の内を開示してしまうと、先方にそれに対する反論や準備の機会
を与えてしまうことにもなるので、できれば詳細は開示せずにおくべ
きである。

　とはいえ、全く隠したままでは「私は浮気していない」「証拠があ
ります」「どんな証拠だ、見せろ」「見せられません」「証拠などない
んだろう」……と堂々巡りをして話が進まない。また、ある程度の証
拠を開示することによって、相手方が「訴訟になったら不利だ」と観
念して、交渉に応じてくる場合もあろう。いずれにしても、証拠の取
り扱いは慎重に検討したうえで、相手の反応や交渉の全体的な進行を
見据えながら、「小出しに」することになろう。

5　合意が成立する場合（公正証書の利用など）

　交渉の結果、合意が成立することとなったら、「離婚協議書」ある
いは「離婚合意書」を作成して双方当事者が署名押印するのが一般的
である。

　署名を本人が行わずに代理人名で協議書を作成するときは、委任状
を添付すべきである。

　合意内容に、慰謝料、養育費等の金銭の支払義務が定められている
場合は、強制執行認諾文言付の公正証書を作成するのが望ましい。そ
うでないと、支払義務が履行されなかったときに「訴訟提起して判決

をもらう」という手間がかかってしまうからである。

　合意内容が「建物明渡し」のような金銭以外の債務であるときは、公正証書では強制執行ができない。債務名義を取得したいときは、訴え提起前の和解（即決和解）を利用したり、形式的に離婚調停を申し立てて第1回期日で合意通りの調停を成立させる、といった方法を検討することになろう。

　これらは、履行の確保という点からは、弁護士としてはできれば履践しておきたい手続である。依頼者がそれを望んでいれば何も問題ない。しかし、公正証書にしても即決和解にしても、それなりの手間と時間と費用がかかる（形式的な調停は時間がさらにかかる）ため、経済的事情から依頼者が躊躇する場合もあろう。弁護士としては、「離婚協議書」「離婚合意書」だけで済ませることと、上記手続をとることの違い、メリットとデメリットをよく説明した上で、よく考えて決めてもらうようにする。

　ここで依頼者とのコミュニケーションを疎かにすると、後日、履行されなかったときに「話が違う」といったトラブルに発展することがあるので注意すべきである。

　なお、協議離婚が成立したときは、離婚届を作成していずれかの当事者が役所に提出することになるが、離婚届の「不受理届」が出されているケースでは、離婚届が受理されない。その場合は離婚届提出の際、不受理届を出した当事者が同行して取下げを行う必要があることに注意を要する。

6　交渉の終了

　交渉を重ねても妥協点が見出せないときは、交渉を終了せざるを得ない。ここでどの程度の期間・回数を重ねるべきかは事案による。

　たとえば、「裁判所が認めてくれそうな離婚事由がない」「特殊な離婚条件を求めている」ような場合は、交渉を終了して法的手続に移行しても依頼者の希望する結論には至らない。むしろ、なんとか法的手

続によらずに合意をまとめたいので、自ずと交渉は長期にわたることにならざるを得ない。

　逆に、「裁判所が認めてくれそうな離婚事由がある」ときは、早期に見切りをつけて次の手続に進んだほうが結果的に早く離婚できることが多いので、ズルズルと交渉を続けるべきではない。相手方が離婚そのものを争い「絶対に離婚しない」と言い張っているようなときは、1度の面談（やりとり）で決裂とすることもありえよう。

　いずれの場合も、弁護士が代理人として交渉を開始したのであるから、その交渉の終了時においても相手方には礼を尽くすべきである。もし、まだ交渉の途中だと思っていたのに突然裁判所から調停の呼出状が届いたら相手は立腹するうえにその弁護士を信用しなくなるから、その後の手続にも支障が出るであろう。調停申立てをする旨、一言断りを入れておくとよい。なお、一般的には「交渉」の次の段階は「調停」であり、調停も話し合いの手続には違いないので、任意の交渉を終了させるとしても「決裂」という必要はない。「今後は、調停手続を利用して、公正中立な第三者の仲介のもとでお話し合いを続けさせていただきたいと思います」のように表現するのが穏当であろう。

7　業務妨害等への対応

　当事者間の感情的対立の激しい離婚事件で弁護士が介入すると、相手方が弁護士に対して攻撃をしてくることもある。弁護士としては、依頼者のみならず、自分自身や事務所のスタッフのことも守らなくてはならない。そのため、態度や言葉遣いは丁寧かつ冷静に、ただし自分の立場の線引きはきちんとする、といった対応が求められる。相手方からの電話を事務所のスタッフが受ける場合に備えて、スタッフに被害が及ばないような断り方をあらかじめ決めておくなど、スタッフとの意思疎通も重要である。そのほか自衛手段としては、電話の録音、防犯カメラや警備会社への非常通報装置の設置、事務所の施錠と避難路の確保なども考えられる。相手方が脅迫に及ぶようなときは警察へ

の通報がやむを得ない場合もあろう。業務妨害等の心配があるときは決して一人で抱え込むことなく、同僚や友人、弁護士会、警察や裁判所にも相談して対応するようにしたい（206頁のコラムも参照）。

【 *Answer* 】

　ノボル弁護士としては、まず受任通知の送付先を検討する。夫Ｙはしばらく実家にいたということで、実家は離婚問題を知っていると思われるし、また実家からＹに連絡が取れる可能性も高いことから、まずは実家宛てに送付することが考えられる。

　受任通知では、調停申立てを行うことを説明して今後の連絡は弁護士を通すことを求める。

　直接交渉を行う場合は、その方法について慎重に配慮しつつ、依頼者の主張を整理して伝えたうえで相手方の意向を聞き取り、交渉継続による解決が可能かどうかを判断すべきである。

IV …法的手続

Case

　ノボル弁護士は依頼者 X の依頼を受けて夫 Y と何度か面談し、離婚したいという X の意向を伝えて交渉したが、Y は「離婚しない」の一点張りで、話し合いに応じようとしない。ノボルが X に、交渉ではこれ以上の進展は難しいと伝えたところ、X は「Y とやり直すことは絶対にできない。裁判になっても構わないので、法的な手続ができるならばそれを進めてもらいたい」と述べている。

　ノボル弁護士は、X にどのような見通しを説明し、どのような法的手続をとるか。

● ● ●

ノボル：X さんの離婚の件ですが、夫は自宅に戻ってきてしまったそうです。相変わらず夫婦間の会話はないようですが、離婚しないという意思はものすごく強硬で、僕からメールや電話をしても「話し合いの余地はない！」というばかりなので困っています。ここまで揉めちゃっているんだから、元の鞘に収まる可能性なんてないと思うんですけど、それでも絶対に離婚しないって言い張るのはなぜなんですか？

姉　弁：離婚を拒む理由は、意地とか見栄とか世間体とか色々あるわよ。それに結局はまだ奥さんのことを愛してるんじゃないの？

ノボル：そうなのかなあ。夫婦ってわからないものですね。それはそうと、あの感じだと調停を起こしても無視すると思うんですけど、やっぱり調停からやらないといけないのですか？

姉　弁：あなた「調停前置主義」って聞いたことある？

ノボル：やだなあ、さすがにそのくらいは知ってますよ。でも「調停を経たこと」

は人事訴訟提起の訴訟要件ではないから、調停してなくても受理はされるんですよね。それならその方が省エネじゃないですか。

姉　弁：あのね、調停を経ないことが認められるのはレアケースよ。「多分相手が来ない」っていう程度では難しいの。それに実際には、交渉を拒否していても裁判所からの呼び出しには応じる当事者も多いものよ。

ノボル：そういうものですか。

姉　弁：それに、その本には「裁判所の判断で調停に付される」とも書いてなかった？　「訴訟を起こしたけど調停になりました」って言われた依頼者がどんな気持ちになると思う？　印紙代だって違うんだから。簡単に省エネなんて言わないでほしいわね。

ノボル：そんなに怒らなくても……。わかりました。まずは調停を申し立てます。

Check List

□管轄はどこか［→ 1・2］
□裁判所のウェブサイトで、書式や必要書類を確認したか［→ 1］
□添付書類（戸籍・手続代理委任状）は揃えたか［→ 1］
□「年金分割のための情報通知書」は取得したか［→ 1］
□訴状の付帯処分は適切か［→ 2］
□手続終了後になすべきことを確認したか［→ 3］

［ 解 説 ］

1　調停

　離婚調停は、家事事件手続法に定める一般調停の１つ（夫婦関係調整調停）である。家事調停は、家庭に関する紛争の解決手段であり、調停機関が紛争の当事者の間に介在して合意を成立させることにより紛争の自主的な解決を図る制度であって、裁判のように「勝ち負け」

を決めるものではない。

　家庭内の紛争は、その性質上、権利義務の存否を判断すればそれですべて解決するものではなく、家族という継続的な関係や感情的対立を理解した対応が求められるので、プライバシーを守れる非公開の手続である調停手続において、当事者の自主性を尊重し、相互の譲歩により、実情に即した柔軟な解決を図ることが望ましい。これが家事調停制度の趣旨であり、離婚事件について調停前置主義（家事257条1項）がとられている理由でもある。

　調停事件では裁判官（家事調停官）1名と調停委員2名（以上）とで構成される「調停委員会」が、当事者双方の意見を聴きながら助言や斡旋を行い、合意が成立したら「調停調書」を作成して調停は終了する。調停調書に記載された合意内容は、確定した判決と同一の効力を有する。

(1)調停申立　　調停の管轄裁判所は、「相手方の住所地の家庭裁判所」または「当事者が合意で定める家庭裁判所」である（家事245条）。訴訟とは異なり、申立人の住所地には管轄がないので注意を要する。

　離婚調停の申立てについては、近年、裁判所のウェブサイトが非常に充実しており、書式のダウンロードができるだけでなく記載例なども詳しく記載されている。また、各地の家庭裁判所において申立てと同時に提出すべき書面が指定されていることもあるので、管轄の家庭裁判所のサイトは必ず確認するようにしたい。

　たとえば、東京家裁では、申立書の他に「事情説明書」「子に関する事情説明書」「進行に関する照会回答書」「連絡先等の届出書」「非開示の希望に関する申出書」などを提出する扱いとなっている。家事調停に関しては、平成25年1月1日の家事事件手続法施行により手続や書式が大きく変わったので、申立てにあたりそれより古い事件のデータを利用しようとする場合には注意が必要である。

　申立時に提出する各種書面については「相手方に送付されるもの」「送付されないが閲覧が許可されるもの」「原則として閲覧を認めない

受付印		**夫婦関係等調整調停申立書　事件名（　離婚　）**
		（この欄に申立て1件あたり収入印紙1,200円分を貼ってください。）
収入印紙　　＊＊＊円		
予納郵便切手　　＊＊＊円		（貼った印紙に押印しないでください。）

東 京 家 庭 裁 判 所 御 中 令和　＊　年　＊月　＊日	申　立　人 （又は法定代理人など） の 記 名 押 印	申立人手続代理人 弁護士　乙 山 ノボル　　　　　印

添付書類	（審理のために必要な場合は，追加書類の提出をお願いすることがあります。） ☑ 戸籍謄本（全部事項証明書）（内縁関係に関する申立ての場合は不要） ☑ （年金分割の申立てが含まれている場合）年金分割のための情報通知書 ☑ 手続代理委任状	準 口 頭

申 立 人	本　　籍 （国籍）	（内縁関係に関する申立ての場合は，記入する必要はありません。） 東 京 都 道 府 県 　千代田区神田駿河台＊－＊	
	住　所	〒 ＊＊＊－＊＊＊＊ 　東京都 江戸川区 ＊＊　＊－＊－＊	方）
	フリガナ 氏　名	コウヤマ　　　ハナコ 甲 山 花 子	昭和 平成　＊年 ＊月 ＊日生 （　　　　＊＊ 歳）

相 手 方	本　　籍 （国籍）	（内縁関係に関する申立ての場合は，記入する必要はありません。） 東 京 都 道 府 県 　千代田区神田駿河台＊－＊	
	住　所	〒 ＊＊＊－＊＊＊＊ 　東京都 世田谷区 ＊＊　＊－＊－＊　　（居所）	（
	フリガナ 氏　名	コウヤマ　　　タロウ 甲 山 太 郎	昭和 平成　＊年 ＊月 ＊日生 （　　　　＊＊ 歳）

対 象 と な る 子	住　所	☑ 申立人と同居　　／　　□ 相手方と同居 □ その他（	平成 令和　＊月 ＊月 ＊日生 （　　　　＊ 歳）
	フリガナ 氏　名	コウヤマ　　　コウタロウ 甲 山 甲 太 郎	
	住　所	□ 申立人と同居　　／　　□ 相手方と同居 □ その他（　　　　　　　　　　　　　　　）	平成 令和　　年　　月　　日生 （　　　　　歳）
	フリガナ 氏　名		
	住　所	□ 申立人と同居　　／　　□ 相手方と同居 □ その他（　　　　　　　　　　　　　　　）	平成 令和　　年　　月　　日生 （　　　　　歳）
	フリガナ 氏　名		

夫婦(1/2)

申 立 て の 趣 旨	
円 満 調 整	関 係 解 消

<table>
<tr><td>

※
1　申立人と相手方間の婚姻関係を円満に調整する。

2　申立人と相手方間の内縁関係を円満に調整する。

</td><td>

※
①　申立人と相手方は離婚する。

2　申立人と相手方は内縁関係を解消する。

（付随申立て）
(1)　未成年の子の親権者を次のように定める。
　　　　　………………………………………については父。
　　　　　………長男　甲　太　郎………については母。
(2)　（□申立人／☑相手方）と未成年の子…………
　　　が面会交流する時期，方法などにつき定める。
(3)　（□申立人／☑相手方）は，子…………の養育費
　　　として，1人当たり毎月（☑金 50,000 円 ／
　　　□相当額）を支払う。

(4)　相手方は，申立人に財産分与として，
　　　（□金…………円 ／ ☑相当額 ）を支払う。

(5)　相手方は，申立人に慰謝料として，
　　　（□金…………円 ／ ☑相当額 ）を支払う。

(6)　申立人と相手方との間の別紙年金分割のための情報
　　　通知書（☆）記載の情報に係る年金分割についての請求
　　　すべき按分割合を，
　　　（☑0．5 ／ □（…………………））と定める。
(7)

</td></tr>
</table>

申 立 て の 理 由
同 居 ・ 別 居 の 時 期

同居を始めた日……　昭和 / 平成 / 令和　＊ 年 ＊ 月 ＊ 日　　別居をした日……　平成 / 令和　＊ 年 ＊ 月 ＊ 日

申 立 て の 動 機

※　当てはまる番号を○で囲み，そのうち最も重要と思うものに◎を付けてください。
　①　性格があわない　　　2　異性関係　　　3　暴力をふるう　　　4　酒を飲みすぎる
　5　性的不調和　　　　　6　浪費する　　　7　病　　気
　⑧　精神的に虐待する　　9　家族をすててかえりみない　10　家族と折合いが悪い
　11　同居に応じない　　　12　生活費を渡さない　　　13　そ　の　他

夫婦(2/2)

令和　年（家　）第　　　号

子についての事情説明書

この書類は，申立人と相手方との間に未成年のお子さんがいる場合に記載していただくものです。あてはまる事項にチェックを付け，必要事項を記入の上，申立書とともに提出してください。

なお，この書類は，相手方には送付しませんが，相手方から申請があれば，閲覧やコピーが許可されることがあります。

1 現在，お子さんを主に監護している人は誰ですか。	☑ 申立人 □ 相手方 □ その他（　　　　　　　　　　　　　　　　　　　　　）
2 お子さんと別居している父または母との関係について，記入してください。 ＊ お子さんと申立人及び相手方が同居している場合には記載する必要はありません。	□ 別居している父または母と会っている。 □ 別居している父または母と会っていないが，電話やメールなどで連絡を取っている。 ☑ 別居している父または母と会っていないし，連絡も取っていない。 → 上記のような状況となっていることについて理由などがあれば，記載してください。 　　夫が家を出て別居しており、特に子どもに会いたいという連絡もないため。
3 お子さんに対して，離婚等について裁判所で話合いを始めることや，今後の生活について説明したことはありますか。	□ 説明したことはない。 ☑ 説明したことがある。 → 説明した内容やそのときのお子さんの様子について，裁判所に伝えておきたいことがあれば，記載してください。 　　これからはお母さんと二人で暮らすことになるという説明はしました。 　　転校する必要があるかどうかは気にしていましたが、 　　夫については特に何も言いませんでした。
4 お子さんについて，何か心配していることはありますか。	□ ない ☑ ある → 心配している内容を具体的に記載してください。 　　夫が私に対して怒ったり私を無視する場面をよく見ていたこともあり 　　夫には恐怖感もあると思います。 　　夫に会いたいと言わないのですが、それが本心なのかわかりません。
5 お子さんに関することで裁判所に要望があれば記入してください。	面会交流については、子供の本心を聞いて決めるようにしてもらいたい。

令和　＊年　＊月　＊日　　　　申立人　　手続代理人弁護士　乙　山　ノボル　　㊞

令和○○年（家イ）第　○○　号

非開示の希望に関する申出書

* 本書面は, _非開示を希望する書面がある場合だけ提出_してください。

* 提出する場合には, 必ず, この書面の下に, ステープラー（ホチキスなど）で非開示を希望する書面を留めて下さい。添付されていない場合, 非開示の希望があるものとは扱われません。

1　別添の書面については, 非開示とすることを希望します。

　※　**非開示を希望する書面ごとにこの申出書を作成し, 本申出書の下に当該書面をステープラー（ホチキスなど）などで付けて一体として提出してください（ファクシミリ送信不可）。**

　※　資料の一部について非開示を希望する場合は, その部分が分かるようにマーカーで色付けするなどして特定してください。

　※　非開示を希望しても, 裁判官の判断により開示される場合もありますので, あらかじめご了承ください。なお, 連絡先等の届出書について非開示を希望する場合には, 原則として開示することはしない取り扱いになっています。

2　非開示を希望する理由は, 以下のとおりです（当てはまる理由にチェックを入れてください。複数でも結構です。）。

　□　事件の関係人である未成年者の利益を害するおそれがある。

　☑　当事者や第三者の私生活・業務の平穏を害するおそれがある。

　☑　当事者や第三者の私生活についての重大な秘密が明らかにされることにより, その者が社会生活を営むのに著しい支障を生じるおそれがある。

　□　当事者や第三者の私生活についての重大な秘密が明らかにされることにより, その者の名誉を著しく害するおそれがある。

　□　その他（具体的な理由を書いてください。）

　　令和　＊年　＊月　＊日

　　氏　　名　　申立人手続代理人弁護士　乙　山　ノボル　　　印

* 本書面は, _非開示を希望する書面がある場合だけ提出_してください。

　　　　　　□（家イ）

令和　　年　　　第　　　　　号（期日通知等に書かれた事件番号を書いてください。）

　　　　　　□（家）

連絡先等の届出書（□　変更届出書）

＊　連絡先等の変更の場合には上記□にチェックを入れて提出してください。

1　送付場所

標記の事件について，書類は次の場所に送付してください。

□　申立書記載の住所のとおり

□　下記の場所

　　　場所：＿＿＿＿＿＿＿＿＿＿＿＿＿＿＿＿＿＿＿（〒　　　　　）

　　　場所と本人との関係：□住所　□実家（　　　　方）

　　　　　　　　　　　　　□就業場所(勤務先名＿＿＿＿＿＿＿＿＿)

　　　　　　　　　　　　　□その他　＿＿＿＿＿＿＿＿＿＿＿＿＿＿

☑　委任状記載の弁護士事務所の住所のとおり

2　平日昼間の連絡先

　　　┌ 携帯電話番号：＿＿＿＿＿＿＿＿＿＿＿＿＿

　　　└ 固定電話番号（□自宅／□勤務先）：＿＿＿＿＿＿＿＿＿＿＿＿

□　どちらに連絡があってもよい。

□　できる限り，□携帯電話／□固定電話への連絡を希望する。

☑　委任状記載の弁護士事務所の固定電話への連絡を希望する。

＊　1，2について非開示を希望する場合には，非開示の希望に関する申出書を作成して，その申出書の下に本書面をステープラー（ホチキスなど）などで付けて一体として提出してください。

＊　連絡先等について非開示を希望する場合には，原則として，開示により当事者や第三者の私生活・業務の平穏を害するおそれがあると解し，開示することはしない取り扱いになっておりますので，その他の理由がなければ，非開示の希望に関する申出書の第2項（非開示希望の理由）に記載する必要はありません。

　　　令和　＊年　＊月　＊日

　　　　☑申立人／□相手方／☑同手続代理人　氏名：＿＿乙　山　ノボル＿＿＿＿　印

もの」がある。したがって、書面の作成にあたっては、「相手方の目にふれても大丈夫か」という視点からの検討も必要である。開示されると困るものについては、必ず「非開示の希望に関する申出書」を添付して提出しなくてはならない。

　申立てにあたっては、戸籍謄本と手続代理委任状（「訴訟委任状」と委任事項が異なるので書式に注意）が最低限の必須書類であり、その他、財産分与を求める対象が不動産であれば「登記事項証明書」、年金分割を求めるのであれば「年金分割のための情報通知書」というように、内容に応じて変わってくる。年金分割のための情報通知書は、交付申請をしてから発行されるまでに少し時間がかかるので早めに申請しておいた方がよい。

（2）調停期日　　調停期日は、指定された時間に家庭裁判所の待合室（申立人待合室または相手方待合室）に赴いて待っていると、調停委員が呼びに来て、調停室に移動するという形で始まる。代理人が出頭すれば手続は可能であるが、事案の性質上、本人の出頭が望ましいとされている。

　前述した「進行に関する照会回答書」では、あらかじめ、相手方との同席の可否や留意すべき点などを申し出ることができる。たとえば、申立人が相手方に強い恐怖心を抱いていて、顔を見るのも辛いようなケースでは、呼出時刻をずらしたり（申立人は午前10時、相手方は午前10時20分とするなど）、待合室を違う階に指定するなど、配慮をしてくれる。ただし、それでもなお最寄り駅や裁判所の入り口、エレベーターなどで相手方と会ってしまう可能性は残るので、場合によってはいったん弁護士事務所に来てもらって、そこから弁護士と一緒に移動するというような工夫が必要なこともある。

◀ コラム ▶ 家事調停事件の本人出頭主義とその負担の軽減

　家事調停事件および家事審判事件においては、当事者本人が出頭
するのが原則であり、やむを得ない事由がある場合のみ代理人を出
頭させることができるとされている（家事51条2項）。これは、
家事事件の性質上、呼出しを受けた本人から直接事情を聴取しない
と事件の真相を的確に把握して妥当な判断や運営を行うことができ
ないからである。したがって、家事事件を受任した場合、基本的に
は本人とともに調停期日等に出席するようにする必要がある。安易
に代理人のみが出席したものの、事実関係や考えなど持ち帰って本
人に確認しなければならず、当該期日では調整等が全く進まず事実
上空転してしまうといった事態は避けるべきであり、特段の事情が
ない限り（たとえば、DV等があり本人が裁判所へ出頭することさ
えもリスクがある場合など）、依頼者に対しても出席することをき
ちんと説明し理解を求めることが望ましい。

　もっとも、家事調停事件の管轄は、相手方の住所地とされている
ことから、申立人にとっては管轄裁判所が遠隔地であり出頭の負担
が大きい場合もある。家事事件手続法では、こうした当事者の出頭
等の負担を軽減させるため、「当事者が遠隔の地に居住していると
きその他相当と認めるとき」は当事者の意見を聴いた上で、裁判所
と当事者双方が音声の送受信により同時に通話をすることができる
方法（電話会議システムやテレビ会議システム）によって期日にお
ける手続を行うことができるとされている（家事54条、258条1
項）。これまで、遠隔地の場合であれば、大抵いずれかのシステム
を利用することができる運用となっている。電話会議システムの場
合は、弁護士事務所と管轄裁判所を繋いで調停等の手続を行うこと
ができ、テレビ会議システムの場合は、最寄りの裁判所に出頭し、
そこから管轄裁判所と繋ぐことになる。電話会議システムの方が裁
判所へ出頭せずに済むという点では利便性が高いが、調停委員と互
いの表情や態度等を見ながらやり取りすることができない。そのた

め、初回に調停委員にこれまでの経緯や考えを正確に伝えたい場合や対立点についての調整を行う場面などにおいてはテレビ会議システムの方が有用となる。また、いずれのシステムを利用するかは、遺産分割調停、年金分割調停、財産分与調停などいわゆる経済事件であるのか（この場合は比較的電話会議システムでよいと思われる）、夫婦関係調整調停、子の監護に関する調停であるのか（この場合は進行状況にもよってテレビ会議システムの利用を検討することが望ましい）によっても異なってくる。各地の家庭裁判所によって利用台数等が異なるため、手続代理人となった場合は各地の状況等もふまえて検討していただくのがよい。なお、離婚や離縁などについては、合意に至ってもテレビ会議システム、電話会議システムでは調停を成立させることができないため、調停に代わる審判を活用することになる。

　また、IT化に向けた議論やコロナウィルス感染症拡大への対策等の状況を背景に、さらなる当事者の出頭の負担軽減の観点から、DV等の危害防止の場合や体調不良の場合など、電話会議システム等の利用を遠隔地の場合以外にも緩和する動きが見られている。さらに、当事者が調停に出席していないものの書面等で考え等を表明している場合、遺産分割等の事件において裁判所から何度照会を行っても意思表明を全く示さない場合などにおいて、調停に代わる審判を積極的に活用するなどの運用も見られている。

　家事事件におけるIT化の議論は2021年4月より商事法務研究会においてスタートしたところであり、現時点では、少しずつ現行法をふまえた運用の工夫がみられている状況である。　　　［大森啓子］

(3)期日の進行　　家事事件手続法の施行により、原則として調停期日の始めと終わりに双方当事者（本人も）が調停室で同席したうえで、調停委員から「手続の説明」「進行予定」「次回までの課題の確認」を行うことになった。これは、調停手続の透明性の確保や、争点について当事者と裁判所が共通の認識を持つことを目的とした手続である。

ただし、あくまで「原則」であって、たとえばDV案件など、当事者が同席を拒否するときは柔軟な対応が可能とされているので、上述のように「進行に関する照会回答書」等に希望を記載しておくと良い。

調停委員会は裁判官を含めた3名で構成されるが、通常の調停期日では調停委員2名のみが担当する。当事者は、交互に調停室に入室して話をする。多くの場合、初回の期日は①申立人（申立人の言い分を聞く）、②相手方（申立人の言い分を伝え、相手方の回答を聞く）、③申立人（相手方の回答を伝え、それに対する意見を聞く）、④相手方（申立人の意見を伝える）、⑤次回期日の指定と双方への宿題の確認、というように進められる。トータルで2時間程度になることが多い。一方が入室している間、他方は待合室で待つことになる。

代理人としては、この「自分の順番」の中で、調停委員に主張を理解してもらう必要がある。そのためには「弁護士が話す内容」と「依頼者本人から話す内容」をうまく切り分けておきたい。依頼者本人が話をした方が心情は伝わりやすいが、要点がぼやけたり話が長くなりやすい。かといって全部弁護士が喋ってしまうと、調停委員に本人の気持ちが伝わりづらい。たとえば、冒頭に弁護士が要旨を伝え、その後本人から補足をしてもらうといった方法だと、比較的話が脱線しない。

調停期日で証拠を提出するときは、一般の民事訴訟と同様に、申立人は「甲」、相手方は「乙」の符号と通し番号を付して、民事訴訟の「証拠説明書」にあたる「資料説明書」とともに提出する。

（4）合意の見込みがないとき　相手方が調停期日に出頭しない（複数回の呼び出しにも応じない）場合や、期日を開催しても歩み寄りが見られない場合など、合意成立の見込みがないときは、調停機関は調停を不成立とすることができ、調停は終了する。

その後に離婚訴訟を提起する場合に備えて、「調停終了証明書」の発行を求めておく。また、調停終了から2週間以内に離婚訴訟を提起するときは訴え提起の手数料から調停申立ての手数料を控除することができるので、訴訟提起を漫然と遅延させないようにすべきである。

（5）合意の成立　　合意が成立したときは、調停機関が調停調書を作成して調停は終了する。調停調書は確定判決と同一の効力を有するので、強制執行にかかる条項がある場合には、その記載が執行可能となるよう注意する必要がある。

　合意成立の見込みとなったら、あらかじめ書面で調停条項案を提出し、相手方と裁判所に検討しておいてもらうと、誤解もなく、調書作成もスムーズである。

　合意成立時には、原則として双方当事者が同席した上で、裁判所が調停条項の読み合わせを行う。同席は法定の必須要件ではないので、その可否については調停開始時と同様であるが、合意内容を当事者本人に納得してもらうためにも、できるだけ本人同席が望ましい。ただし、その場合も、本人同士をなるべく離れた席にする、弁護士が両者の間に座るなどの配慮は必要である。

　離婚の合意が成立した場合、調停調書でその旨の合意を記載するのが原則である。調停条項の文言は、「申立人と相手方は、本日調停離婚する」、または、婚姻により氏を変更した相手方が離婚届出をする場合には「申立人と相手方は、相手方の申出により、本日調停離婚する」とされる。

　なお、場合によって、「協議離婚をして離婚届を提出する」ことを調停条項とする場合がある。これは、調停離婚では戸籍に「＊月＊日調停離婚」と記載されるのに対し、協議離婚では「＊月＊日協議離婚」と記載されるため、「調停で離婚したことを子ども達に知られたくない」といった場合に本人の希望で利用されることがある。しかし、後者の方法によると届出がされなかった場合の取扱いや不受理届との抵触など問題が生じることもあるため、安易な利用は禁物である。

（6）審判離婚　　家庭裁判所は、調停が成立しない場合において相当と認めるときは、当事者双方のために衡平に考慮し、一切の事情を考慮して、職権で、事件の解決のために必要な審判（調停に代わる審判）をすることができるとされている（家事284条）。離婚調停において調

停が成立しない場合であっても、改めて離婚訴訟を提起させるのは適切でないと解される事案では、裁判所が職権で調停に代わる審判を行うことがある。審判は職権によるので、当事者が「審判離婚の申立て」をすることはできない。「調停に代わる審判」による離婚を「審判離婚」という。

たとえば、離婚については合意しており、財産分与や子の処遇の主要事項についてもほぼ合意ができているが、細かい点についてだけ双方が譲らないため調停成立に至らない場合や、当事者が遠方のため出頭できないが離婚の意思が確認できている場合のように、離婚を成立させても問題がなく、離婚訴訟によらず審判をするのが合理的と解される場合に、調停に代わる審判がなされることがある。

調停に代わる審判には、審判日から2週間以内に異議申立てをすることができる（家事286条1項）。適法な異議の申立てがあったときは、調停に代わる審判は効力を失う（家事286条5項）。

2　訴訟

(1)離婚訴訟の特質　　離婚訴訟については、平成15年に人事訴訟法が制定され、平成16年4月から、従前の人事訴訟手続法に代わる新しい取扱いが開始された。

これにより、離婚訴訟はそれまでの地方裁判所から家庭裁判所が取り扱うことになり、家庭裁判所調査官の活用が可能になったほか、当事者尋問等について「公開停止」の要件が明確化され、訴訟上の和解により離婚することができるようになった（それ以前は、和解では離婚できなかった）。

一般の民事訴訟と異なる人事訴訟の特徴として、以下の点に注意する必要がある。

・専属管轄（人訴4条1項。原告または被告が普通裁判籍を有する地を管轄する家庭裁判所の管轄に専属し、応訴管轄や合意管轄は認められない。ただし、例外として自庁処理（人訴6条）あり）

- 訴訟行為能力の制限緩和（人訴13条1項。意思能力があれば足りる）
- 弁論主義の不適用（人訴19条。自白による事実認定の拘束力がない）
- 職権探知主義（人訴20条。職権証拠調べも可能）
- 当事者尋問等の公開停止が可能（人訴22条。プライバシー保護）
- 判決効の拡張（人訴24条1項。第三者にも効力が及ぶ）

（2）訴訟提起　　上述の通り、離婚訴訟の管轄は原告または被告が普通裁判籍を有する地（一般的には住所地）にあるので、調停とは異なり、原告の住所地にも管轄が認められる。

　訴状の作成における当事者の特定や請求の趣旨、請求の原因といった点は一般の民事訴訟とさほど変わらないが、離婚訴訟の場合は、「付帯処分等の申立て」を行うことが多い。その場合は「請求の趣旨」ではなく「請求の趣旨及び申立ての趣旨」「請求原因等」という表記になるので注意する。

　また、上述した「弁論主義の不適用」により、仮に被告が答弁書を提出せず期日に出頭しなかったとしても、原告の主張がそのまま認められるわけではないので、不出頭の見込みがあるときはあらかじめ「陳述書」等の証拠を提出しておく必要がある。

　そのほか、離婚訴訟提起にあたって留意すべき点としては以下の事項が挙げられる。

- 付帯処分等（財産分与、親権者の指定、養育費、面会交流、子の引き渡し、年金分割）については、事実審の口頭弁論終結時までに、「申立ての趣旨および理由」を記載した書面での申立てが必要である。訴訟提起と同時に審理を求めるのが一般的である。
- 金銭請求のうち、慰謝料と財産分与は区別して記載する。
- 「離婚に伴う慰謝料」以外に「個別の不法行為に基づく損害賠償」を請求するときは、区別して主張する。後者は本来民事訴訟事項であるが、「人事訴訟に係る請求の原因である事実によって生じた損害の賠償に関する請求」であれば人事訴訟の訴えと併合することを要件に、家庭裁判所に職分管轄が認められている（人訴17

条）。

・遅延損害金の起算点（慰謝料・財産分与については離婚認容判決確
　定で債権が発生するとされている）。

・根拠条文として民法 770 条 1 項の何号を主張するかを明確にす
　る。

・調停を経ていることについての記載。調停終了証明書の添付。

(3)訴訟の進行　　その後の進行については一般の民事訴訟と大きく
異なることはないが、上述した人事訴訟の特性をふまえて、当事者の
プライバシー権に配慮した対応が求められる。

　なお、被告代理人の立場では、被告である依頼者が「離婚請求には
応じても良い」と述べていても、財産分与等の離婚条件に納得してい
ないのであれば、答弁書では「請求棄却を求める」と答弁しておかな
ければならない。離婚請求を認諾すると訴訟が終了してしまう（そう
なると婚姻の解消により、その後婚姻費用分担請求ができなくなる）から
である。

3　手続終了後の届出等

　離婚調停が成立したときや、離婚訴訟で勝訴判決を得たときは、い
ずれもそこで「事件終了」と思ってしまいがちであるが、その後に行
うべき手続を忘れてはならない。下記の各種届出等は、基本的には弁
護士ではなく依頼者本人が行うものと思われるが、弁護士としてその
指示を怠ると責任を問われることもあるので、依頼者への説明を行え
るようにしておきたい（あらかじめ説明事項を書面にまとめておくと有益
である）。

(1)離婚届の提出　　調停または判決により離婚が成立しても、それ
を戸籍に反映させるためには届出が必要である。申立人または原告は、
調停の成立または裁判の確定から 10 日以内に夫婦の本籍地または届
出人の住所地の市区町村役場に、調停調書謄本、または判決書謄本と
確定証明書を添付して離婚届を提出する。届出先が本籍地でないとき

は夫婦の戸籍謄本も添付する。

10日の期限を過ぎても届出は可能であるが、それ以降は相手方（または被告）も届出をすることができるようになる。

（2）離婚後の氏の届出　　婚姻で氏を改めた者は、離婚に伴い、婚姻中の戸籍から抜け、婚姻前の戸籍に戻るか、新戸籍を編製する（戸籍19条1項）。つまり、旧姓「甲」の妻が婚姻により「乙」という姓になっていた場合、離婚後は①甲姓の親の戸籍に戻るか、②甲姓で新たな戸籍を作るのが原則である。のちに子どもを同じ戸籍に入れるときは、②の新戸籍にしておく。①②は離婚届に選択する欄がある。

妻が離婚後も婚姻姓「乙」を継続して称したいときは、離婚成立から3か月以内にその旨の届出（婚氏続称の届出）を行う必要がある（民767条2項）。離婚届と同時にすることもできる。この場合は③乙姓で新たな戸籍が作られる。なお、いったん氏を定めると、再度の氏の変更には家庭裁判所の許可が必要となる。後から「やっぱり婚姻姓が良い」とか「旧姓に戻したい」と思っても認められない場合もあるので、氏の選択は慎重に行わなくてはならない。

（3）離婚後の子どもの戸籍の移動（氏の変更）　　父母が離婚した場合「子どもは自動的に親権者の戸籍に入る」と思っている人も多いが、親権者がどちらかにかかわらず、子は離婚前の戸籍に残る（離婚の影響を受けない）ので、子どもの籍は当然には変わらない。離婚後の親権者が母で、母が旧姓の新戸籍を作った場合、子どもは従前の（父の）戸籍のまま、身分事項欄に「親権者　母」と記載されるにとどまる（その場合、母の姓は「甲」で子どもの姓は「乙」になる）。

そのため、離婚により従前の戸籍を出た親権者が子どもを自分と同じ戸籍に入れたいときは、家庭裁判所に対し「子の氏の変更許可」の申立てを行い、家庭裁判所の許可を得て、親権者の戸籍への「入籍届」を提出する必要がある（民791条、戸籍98条）。子の氏の変更許可の申立人は、子が15歳未満の場合は親権者、子が15歳以上の場合は子ども自身となる。

<table>
<tr><td rowspan="2">受付印</td><td colspan="2" style="text-align:center">子 の 氏 の 変 更 許 可 申 立 書</td></tr>
<tr><td colspan="2">（この欄に申立人1人について収入印紙800円分を貼ってください。）</td></tr>
</table>

| 収入印紙 | ＊＊＊円 |
| 予納郵便切手 | ＊＊＊円 |

（貼った印紙に押印しないでください。）

| 準口頭 | | 関連事件番号　平成・令和　　年（家　　）第　　　　号 |

| 東京　家庭裁判所
　　　　　　御中
令和 ＊ 年 ＊ 月 ＊ 日 | 申　立　人
〔15歳未満の場合
は法定代理人〕
の 記 名 押 印 | 丙　川　花　子　　印 |

| 添付書類 | （同じ書類は1通で足ります。審理のために必要な場合は追加書類の提出をお願いすることがあります。）
□申立人（子）の戸籍謄本（全部事項証明書）　□父・母の戸籍謄本（全部事項証明書）
□ |

申 立 人 （子）	本　籍	東京（都）道　　千代田区神田駿河台＊－＊ 　　　府県	
	住　所	〒＊＊＊－＊＊＊＊　　　　　　　　　電話　（　　　） 東京都中野区＊町＊－＊－＊－＊＊＊ 　　　　　　　　　　　　　　　　　（　　　　方）	
	フリガナ 氏　名	コウ　ノ　　　コウタロウ 甲　野　　甲太郎	昭和 （平成）＊年 ＊月 ＊ 日生 令和　　（　＊　歳）
	本　籍 住　所	※　上記申立人と同じ	
	フリガナ 氏　名		昭和 平成　　年　　月　　日生 令和　　（　　　歳）
	本　籍 住　所	※　上記申立人と同じ	
	フリガナ 氏　名		昭和 平成　　年　　月　　日生 令和　　（　　　歳）
☆法定代理人 父後 見人 （母）	本　籍	東京（都）道　　　中野区＊＊町＊－＊－＊ 　　　府県	
	住　所	〒　　－　　　　　　　　　　　　　電話　（　　　） 東京都中野区＊町＊－＊－＊－＊＊＊　　　（　　　　方）	
	フリガナ 氏　名	ヘイカワ　ハナコ 丙川　花子	フリガナ 氏　名

（注）太枠の中だけ記入してください。　※の部分は，各申立人の本籍及び住所が異なる場合はそれぞれ記入してください。　☆の部分は，申立人が15歳未満の場合に記入してください。

子の氏（1／2）

申　立　て　の　趣　旨

※
申立人の氏（ 甲野 ）を　　　① 母　　　の氏（ 丙川 ）に変更することの許可を求める。
　　　　　　　　　　　　　　　2　父
　　　　　　　　　　　　　　　3　父母

申　立　て　の　理　由

父・母と氏を異にする理由

※
① 父 母 の 離 婚　　　　　5　父 の 認 知

2　父・母 の 婚 姻　　　　6　父（母）死亡後，母（父）の復氏

3　父・母 の 養 子 縁 組　　7　その他（　　　　　　　　　　　）

4　父・母 の 養 子 離 縁

　　　　　　　　　　（その年月日　平成・令和　＊年　＊月　＊日）

申　立　て　の　動　機

※
① 母との同居生活上の支障　　5　結　　　婚

2　父との同居生活上の支障　　6　その他

3　入 園 ・ 入 学

4　就　　　　職

（注）太枠の中だけ記入してください。　※の部分は，当てはまる番号を〇で囲み，父・母と氏を異に
　　する理由の7，申立ての動機の6を選んだ場合には，（　　　　　）内に具体的に記入してください。

子の氏（2／2）

(4)年金分割　年金分割の按分割合が定められた場合、年金分割の請求は、離婚等をした日の翌日から2年以内に行わなければならない（厚生年金保険法78条の2第1項ただし書）。なお2年以内であっても、相手方（分割請求される側）が死亡したときは、死去後1か月以内に分割請求をしなくてはならないので注意する（第2章Ⅴを参照）。

(5)その他　そのほか、健康保険の脱退や加入（離婚により相手方の社会保険から脱退して国民健康保険に加入するなど）、国民年金の変更届が必要となる場合も多い。

　また、たとえば自動車保険や火災保険などの契約名義、引落口座も必要に応じて変更を忘れないようにする。生命保険等、毎月の引き落としがある契約と比べて、「年払い」「掛け捨て」の保険は協議から漏れやすいので注意する。

〔 *Answer* 〕

　ノボル弁護士としては、調停への出頭は強制ではないので、申立てをしても相手方が応じない（来ない）可能性があること、および、現状では「離婚原因」がやや薄いことから、調停が不調になって裁判に移行した場合、裁判所は離婚を認めてくれないかもしれないという見通しを説明したうえで、調停申立てを行う。調停では、依頼者本人を同行するだけでなく陳述書を用意するなどして、相手方の言動が「婚姻を継続し難い重大な事由」に該当することおよび修復が不可能であることを強く主張し、調停委員の理解を得るようにつとめ、合意成立に向けて努力するべきである。

◀コラム▶ 危険なおしゃべり

　離婚調停に行くと、待合室に当事者と弁護士の組み合わせが相当数見られるが、一般的に見てよくしゃべる。世間話程度ならまだいいのだが、だいたいは当該調停事件の進め方や調停案をめぐっての会話である。「相手方は、慰謝料として100万円と言っているけれ

ど、ケチね。200万円は最低線にしましょうよ」「相手は子どもの親権が絶対にほしいといっているけれど、離婚給付をつり上げるポーズだと思いますよ。でも、早く終わらせるには300万円くらいは払わないとね」などとかまびすしい。

　ところが、弁護士のメンがほぼ割れている地域は別として、弁護士数が多い都市部では、代理人になっていない同じ事務所の弁護士が敵側当事者の待合室に忍び込み、敵側当事者とその弁護士の会話にじっと聞き耳を立てているという。「そんな馬鹿な」と一笑に付してはいけない。何としても依頼者の利益になることをしたいと焦る弁護士のごく一部には、敵対当事者の待合室にスパイを送り込む者がいるのだそうである。同じようなスパイ活動は、地方裁判所の廊下でもあるといわれている。相手方が入れ替わりに和解室に入った途端、自らの和解案を大きな声で当事者と話し出す弁護士がいるが、話の内容がスパイに筒抜けである。

　このようなスパイ活動は、弁護士法56条に規定する「弁護士の品位を失うべき非行」に該当するだろうと思うが、スパイ活動の立証は極めて困難である。翻って考えれば、秘密保持やプライバシー保護に無頓着な姿勢にそもそもの原因があるのではないか。私は、調停に行くとき、「待ち時間が長いから、文庫本を持ってきてください」と言っておき、自らも、何らかの本を持って行くようにしている。「先生は、ほかの弁護士さんのようになぜ調停待合室で私の質問に答えてくれないのですか」と言われたこともあるが、「このようなプライベートなことを大きな声で話すことの方が問題だと思いませんか」と返したら、「確かにそうですね」と納得された。

［高中正彦］

第 2 章

離婚の条件（金銭給付）

I…婚姻費用

Case

新人のノボル弁護士は専業主婦Xの法律相談を受けた。

Xは夫Yと子A（2歳）と同居していたが、専業主婦である
Xを見下すくせにXが働きに出ることを認めないYとは衝突
することが多く、1か月前の大喧嘩を期に、XはAを連れて
家を出て、現在はXの実家で生活している。しばらくはこの
まま別居生活をして今後について考えたいが、実家の両親はす
でに退職しており経済的に余裕がない。Xは、Yから生活費
をもらおうと電話してみたところ、Yは「勝手に出て行った
のだから支払う必要はない。嫌なら戻って来ればいい」と言っ
て、支払を拒んでいる。XとしてはYの給与の半分を払って
もらいたいと考えているが、追い出されたわけではなく自分か
ら家を出たので、その場合にどうなのか不安であるとのことで
あった。

ノボル弁護士はどのようなアドバイスをすべきか。

・・・

ノボル：ああ、男って辛いなあ。

姉　弁：いきなり何の話よ？

ノボル：いや、さっき受けた法律相談なんですけど、奥さんが2歳の子どもを連
　　　　れて家を出たうえに、夫に婚姻費用を請求するって言うんです。なんか
　　　　夫の気持ちになったら辛くなっちゃって。

姉　弁：夫からの相談なの？

ノボル：いえ、相談者は妻の方でしたけど。

姉　弁：え？　それなのに夫の気持ちを考えて辛いって？

ノボル：だって、奥さんは専業主婦で、夫はまったく家事をしたことがないのに一人で置き去りにされて、しかもお金まで請求されるんですよ。ひどくないですか。

姉　弁：あなたどっちの味方なのよ。その奥さんには、家を出なくちゃならなかった理由はあるんでしょう？

ノボル：それは、夫との不仲とか理由はあるようでしたけど。でも自分から家を出たのは奥さんなのに。

姉　弁：婚姻費用については、必ずしも「自ら家を出たら請求できない」っていうルールはないでしょう。それに、双方合意のもとで別居するなら、そもそも婚姻費用の問題にはなりにくいと思うけど。

ノボル：えー、じゃあ奥さんが浮気して家を出て行ったときも、婚姻費用を払わなくちゃいけないんですか？

姉　弁：それはまた別の話よ。判例では、そういうケースでは信義則違反として請求を認めないケースもあるようだから。

ノボル：ですよね？　確かにそういう場合には払いたくないですよ。

姉　弁：でも、もし奥さんにそういう事情があったとしても、子どもの生活費は支払うべきでしょう？　判例も養育費相当部分とは分けているようだし。だから、請求が全く認められないわけじゃないと思うけど。

ノボル：そうか。じゃあゼロにはならないのですね。かわいそうに。

姉　弁：ちょっと。あなたがそんな気持ちでは、代理人になっても弱腰の交渉しかできないじゃない。依頼者があまりに不当な請求をするなら、代理人として諌める必要もあるけれど、請求することが合理的なら、きちんと請求するのが代理人の務めでしょう。やけに夫の肩を持つわねえ。あら？　そういえばあなた、最近彼女とはどうなの？

ノボル：うっ！　そ、それは……。

姉　弁：さては、彼女に振られて、その気持ちを夫に重ねているのね！　そんな私情を挟むなんて弁護士失格よ！　私は、いくら妻が専業主婦だからって「まったく家事をしたことがない」夫なんて絶対に許さないわ！

ノボル：私情を挟んでるのは先輩の方じゃないですか。

[解説]

1 婚姻費用の意義

　民法は「夫婦は、その資産、収入その他一切の事情を考慮して、婚姻から生ずる費用を分担する」と定めている（民 760 条）。ここで「婚姻から生ずる費用」とは、婚姻家庭が収入および社会的地位等に応じた通常の社会生活を維持するために必要な費用のことをいう。具体的には、住居費、食費、被服費、医療費、教育費、娯楽費などを含むいわゆる「生活費」であり、これを分担する義務は「生活保持義務」であるとされる。なお実務では「婚費（コンピ）」と略される。

　婚姻費用や養育費は夫婦が協議で定めるとされているが、協議が調わないときは家庭裁判所が定める。

　従来、婚姻費用等の算定方法は様々であったが、個別事件ごとの具体的な事例判断では金額の予測が困難であり審理も長期化しやすいなどの弊害があったため、統一的で合理的な養育費等を簡易迅速に算定することへの要請が高まった。そこで 2003（平成 15）年に家庭裁判所の裁判官らが作成した「簡易迅速な養育費等の算定を目指して――養

育費・婚姻費用の算定方式と算定表の提案」（判例タイムズ1111号285頁）が公表され、実務でもこの算定表の利用が定着してきた。そこから約15年を経て2019（令和元）年12月には「改定標準算定方式・算定表」が公表された（司法研修所編『養育費、婚姻費用の算定に関する実証的研究』（法曹会・2019年））。

　現在、実務上はこの算定表が広く活用されており、調停や審判・訴訟においてもこの算定表に沿った判断がされることが多い。算定表は裁判所のウェブサイトで公開されており誰でも入手できる。算定表の意義は「簡易迅速性」「予測可能性」「法的安定性」である。

　とはいえ、個別事情による修正が全く認められないわけではない。また、算定表の条件に合致しない事案もある。代理人としては算定表を鵜呑みにすることなく、算定表の元になっている考え方を理解した上で、当該事案について考慮されるべき特殊な事情があれば必要に応じて主張すべきである。

2　標準算定方式

(1) 基礎となる考え方（収入按分型）

　　　　養育費・婚姻費用の算定方式は「収入按分型」が採用されている。

　婚姻費用については、実際の生活形態にかかわらず夫婦と子どもが全員同居していると仮定したうえで、両当事者の総収入から公租公課等一定の金額を控除して「基礎収入」を認定し、双方の基礎収入の合計額を「世帯基礎収入」とする。そして、これを実際に生活を共にしているグループごとの最低生活費の割合で按分して双方の婚姻費用を算出し、一方が不足するときはその額を支払う、ということになる。

　一般に、婚姻費用の分担は基礎収入の高い者（＝義務者）が、低い者（＝権利者）に対して支払うことになる。そこで、上記計算をわかりやすく表現すると次のようになる。

$$\begin{bmatrix} 義務者の基礎収入 \\ + \\ 権利者の基礎収入 \end{bmatrix} \times \begin{bmatrix} \dfrac{権利者グループの生活費}{家族全員の生活費} \end{bmatrix} = \begin{matrix} 権利者グループの \\ 婚姻費用 \end{matrix}$$

$$\begin{matrix} 権利者グループの \\ 婚姻費用 \end{matrix} - \begin{matrix} 権利者の \\ 基礎収入 \end{matrix} = 義務者が分担すべき婚姻費用$$

　この計算を簡便に行う方法として、標準算定方式では、「基礎収入」や「生活費」を認定するために総収入から基礎収入を割り出す計算式や、年齢に応じた生活費指数などを定めている。これを一覧できるようにしたのが「算定表」である。

（2）基礎収入割合　　基礎収入とは、総収入から「公租公課」「職業費」および「特別経費」を控除した金額をいう。職業費とは「給与所得者として就労するために必要な経費」であって、被服費、交通・通信費、書籍費、諸雑費、交際費等がこれに当たるとされる。特別経費とは、標準算定方式適用以前は実額で認定されていたもので、住居に関する費用や保険医療に要する費用がこれにあたる。

　標準算定方式では、簡易迅速な算定のため、これら「公租公課」「職業費」および「特別経費」について統計資料に基づいて推計された標準的な割合を用いて、「総収入に占める基礎収入の割合（＝基礎収入割合）」を定めている。

　基礎収入割合は、給与所得者で38〜54％、自営業者で48〜61％とされている。いずれも、所得が大きい方が基礎収入割合は大きい。

（3）総収入　　給与所得者の場合、総収入は源泉徴収票の「支払金額」または課税証明書の「給与の収入金額」に記載してある金額が「総収入」と認められる。

　自営業者の場合は、確定申告書の「課税される所得金額」に基づいて認定するのが一般的である。ただし「課税される所得金額」には、現実には支出されていないが税法上控除されている部分があるので、これを「課税される所得金額」に加算する必要がある。

具体的には、「雑損控除」「寡婦・寡夫控除」「勤労学生、障害者控除」「配偶者控除」「配偶者特別控除」「扶養控除」「基礎控除」「青色申告特別控除」は、もっぱら税法上の控除項目であって現実の支出がないから、「課税される所得金額」に加算する。このほか、「医療費控除」「生命保険料控除」「損害保険料控除」などは実際に支出があるが、標準的な額については「特別経費」としてすでに考慮されていることから、これらも「課税される所得金額」に加算する必要がある。「小規模企業共済等掛金控除」「寄附金控除」は実際に支出されているし特別経費でもないが、その性質上、養育費や婚姻費用の支出に優先されるものとは認められないとして、やはり加算すべきと考えられている。

　このように、自営業者の「総収入」は「課税所得」に対して実態に応じた加算を加える必要があるが、加算すべき控除金額は基本的に全て確定申告書の1枚目（表紙）に記載されている。確定申告書の「所得から差し引かれる金額」「その他」の欄についてはそれぞれの項目の内容を理解しておく必要があるが、確定申告書が入手できれば計算自体はさほど面倒ではない。

（4）生活費指数　　生活費指数とは、成人が必要とする生活費を100とした場合の子の生活費の割合を示すものである。標準算定方式では、子どもの年齢を「0歳から14歳」と「15歳以上」との2つに区分して、それぞれについて統計資料に基づき「基準生活費」と「学校教育費」を考慮して「生活費指数」を定めている。

　生活費指数（学校教育費考慮後）は、0〜14歳が「62」、15歳以上が「85」である（参考までに、学校教育費考慮前の生活費指数は、0〜14歳が「51」、15歳以上が「60」である）。

　たとえば、父と母と12歳の息子と16歳の娘という4人家族の生活費を算出するときは、父＋母＋息子＋娘＝100＋100＋62＋85と表記されることになる。

（5）計算方法　　以上を前提に、具体例にそって当てはめ計算をして

みる。

　　・父（義務者）の総収入は600万円。

　　・600万円の給与所得に対する基礎収入割合は41％。

　　・母（権利者）は収入なし。

　　・母と12歳の息子と16歳の娘が同居している

　この場合の母が父に請求できる婚姻費用を計算すると、次のようになる。

　　①義務者の基礎収入＝600万円×41％＝246万円

　　②世帯全体の基礎収入＝246万円＋0円＝246万円

　　③権利者グループの生活費／家族全員の生活費

　　　＝（100＋62＋85）／（100＋100＋62＋85）＝247／347＝0.71

　　④246万円×0.71＝174万6600円

　　⑤権利者グループに割り振られるべき婚姻費用は174万6600円で、権利者（母）には収入がないので、174万6600円−0＝174万6600円

　　⑥義務者の支払うべき婚姻費用の分担（年額）＝174万6600円

　　　　　　　　　　　　同　　　　　　（月額）＝14万5550円

　算定表では「表14 婚姻費用・子2人表（第1子15歳以上、第2子0〜14歳）の「義務者の年収600万円」「権利者の年収0円」の欄を見ると、「14〜16万円」の帯に該当することがわかる。

3　婚姻費用と有責性

　婚姻費用分担を請求する側がいわゆる「有責配偶者」である場合も、分担請求権がなくなるわけではない。しかし、たとえば不貞行為をして家を出た者が婚姻費用の分担を求めるような、自ら婚姻関係における義務を怠りながら相手方に対してだけ義務の履行を求めることは信義則に反するため、その有責性の程度により分担請求は権利濫用として認められない場合や減額される場合がある。

　ただし、判例では、婚姻費用分担請求が却下されるのはほぼ「不貞

行為」のある場合に限られる。たとえば、一方が「勝手に家を出た」とか「同居を拒否する」という事情があっても、それだけで分担請求が却下されるものではない。

なお、権利濫用として配偶者の生活費分が認められないとしても、その者が子どもと同居している場合は、子どもの監護費用相当分については請求が可能である（東京家審平成20・7・31家月61巻2号257頁ほか）。

4 請求手続

当事者の話し合いで解決しないときは、家庭裁判所に「婚姻費用分担請求調停」の申立てをすることができる（手続については、第1章 **Ⅳ1**を参照）。

調停でも合意ができなかったときは「調停に代わる審判」または「審判」により家庭裁判所が婚姻費用の額および支払の要否を決定する。

離婚調停と婚姻費用分担請求調停を同時に申し立てた場合、通常は先に婚姻費用についての調整が行われる。合意できない時は婚姻費用請求のみ先行して審判とされ、資料が揃っていれば比較的早期に判断が下される。

なお、生活が困窮しているなど婚姻費用請求に緊急性があるときは、裁判所に対して、「仮払い仮処分」を求めることができる。

5 婚姻費用をめぐる諸問題

(1)始期　婚姻費用請求の裁判実務では、婚姻費用分担請求は無制限に遡ってできるものではなく、原則として「請求のときから」認められる。調停や審判の申立前に当事者間で請求がなされ、それが証明できる場合（内容証明郵便等。メール等でも可）はその請求時から、証明がない場合は調停や審判の申立時から、とするものが多い。そのため、婚姻費用分担請求を考えているのであれば、なるべく早く請求し

てその証拠を保存しておいた方がよい。

　請求前の部分は「婚姻費用」としては原則として認められないが、請求前から婚姻費用の不払が続いていた場合や過去に不払期間があった場合、そのような「過去の婚姻費用」は財産分与の際に「一切の事情」として考慮されうる。裁判所の裁量で過去の不払分の加算が認められることもある（最判昭和53・11・14民集32巻8号1529頁）。

　なお、婚姻費用の支払終期は「別居の解消または離婚に至るまで」とするのが一般的である。

（2）収入が不明であるとき　　婚姻費用の算定にあたっては双方の収入を証明する資料（源泉徴収票や確定申告書など）が必要であるところ、婚姻費用の支払を拒む当事者はそのような資料の提出も拒むことが多い。

　調停や審判手続に入っていれば、その中で「調査嘱託」の申立てを行い、家庭裁判所から相手方の勤務先等に対して相手方の収入資料の提出を求めることができる。また、そのような方法があることを説明することにより、勤務先への影響を考慮して任意に提出されることもある。

　それでもなお収入が不明であるときや、就労する能力があるのに無職であるようなときは、厚生労働省の「賃金構造基本統計調査」によるいわゆる「賃金センサス」を利用して推測した金額を利用することもできる。

（3）住宅ローンの取扱い　　別居している夫が、妻子の住む自宅の住宅ローンを支払っている場合、夫が妻に支払う婚姻費用から住宅ローンの額を差し引くことができるかについては、その全額を差し引けるわけではないが、住宅ローン支払の事実を考慮することは認められる（ただし、義務者側に不貞行為など別居に至った主たる原因がある場合は除く）。

　具体的には、権利者が負担すべき住宅費（算定表において総収入から控除されている「住居関係費」）を義務者が支払っていると認めて婚姻

費用から差し引く方法や、義務者の総収入から住宅ローンの年間返済額をあらかじめ控除して計算する方法などが考えられる。

　住宅ローンの支払により当事者の負担が不公平にならないよう、適切なバランスをとることが望ましい。

【 *Answer* 】

　まず、Xが自発的に家を出たのだとしても婚姻費用請求は基本的には認められる（Xが不貞行為をして家を出たような場合は例外）ので、その点を説明する。また婚姻費用請求の起算点は「請求時から」とされているところ、Xからの請求は電話だったようなので、すぐに電子メールや内容証明郵便を送付するなど、証拠に残る方法で改めて婚費請求の意思を伝えておく必要がある。

　婚姻費用の金額については基礎とされる算定式があるので、「給与の半分」は難しい。源泉徴収票などの資料によりYの年収を確認し、適切な金額を算出すべきである。また、緊急の場合は仮処分申立ても検討する。

II…財産分与

Case

　ノボル弁護士はボス弁の指示で、ボス弁の友人Xからの相談を受けることになった。妻Xと夫Yの夫婦はともに50代で、子どもたちが全員結婚したのを期に離婚することにしたが、財産分与について話がまとまらないため弁護士の意見を聞きたいとのことである。Xとしては、Yは65歳で勤務先を定年になるので、退職金の半分と、自宅（すべて夫名義）を売ってローンを返した残りをもらいたい。ただ、自分のへそくりを株式投資して利殖したお金は渡したくない。Yは、自宅は自分名義だからこれからも住むと主張している。また、Xの株式投資の元手は自分の稼いだ給与なのだから分与すべきと言っている。

　ノボル弁護士がXの代理人となった場合、財産分与についてどのような主張をしていくべきか。

• • •

ノボル：先輩、財産分与って奥が深いですね。

姉　弁：いきなりどうしたの。ああ、この前のボスのご友人の件？

ノボル：はい。「へそくりを株式投資した儲け」がどうなるのかを調べていたんですけど。あの、僕はいつも法律相談で財産分与のことを「結婚生活の間に2人で協力して築いた財産を清算すること」って説明していたんですよ。

姉　弁：うん。基本的にはいいんじゃない？

ノボル：でも判例では「宝くじの当選金」とか「万馬券で得たお金」とかも分与すべきらしいですよ。宝くじは「2人で築いた」っていうのとは違うじ

ゃないですか。

姉　弁：まあ、それはそうかもしれないけど、宝くじも馬券も買わなきゃ当たらないし、それを買うお金が家計費から出ているのなら「2人で築いた」と言えないこともないでしょう。

ノボル：確かに、判例はそういう考え方みたいですね。でも、自分の小遣いから細々と買っていた宝くじが当たったら、それは自分のものだと思うけどなあ。プロスポーツ選手とかアーティストみたいに「特殊な能力による稼ぎ」について特別扱いが認められるなら「すごい強運」だって特別扱いすべきじゃないですか。

姉　弁：でも、逆の立場だったらどう思う？　自分の奥さんが宝くじに当選して、それを独り占めしていたら？

ノボル：それはダメですよ！　……あ、うーん。そうか。

姉　弁：でしょう？　ただ、財産分与が奥が深いっていうのはその通りだと思うわ。いまの話は「財産分与の対象になる財産とは何か」っていう話だけど、対象財産が決まっても、そこからの「分け方」には本当に色々なバリエーションがあるもの。そっちの方は大丈夫なの？

ノボル：ああ。自宅不動産があるんですけど、妻は売ってお金を分けたい、夫は売りたくないと言っているので、揉めそうです。

姉　弁：やっぱり。財産分与の中でも不動産はとくに、ローンの有無、住みたいかどうか、不動産以外に分けられる財産があるか、など事案ごとに色々な合意のパターンがあるからね。

ノボル：離婚するなら売っちゃった方がいいと思うんですけどね。そのまま住んでたら思い出しちゃって悲しいじゃないですか。

姉　弁：ちょっと。自分のセンチメンタルを一般化しないでよ。「子どもたちにとっての『実家』を残しておきたい」とか、そもそも経済的にそちらが得とか、理由は色々あるでしょう。財産分与の合意の仕方は弁護士の腕の見せ所なんだから、そのセンチメンタルな空想力を柔軟な発想に活かしなさい。行け！　おセンチ弁護士！

ノボル：先輩、おセンチは完全に死語だと思います。

〔 解 説 〕

1 財産分与の意義

　離婚に際し、夫婦の財産の清算等のために一方が他方に対して財産を分与することを財産分与という。民法は離婚に際して夫婦の一方は他方に対して財産の分与を請求することができると定めている（民768条1項）。財産分与には①清算的要素、②扶養的要素、③慰謝料的要素があるが、中心となるのは①である。夫婦が婚姻中に協力して形成した財産を、離婚にあたり清算しようとするものである。

　民法は「婚姻中自己の名で得た財産は、その特有財産とする」（民762条）として「夫婦別産制」を基本としているが、そうすると、たとえば夫だけに給与所得がある専業主婦の妻には一切財産がないことになり経済的格差が生じてしまう。離婚に際してはその格差を是正する必要があることから、財産分与の制度が認められている。

　当事者間で協議が調わないとき、家庭裁判所は、当事者双方がその協力によって得た財産の額その他一切の事情を考慮して、分与をさせ

るべきかどうか、ならびに分与の額および方法を定める（民768条3項）。

　なお、財産分与請求ができるのは離婚から2年以内であるので（民768条2項ただし書）、財産分与をせずに離婚を先行させた場合は注意を要する。

2　財産分与の対象

　夫婦の財産には、次の3種類がある。

　①特有財産：名実ともに一方当事者が所有する財産（例：相続した財産）

　②共有財産：名実ともに夫婦の共有に属する財産（例：共有不動産）

　③実質的共有財産：名義は一方に属するが夫婦が協力して取得した財産（例：婚姻期間中に一方の名義で取得した財産）

　このうち、財産分与の対象となるのは②および③であって、①は原則として対象とならない。

　①は婚姻前から所有していた財産、相続した財産、贈与を受けた財産、交通事故により支払を受けた慰謝料などであり、夫婦の協力とは無関係の原因により一方当事者が取得した財産なので、原則として財産分与の対象とはならない。

　ただし、同じ交通事故に基づき支払われた保険金のうち、慰謝料以外の部分、すなわち後遺障害の逸失利益に対応する部分については財産分与の対象となるとする裁判例がある（大阪高決平成17・6・9家月58巻5号67頁）。

　また、一方が相続により取得した不動産の維持管理費用を家計から支出したとか、配偶者が不動産を管理して価値を維持した等の事情があるときは「特有財産の減少防止に協力した」として、特有財産であってもその一部が財産分与の対象と認められることもある。

　このほか、婚姻前に購入した不動産（＝特有財産）についてローンを組んでおり婚姻後もローン返済を続けていたようなときは、実質的

には夫婦で住宅ローンを返済していたとして実質的共有部分があるものと解すべきである。

②については、財産分与の対象となることに争いがないであろう。ただし、たとえば自宅建物が夫75％、妻25％の共有になっている場合は、共有持分に応じて分ければ良いということではない。婚姻中に購入した自宅であれば、その全体を財産分与の対象として扱い、共有持分を（原則2分の1ずつに）修正すべきである。

夫婦のいずれに属するか不明な財産は共有財産と推定される（民762条2項）。

③について、基本的には「婚姻期間中に取得したもの」「婚姻期間中にためた預貯金」は名義のいかんを問わず、実質的共有財産として扱われる。生活費の余り分をためた、いわゆる「へそくり」も、それが家計費から出ている以上、基本的には③に含まれる。それを運用して得た利益も同様である。

第三者名義の財産は直接には財産分与の対象にはならないが、夫婦が子どもの名義で積み立てた預貯金（子どもが自分でお年玉やアルバイト代を貯めたものは含まない）や、実質的に個人経営である場合の法人名義の預金などは対象とされることもある。

3　対象財産の範囲（争いがあるケース）

(1)退職金　　退職金は、勤務先の退職金規程に基づいて支給される場合は労働の事後的対価（給与の後払い）という性格を有するものと認められるので分与対象とされる。既払いの場合は預貯金その他の形ですでに清算対象財産に含まれているので問題はない。ただし、分与の割合については、配偶者の寄与が認められるのは婚姻期間（同居期間）中に限られるから、たとえば在職期間が40年で、そのうち婚姻期間（同居期間）が30年である場合は、退職金の4分の3が分与対象額になると考えられる。

将来支払われる（予定の）退職金については、勤務先の倒産や退職

金規程の変更、本人の懲戒解雇など、不確定な要素もあり、確実に支払われる保証がないため問題となる。しかし、退職時期が近いなど、支給を受ける蓋然性が高いといえる場合は、財産分与の対象とされている。将来の受給額なので中間利息を控除する扱いもある。

　裁判例では、退職まで7年のケースで退職金支給時に妻への支払を命じたものがある（東京高決平成10・3・13家月50巻11号81頁）。退職が10年以上先でも退職金を分与対象とした例（未公表）もあるが、勤務先が官庁や大企業である場合と中小零細企業である場合とでは、受領の蓋然性判断に差が生じうる。また、具体的に退職金自体を分与対象としない場合も、「財産分与の方法を定めるにあたって考慮すべき1つの事情」であるとして、分与額の決定に反映させた例もある（名古屋高判平成21・5・28判時2069号50頁）。

　退職までの期間が長い場合は、「離婚時点または別居時点で退職したと仮定した場合の退職金額」を算出して、これに勤続期間中の婚姻期間の割合を掛けた金額を対象とする方法も一般的である。

　また、将来の退職金は、現存する預貯金に比して高額であることが多く、退職金を含めて分与額を算定すると離婚時点では支払ができないことが多い。そのため「退職金が支給されたら半分支払う」という合意がなされることもあるが、離婚後もその範囲で関係が継続することになってしまうし、退職時の支払を確保することも簡単ではないから、あまり推奨できる方法ではない。金額的に多少譲歩することになっても、離婚時に一括清算して解決する方が望ましいと思われる。

（2）生命保険　　生命保険料の支払期間中に離婚となった場合、掛け捨ての保険であれば財産分与の対象とはならないが、貯蓄性があったり、中途解約時に解約返戻金が発生する契約であれば、基準時にその時点での解約返戻金相当額の財産的価値があると解されるので、その額が財産分与の対象となる。これは、保険料が婚姻中夫婦の協力によって支払われてきたと評価されるためであるので、たとえば、独身時代に契約した生命保険を婚姻後もかけ続けていたような場合は、解約

返戻金相当額に、契約期間中の婚姻期間（同居期間）の割合を掛けて対象分を算出する必要がある。

4　財産分与の基準時

　財産分与は「婚姻中に夫婦で協力して形成した財産」を対象とするので、婚姻関係が継続していても、夫婦が別居するなど夫婦の協力関係が終了したと認められる場合は、原則としてその終了した時点（別居開始時）の財産が分与の対象とされる。なお、これは財産の「範囲」の基準時であって、財産の「価額評価」の基準時は、裁判時（訴訟であれば口頭弁論終結時）とされている。

　ただし、上記はいずれも原則であって、裁判所は「一切の事情」を考慮して財産分与の額および方法を定めることができるので、別居の時期に争いがあるとか、別居時点の財産が不明であるなど個別の事情によっては裁判所が裁量的に定めることもある。

5　財産分与の割合

　清算の割合については、歴史的には主婦の家事労働の評価や、財産形成・維持への寄与度の評価といった問題があったが、現在では、主婦（主夫）であると共働きであるとを問わず、財産形成への寄与度を平等とみなして、財産分与割合を「原則として2分の1」とする運用がほぼ定着している（2分の1ルール）。平成8年に法制審が答申した民法改正案要綱でも「当事者の双方がその協力により財産を取得し、又は維持するについての各当事者の寄与の程度は、その異なることが明らかでないときは、相等しいものとする」とされており、実務の運用を法的に裏付けようとする動きといえる。

　ただし、この2分の1ルールが絶対かというとそういうわけではない。当該夫婦間で財産形成への寄与度に特別な事情がある場合は、個別の判断があり得る。夫の職業の特殊性から財産形成への寄与が大きいと認められた例として、医師の資格を有してこれを活用し高額の

収入を得ている夫の寄与割合を 6 割と認めた裁判例（大阪高判平成 26・3・13 判タ 1411 号 177 頁）などがある。

6　その他考慮される事項

　財産分与においては、「扶養的な要素」や「慰謝料的な要素」を加味して分与額が決められる場合もあり、裁判所の裁量が大きい。

　判例は、「裁判所は、申立人の主張に拘束されることなく自らその正当と認めるところに従って分与の有無、その額及び方法を定めるべきもの」であるとして、第一審で被告に財産分与を命じた離婚判決に対して被告が控訴した（原告は控訴しなかった）ところ、控訴審が原審よりも多額の財産分与を命じた事案について、いわゆる「不利益変更禁止の原則」が適用されないとしている（最判平成 2・7・20 民集 44 巻 5 号 975 号）。

7　住宅ローンがある場合

　自宅に住宅ローンが残っているケースにおいて、当事者が居住を希望しないときは、自宅を売却してローンを返済し、残債務が残ればその負担方法を、売却代金が残ればその分割方法を定めることになるので、比較的話はシンプルになる。

　他方、当事者が離婚後も居住を継続しようとするときは検討すべき問題が多い。

　ローン名義人が居住する場合は、そのままローンを支払いながら居住すればよいが、通常、自宅不動産には配偶者の潜在的な持分が認められるので、その処理が必要となる。潜在的な持分を買い取るとか、他の財産を渡すことで不動産を単独所有にする方法がある。

　ローン名義が夫で、今後居住するのが妻であるような場合、妻が今後のローンを支払おうとしても、金融機関は債務者の変更には応じないことが多いので、その際は妻が別途のローンを組んで借り換えを行う必要がある。その場合は不動産の名義を妻に変更する。

資力要件がないなどにより妻がローンを組めない場合、ローン名義を夫としたままで実際には妻がローンを返済するとか、夫がローン返済を継続して妻が夫に家賃を払うという合意をすることもあるが、不払いが発生したときには抵当権が実行されて競売にかかる可能性があるので、慎重に判断すべきである。

　このようなリスクを継続させないため、当事者双方の親族から援助を受けて不動産を買い取ったりローンを返済したりして解決する例も見受けられる。それぞれの方法のメリット・デメリットをよく知ったうえで、柔軟かつ合理的な対応をすることが求められる。

【 *Answer* 】

　ノボル弁護士としては、財産分与について裁判所が判断する場合の見通しをふまえたうえで主張内容を組み立てる必要がある。

　たとえば、退職金については退職金規程を入手したり勤務先会社の規模や業績から退職金が満額支払われる蓋然性の高さを主張する。「離婚時」か「支給時」のいずれの時点で支払を求めるかによっても作戦は変わってくる。

　へそくりの利殖について、裁判所は共有財産性を認める可能性が高いが、投資の原資が婚姻前の預金であると解する余地がないか等、少しでも特有財産性を主張できないか検討する。

　自宅不動産については、婚姻後に購入してローンを支払ってきたのであれば登記名義が夫だったとしても妻にも半分の潜在的持分が認められることになるので登記名義にこだわる必要はない。ただし、登記が100%夫だと勝手に売却されてしまう可能性もあるので、この点には留意し、必要であれば仮処分なども検討する。また、「売却したい」ということは、半額相当の金銭が欲しいということであるから、逆にいえば、半額相当の金銭がもらえるのであれば家を売るかどうかはどちらでも良いはずである。なので、不動産については「売却して分ける」一本やりの主張をするのではなく、「夫が居住を継続する」前提で妻の要求を満たせる方法がないか（たとえば、へそくり利殖分を請求しないことと引き換えに不動産を渡すなど）を検討し、歩み寄りを試みることとしたい。

III…慰謝料

Case

　ノボル弁護士は、妻Xの代理人として申し立てた離婚調停において夫Yに対し、「姑がXをいじめているのに知らん顔をした」「Xの悪口を姑に言いつけた」「文句をいうばかりで話し合いで歩み寄ろうとしなかった」などを理由に慰謝料請求をしていたが、逆に夫Yから「専業主婦なのに家の掃除をしなかった」「実母に頼りきりで実母は過干渉」「浪費が激しい」「散々話し合いをしたのに一向に態度が改善されないためYは話し合いを諦めざるを得なかった」などと主張され、慰謝料請求をされてしまった。Yの主張する事実はノボル弁護士には初耳だった。

　ノボル弁護士は調停前にXに対して「ある程度の慰謝料は取れる」と見通しを伝えていたが、これを訂正する必要はあるか。

● ● ●

ノボル：はあ……。（ため息）

姉　弁：わかりやすく落ち込んでるけど、どうしたの？　今日の調停で何かあった？

ノボル：そうなんですよ。聞いてくださいよ。依頼者のXさんの話では「夫が酷い」「離婚原因は夫にある」っていうことだったのですが、今日相手方から出た書面によると、Xさんにもかなり問題があったみたいで。

姉　弁：あらあら。でも、依頼者は自分に不利なことは言いたがらないのが普通だから、それは良くあることじゃない。

ノボル：まあそうなんですけど。このままいくと慰謝料が取れなさそうなんです

よね。実は、Xさんの話を聞いて慰謝料は確実だと思ったので、着手金をすごく安くした代わりに、慰謝料が取れたらそこから多めに報酬をもらう約束をしちゃって。

姉　弁：あー。やっちゃったわね。一方当事者の話を鵜呑みにするのは危険なのよ。事件の見通しを話すときも「今うかがった話を前提にすると」っていう枕詞を忘れないように、いつも言っているじゃない。

ノボル：ううー。先輩！　なんとかなりませんか？　僕の見た感じでは「お互いの責任を天秤に乗せたら、Yの方がちょっと重いかも」っていうところなんですよ。ちょっとでも秤が傾いていれば、責任アリっていえますよね？　ね？

姉　弁：うーん。それだけだと難しいわね。ちょっとくらい秤が重かったとしても、それが「慰謝料が発生するほど」なのかどうかね。離婚原因について他に主張できることはないの？

ノボル：細かいことは色々あるんですけど、正直なところ「どっちもどっち」なんですよね。あーもう無理か。

姉　弁：また諦めが早いわねえ。たとえば、Xさんが生活に困っているとか、体調を崩しているとか、扶養的な配慮をしてもらう理由はないの？　慰謝料じゃなくて財産分与でなら認めてもらう可能性があるんじゃない？

ノボル：でも財産分与だと、慰謝料じゃないから報酬増額できないんですよ。

姉　弁：そこは必殺「解決金」よ。条項には「解決金」という表現にしておいて、慰謝料的な意味を含む、って交渉したらどう？

ノボル：なるほど。渋い小細工ですね。さすが、食らいついたら放さないスッポン弁護士！

姉　弁：人のことスッポン呼ばわりしている暇があったら、自分の信じやすさと諦めの早さをなんとかしなさい！

Check List

□慰謝料請求の対象は離婚自体か個別の不法行為か［→ **1**］

［ 解 説 ］

1　離婚に伴う慰謝料

　離婚に伴う慰謝料とは、①離婚そのものにより配偶者の地位を失うことから生じた精神的苦痛に対する損害の賠償（離婚自体慰謝料）と、②離婚原因となった個別の不法行為（不貞行為、暴力など）についての慰謝料（離婚原因慰謝料）との両者を含むものとされている。法的性質は不法行為に基づく損害賠償請求（民709条）である。

　実務上、①と②はさほど峻別されておらず、まとめて「離婚慰謝料」として請求されることが多い。しかし、慰謝料額の算定や発生時期（遅延損害金）等との関係で区別して主張すべき場合もあるので、少なくとも頭の中では区別して理解しておきたい。

(1)離婚自体慰謝料　　離婚自体慰謝料は、「離婚せざるを得なくなったこと」「離婚という結果」に対する慰謝料であって、個々の行為に対する慰謝料ではない。個々の行為は通常「離婚原因」として主張・立証され、裁判所はそれを総合的・包括的に判断して、慰謝料請求の可否および金額を決定する。ある行為が離婚原因と認められても、「不法行為を構成するほどの違法性のある行為とは評価できない」として慰謝料までは認められないこともある（名古屋高決平成18・5・31家月59巻2号134頁）。

離婚自体慰謝料が発生するのは「離婚成立のとき」であって、消滅時効の起算点も遅延損害金の発生も「離婚成立時」（裁判においては離婚裁判確定時）からと解されている。

（2）離婚原因慰謝料　　これは不貞行為や暴力といった個別の不法行為に対する慰謝料である。そのため、請求にあたっては当該行為の時期、内容を具体的に特定する必要がある。この場合の債権の発生時期・時効の起算点は各不法行為時となる。そのため遅延損害金も各不法行為時からの請求が可能であるが、実務では「訴状送達の日の翌日から」として請求されることが多い。

　典型的な事由としては、不貞行為、暴力、悪意の遺棄、性交拒否などがある。性交拒否については、拒否につき正当な理由がなく、それが原因で婚姻が破綻した場合に慰謝料が認められている（京都地判平成2・6・14判時1372号123頁）。このほか扶助協力義務違反や婚姻関係の維持に協力しない態度についても認められることがある（名古屋地岡崎支判昭和43・1・29判時515号74頁）。

　なお、消滅時効は不法行為時から進行するが、「夫婦の一方が他の一方に対して有する権利については、婚姻の解消の時から6箇月を経過するまでの間は、時効は、完成しない」との定め（民159条。夫婦間の権利の時効の完成猶予）により、離婚から6か月経過するまでは、過去の個別の不法行為に対する慰謝料請求権も消滅時効にかからない。

（3）認められない場合　　離婚慰謝料は、あくまで不法行為に基づく請求であることから、行為に違法性がない場合には慰謝料請求は認められない。また、婚姻の破綻について双方に同等の責任がある場合や、不法行為と婚姻関係の破綻との間に因果関係が認められない場合（たとえば、不貞行為以前から婚姻関係が破綻していた場合）、不貞相手からの慰謝料支払によりすでに損害がすべて填補されている場合も慰謝料は認められない。

　一般的には、「離婚について責任がある方が離婚慰謝料を支払う」と理解されているが、一方に離婚のきっかけとなる行為が認められて

も、裁判所は、それが慰謝料を支払わせるほどではないと判断することもある。いいかえると「どちらも悪いが、片方が少しだけ多く悪い」ときは慰謝料は認められ難いことになろう。裁判例でも、離婚について双方にそれぞれ責任がある事案において慰謝料が認められるのは、婚姻破綻の原因が「専らもしくは主として」一方にあると認められる場合に限るとするものがある（東京高判平成17・2・23判例集未登載）代理人として慰謝料を勝ち取るためには、双方の責任の重さに差があることを主張・立証していく必要がある。

2　慰謝料額の「相場感」

　離婚に伴う慰謝料の相場感覚は、事件を扱って行く中で徐々に養われるものではあるが、個々の経験には限界がある。また、依頼者に対して請求額や認容見込み額を説明する際には根拠を示した方が説得力があるし、裁判所の判断とのズレも少なくなる。離婚慰謝料に関しては様々な統計的研究があるので、これらを参考に自分の感覚を磨いていくのがよい。

(1)2012 年の研究　　少し古いが、東京家裁の平成16年4月から平成22年3月までに既済となった離婚事件（対象件数737件）について、書記官による分析・集計がなされた研究がある（東京家庭裁判所家事第6部編著『東京家庭裁判所における人事訴訟の審理の実情〔第3版〕』（判例タイムズ社・2012年））。ここでいう「損害賠償」には離婚に伴う慰謝料のほか、婚姻中の不法行為に基づく損害賠償等を含む。これによると、請求認容額は500万円以下のものが約95％であり、これを超える事案は少ないことがわかる。内訳は100万円以下が約28％、101〜200万円が約26％、201〜300万円が約25％、301〜500万円が約15％となっている。

(2)2017 年の研究　　その後の統計的な研究としては、大塚正之「不貞行為慰謝料に関する裁判例の分析（1）」家庭の法と裁判10号（2017年）34頁がある。これは平成27年10月から平成28年9月ま

での1年間に東京地方裁判所で言い渡された判決の中から、不貞行為慰謝料に関する裁判例を抽出して分析したものである（対象件数123件）。これによると、123件のうち慰謝料請求が認容されたのが95件。そのうち最も多いのは150〜199万円で約28%。次いで100〜149万円が24%、200〜249万円が約19%となっている。70%以上が100〜249万円の範囲内ということになる。

(3)傾向　　以上の2つの研究は時期も対象案件も異なるので単純に比較はできないが、いずれも「相場感」を養うのに非常に有用である。大まかな傾向としては「500万円を超える慰謝料が認められるのはかなりレアケース」「ボリュームゾーンは100〜200万円あたり」「300万円に届けばかなりよく認めてもらった方」といえるのではないか。慰謝料の金額は、依頼者にとって大変気になるところであり、請求額の設定は悩ましい問題なので、このようなイメージを説明して、共有しておくとよい。

3　請求方法

　離婚慰謝料の請求方法としては、任意の請求のほか、調停において請求する方法と訴訟において請求する方法がある。

　ただし、調停では、調停申立てに付随して慰謝料の支払を求めても、話し合いがつかなかったときに慰謝料を審判で決めることはできない（これは財産分与や養育費が審判され得ることとの大きな違いである）ので、注意を要する。

　訴訟において請求する場合、「不法行為に基づく損害賠償」は民事訴訟事項であるので、離婚慰謝料請求も本来の職分管轄は地裁または簡裁にあるが、「人事訴訟に係る請求の原因である事実によって生じた損害の賠償に関する請求」であれば、人事訴訟の訴えと併合することを要件に家庭裁判所に職分管轄が認められている（人訴17条）ので、離婚訴訟と併合して家裁で審理を受けることが可能である。

4 「慰謝料」か「解決金」か

　当事者からすると、「慰謝料を支払う」というのは、「離婚において自分が悪かったと認めること」に他ならない。そのため、「早期解決のため金銭を支払うことは構わないが、自分が悪かったとは認めたくないので慰謝料という名目では支払いたくない」といわれる場合もある。そのようなときは、条項上の表記を「解決金」や「和解金」とすると、すんなりまとまることがある。逆に、「どうしても相手に自分が悪かったと認めさせたい」という当事者は、金額が少なくても「慰謝料」と表記することで溜飲が下がることもある。

　調停や和解では「解決金」という表現を使うことが増えているが、「慰謝料」だけでなく「財産分与」や「養育費」にまで安易に広げてしまうと、「どのような趣旨で支払われた金員か」が不明となり、かえって後日の紛争を生じさせることにもなる。便利な言葉だからといって考えなしに多用してはならないのである。

【 *Answer* 】

　Ｙの主張を受けて、ノボル弁護士としては「慰謝料は認められないかもしれない」と考えるに至ったのであれば、Ｘに対してもその理由と見通しを説明すべきである。Ｘからは「話が違う」と文句が出る可能性もあるが、事前の見通しはあくまでＸの申告に基づくものであって、Ｙの主張するような事実は知らなかったこと（Ｘが隠していたこと）、双方に離婚原因がある場合は慰謝料は認められ難いことなどを丁寧に説明すべきである。またこのような場合に備えて、見通しを話す際には「今うかがった内容を前提にすると」という限定を付しておくのがよい。

IV…養育費

離婚時に問題となる金銭条件の1つに「養育費」がある。

婚姻費用が夫婦間の同居扶助義務（民752条）に基づいているのに対し、養育費はその根拠が親族間の扶養義務（民877条）にあるという違いがあるものの、いずれも「生活費をどのように分担するか」の問題であって共通点が多い。そして、養育費すなわち未成熟の子どもの生活にかかる費用の請求は、実務上、両親の離婚前は婚姻費用分担（民760条）として、離婚後または両親が婚姻関係にない場合は子の監護に関する費用（民766条1項）として取り扱われるのが一般的である。

「改訂標準算定方式・算定表」（司法研修所編『養育費、婚姻費用の算定に関する実証的研究』（法曹会・2019年））においても、婚姻費用と養育費を同じ枠組みで算定している。算定の枠組みと基礎収入等の考え方等については第2章Iで述べたので、養育費特有の点については子どもの問題の章にまとめることとした。

養育費については、第3章IVを参照されたい。

Ⅴ…年金分割

Case

　ノボル弁護士は、同窓会で学生時代の友人Aに再会し、弁護士であると話したところ、「両親が離婚を考えているらしいの。離婚は仕方ないと思うんだけど、老後のことが心配で。父はずっとサラリーマンだったから厚生年金がもらえるはずだけど、母はずっと専業主婦だったので離婚したらもらえる年金がすごく少ないんじゃないかしら」との相談を受けた。

　ノボル弁護士は「お父さんの年金の半分をお母さんに分割することができるから大丈夫」と回答したが、それは正しいか。

・・・

姉 弁：あらノボルくん、何かいいことでもあった？

ノボル：あ、先輩。いや大したことじゃないんですけどね。この前、同窓会で友達からの相談に、いい感じに回答できたんですよ。なので、役に立ててよかったなーと思って。

姉 弁：へえ。珍しいこともあるものね。何よ、ニヤニヤしちゃって。さては、相手は美人ね？

ノボル：ど、どうしてわかるんですか!?　いやあ実はそうなんですよ。クラス男子全員の憧れの人だったから、話ができただけで嬉しかったのに、また相談があるかもってことで連絡先も交換しちゃいました。

姉 弁：ふーん。で、何の話だったの？

ノボル：離婚に伴う年金分割の話です。ご両親が離婚した後の生活を心配してたので、お父さんの年金を半分お母さんがもらえるから大丈夫だよ、って言ってあげたら安心していました。

姉 弁：ん？　ちょっと待って。「お父さんの年金の半分」っていうのが気になる

わね。まさかと思うけど、お父さんの年金が月に 20 万円だったら、それを 10 万円ずつ分けることになる、って説明したの？

ノボル：はい。そうですよね。50 ％ が上限ですけど、ほとんどの場合は 50 ％ で決まっているってことくらい知ってますよ。

姉　弁：ノボルくん、彼女の連絡先を聞いておいてラッキーだったわね。

ノボル：え？　二人の仲が進展しそうってことですか？

姉　弁：違うわよ！　間違いを訂正できるってこと！　年金分割の制度は夫が受け取る「すべての年金」を分けるのではないし、分割されるのは「保険料を納付した記録」であって年金受給額のことじゃありません！

ノボル：え〜！　そうなんですか。勘違いしてました。すぐに彼女に連絡してみます。あ、でもこれでまた話ができるチャンスだ。

姉　弁：その転んでもただでは起きない姿勢、もはや尊敬するわ。

Check List

□年金分割を請求すべき事案か［→ 1］
□３号被保険者だった期間はあるか［→ 1］
□年金分割の情報通知書を取得したか［→ 2］
□任意の合意の場合、公証人の認証を受けたか［→ 2］
□合意後、分割手続をして「標準報酬改定通知書」を受領したか［→ 2］

［ 解 説 ］

1　年金分割の意義

(1)年金分割制度　婚姻期間中に納めた厚生年金保険料は夫婦が共同で負担してきたという考えに基づき、老後の生活における当事者の公平をはかる制度である。

2007（平成19）年に離婚時の年金分割制度が導入されたが、それは、婚姻期間中の厚生年金（保険料納付記録）を合意により50％を上限に分割することができるとするもの（合意分割）である。その後、2008年には、一方が専業主婦など「第3号被保険者」の場合、被扶養者が年金分割の請求をすれば「合意不要」で2分の1を受け取れる「3号分割」の制度も導入された（ただし、3号分割ができるのは①2008（平成20）年4月以降の②第3号被保険者だった期間のみである）。年金分割の件数は制度導入以来増加傾向にあり、2018（平成30）年度には2万8793件にのぼっている。離婚時の必須の手続の1つとなるので、弁護士としても仕組みを理解しておきたい。

（2）分割の方法　　分割の対象となるのは「年金」そのものではなく「保険料納付記録」である。「納付記録を分割する」というのはピンとこないかもしれないが、実際には夫婦の一方が納付していた厚生年金保険料について、「各自が按分割合に従って年金保険料を負担していた」のと同様になるように、「標準報酬」「標準賞与」を遡って決定（または改定）するものである。分割を受けた者は分割された分の保険料を納付したものとして扱われ、将来、これに基づいて算出された老齢厚生年金を受給する。

　対象となるのはすべての年金ではなく、厚生年金の基礎年金部分を除いた報酬比例部分である。

　年金分割は、事実婚（内縁）配偶者にも認められるが、事実婚では当事者の一方が他方の被扶養配偶者（第3号被保険者）であった場合に限られる。夫婦双方が厚生年金に加入していた期間については双方の標準報酬額を合算したうえで分割する（この場合は「改定」という）。

　2008（平成20）年以前から婚姻していた夫婦で2008年以降に第3号被保険者期間がある場合は、合意分割の対象となる期間と3号分割の対象となる期間とが両方あることになる。3号分割の対象期間については請求があれば2分の1の分割が強制されるので、合意は不要である。離婚分割の請求を行った場合は同時に3号分割の請求をし

たものとみなされる。

　合意分割でもほぼすべてのケースで按分割合は「0.5」とされている。

2　手続

　年金分割の請求は、年金事務所を通じて日本年金機構に対して行う。

　まず、年金事務所で「年金分割の情報通知書」を請求し、発行してもらう。これを見れば、分割の対象期間や年金の見込額がわかる。

　調停または裁判による離婚が成立し、合意または判決等により分割割合が決まったら、離婚後 2 年以内に年金事務所へ年金分割の請求を行う（相手方が離婚後に死去したときは死去から 1 か月以内に行う必要がある）。手続を終え、「標準報酬改定通知書」を受領したら手続は完了である。年金受取り年齢になったら、分割された年金が加算されて振り込まれる。

　法的手続によらない協議離婚において年金分割の割合を合意したときは、その合意内容を証するため、公正証書または公証人の認証を受けた私署証書（基礎年金番号が必須）を作成する必要がある。

3　事情の変更

　年金分割の手続をとり標準報酬が改定されれば、それは年金分割を受けた者の固有の受給権となるので、その後当事者が再婚したり死亡したりといった事情には影響を受けない。

4　私的年金等

　勤務先会社の企業年金や、民間保険で個人年金保険に入っている場合はどうか。これらについては公的年金のような決まった制度はない。年金分割の対象とはならないが、財産分与の対象にはなり得るので、当事者の協議や裁判で分割（分与）の額や方法を定めることになる。

　まだ判例は確立していないが、考え方としては退職金や生命保険金

と共通する点が多い。

　たとえば、会社の年金が確定給付型で定年退職時期が近く、もらえる年金額を一時金に換算して算出できるような場合は、これを分与の対象とすることもある（たとえば、横浜地相模原支判平成 11・7・30 判時 1708 号 142 頁）。他方、定年退職までまだ間があるとか、会社の年金が確定拠出年金のように将来もらえる金額が変動するものである場合は、「離婚時点で会社を辞めた場合にもらえる金額」や「離婚時点の積立金の評価額」を分与対象とすることもあるが、財産分与にあたり「その他一切の事情」の 1 つとして考慮される程度のこともあり、裁量の幅が大きい（名古屋高判平成 12・12・20 判タ 1095 号 233 頁）。

　民間の年金保険に入っているときは、離婚時に清算のために解約すると損をすることが多いので、契約を存続させたままでどのように清算するかが課題となる。「離婚時の解約返戻金」が分与の対象とされるケースや、支給が確定している金額については将来の給付額を対象とするケースなど、保険契約の内容によってさまざまな対応がありうる。

【 *Answer* 】

　ノボル弁護士の回答は正しいとはいえない。年金分割の制度があるのは確かだが、分割の対象となるのは夫の年金のすべてではなく、厚生年金の報酬比例部分のみであり、納付した記録を分割するものである。「夫が受け取る年金支給額の半分をもらえる」というわけではない。また年金分割には期限（離婚から 2 年）もあるので、ノボル弁護士としてはすぐに A に連絡を取り、訂正するとともに分割請求の手続を説明するのがよい。

第 3 章

離婚の条件（子どもにかかわる問題）

I …監護者指定・引渡し

Case

　ある日、ノボル弁護士は、大学時代の先輩Xからすぐにでも相談に乗って欲しいと連絡があったので、急遽時間を作ってXに来所してもらい、話を聞いた。Xの話は次のようなものだった。

　「Xは、妻Yと長男A（13歳・中1）、二男B（8歳・小2）との4人暮らし、Xは会社員でYはパートをしている。ある日の夜、Xがいつものように会社から帰宅すると、YやA・Bの姿はなく、荷物も消えており、テーブルの上に置いてあったYからの手紙には、Xの暴言等に耐えられなくなり離婚することを決めたこと、子どもたちと実家へ帰ること、今後については弁護士に任せることなどが書かれていた。Xは慌ててYに電話をかけたが応答はなく、Yの実家にも電話したが、Yの父が応対し、話すことはないと切られてしまった。」

　ノボル弁護士はどのような手続をとることが考えられるか。

• • •

姉　弁：ノボルくん、随分長い相談だったね。

ノボル：はい、奥さんが離婚を決めて、「あとは弁護士に任せる」と書いた置き手紙を残して、お子さん2人と一緒に突然実家に帰ってしまったそうなんです。

姉　弁：ということは離婚事件の受任？

ノボル：いえ、XはYにキツイ言い方をしたことはあるけど、それはYはだらしがなく家事もいい加減だったのが原因で、愛情もないから離婚してもいいと話しています。

姉 弁：じゃあ、なんの依頼だったの？

ノボル：子どもたちのことです。Ｘは、Ｙが一方的に子どもたちを連れて出たことに憤慨しているんです。大切な子どもたちとの生活を一方的に奪うのは許せないし、Ｙはだらしがなくて情緒不安定な面があるから、Ｙに子どもたちを任せることは絶対にできないと言って、何とかＡ・Ｂを取り戻したいと訴えていました。

　　　　突然子どもたちを失って取り戻したい気持ちはよくわかります！　さっそく、子の引渡しを求める審判を申し立てようと思います！

姉 弁：いやいや、Ｙも親権者で監護権を持っているから、子の引渡しだけを求めてもダメよ。この場合、子の監護者をＸに指定することを求める審判とセットで子の引渡しを求める審判を申し立てなきゃ。

ノボル：あ、そうなんですね。では、２つの審判を申し立てることにします。あと、一刻も早く取り戻したいと思いますので、審判前の保全処分の申立てもします！

姉 弁：そうね、保全処分の申立てについても検討する必要があるわね。ただ、早く取り戻したいと急ぐ気持ちはわかるけど、保全処分の要件があるかを十分検討して申立てをするかどうかを考えなきゃね。

ノボル：あ、そうですね。保全処分の要件かぁ。でも、仮に保全処分が難しくても、審判の方で迅速に手続を進めて早く判断してもらえるようにガンガン攻めたいと思います。

姉 弁：審判を申し立てても調停に付される場合も少なくないのよ。

ノボル：えっ!?　そんな話し合いとか悠長にやっている場合じゃないですよ。一刻も早く子どもたちを取り戻さなきゃいけないんですから。調停に付されてもどうせ合意できないし時間の無駄ですから、早く不成立にして審判移行するように言いますよ。

姉 弁：たしかにケースによっては、調停に適さず審判手続で進めたほうがいい場合もあるわ。でも、最初から決めつけるのは危険だと思うよ。ノボルくん、Ｙの手紙には家を出た理由について何と書かれていたんだっけ？

ノボル：えーと、Ｘの暴言とかに耐えられなくなったとか……。

姉　弁：Xもキツイ言い方をしていたと話しているけど、Yが離婚を決意して別
　　　　居するのはそれなりの状況があったんじゃないかな。

ノボル：え、だから離婚はすると言ってますよ。それと子どもたちのことと、ど
　　　　う関係があるんですか。

姉　弁：子どもたちは、そうした両親のやり取りがある環境の中にずっと置かれ
　　　　ていたことを忘れてはいけないわ。きっといろんな思いを抱えていただ
　　　　ろうし、Yが自分たちを連れて家を出たときも、実家で過ごしている今
　　　　も、これまでのことや今の生活のこと、今後のことについていろいろな
　　　　思いを抱えているんじゃないかな。子どもの事件を扱うときは、そうし
　　　　た子どものことを忘れてはいけない。そう考えると、お父さんとお母さ
　　　　んが離れて暮らすことになった場合に、今後の子どもの養育をどうして
　　　　いったらいいかについては、できるだけそんな子どものことをお父さん
　　　　とお母さんが一緒に考えて話し合うことがいいと思わない？

ノボル：……取り戻さなきゃということで頭がいっぱいでした。子どもたちにと
　　　　ってどうするのが一番いいのかを探って考えていく姿勢が大切というこ
　　　　とですね。ただ、今は子どもたちがどう考えているのかわかりませんし、
　　　　Yがだらしがなく情緒不安定で養育を任せられるか信頼できないという
　　　　こともあるので、Xは自分が子どもたちを育てていきたいと強く考えて
　　　　います。なので、子の監護者指定の審判と子の引渡しの審判を申し立て
　　　　て、調停に付されれば、しっかりYの考えや同居時の状況、A・Bの状
　　　　況や意思等を確認しながら考えていくことにしたいと思います。

姉　弁：それでいいんじゃないかな。

Check List

□子どもに関する事件を受任するときはどういうことに配慮す
　る必要があるか〔→ **1**〕

□どんな手続を選択すればいいか〔→ **2(1)**〕

□監護者の指定と子の引渡しのどちらも必要か〔→ **2(2)**〕

□調停手続と審判手続のどちらの手続が当該事案に適するか
［→ 2(3)］
□調査官調査とはどういうものか［→ 2(4)］
□調査官調査にあたってどんな心構え、準備が必要か［→ 2(4)］
□保全処分を申し立てるか、要件を満たす見通しはあるか［→ 4］
□監護者指定の考慮要素に関する事情はどうか［→ 3］
□執行はどうなるか［→ 5］
□人身保護請求の要件を満たすか［→ 6］

［ 解 説 ］

1 子どもに関する事件の対応

(1)子の利益の重要性　　子の監護に関する処分事件には、子の監護者指定、子の引渡し、養育費、面会交流などがあるが、これらの事件数は調停、審判ともに増加傾向にある。加えて、少子化、家庭における役割分担の変化、権利意識の高まりなどを背景に父母の対立が激しい高葛藤の事案も多い。

　ところで、子どもはこうした父母の紛争下に置かれた立場にある。父母の諍いは同居時から既に発生、継続している場合も少なくなく、それを目の当たりにしてきた子どもは、傷つき、不安、憤り、悲しみなどを抱えている場合が多い。また、父母の別居は、子どもにとっても大きな生活環境の変化を意味し、上記の感情に加え、今後の生活、学校や友人との別離、進路、別居親との関係など様々なことについて不安等の感情を抱える場合が少なくない。子どもは子の監護に関する処分事件の実質的当事者ともいうべき立場にある。

　そのため、父母は上記で述べた子どもの心情や置かれた立場等を十分理解し、子の利益を最優先に考慮する必要がある。平成23年の民法改正では、このようなことを念頭に、民法766条1項に「子の利

益を最も優先して考慮しなければならない」と明記された。

　子の監護に関する処分事件にあたっては、このような子の利益への配慮を常に念頭に置くことが重要である。当事者の中には、元来の性格あるいは相手方当事者との対立意識等から、自らの感情、心情等が先立ち、子どもの置かれた状況や心情への配慮が十分とはいえない場合も少なくない。しかし、子どもの不安や心の傷、意向、求めなどに対する「気づき」なしに子の福祉に適う解決は得られない。そのため、依頼者とは、これまでの経緯の聴取等の中で子どもの置かれた状況等についても確認し合い、子の利益にかなった解決のありかたを協議することが重要であり、時には依頼者に過度に同調するのではなく、依頼者に十分な説明を行って理解を求め、調停・審判等の対応を行う必要がある。

(2)事情聴取の留意点　　子どもをめぐる紛争は、別の言い方をすれば、今後の子どもの監護・養育をどうするかを考える手続である。そのため、当事者から事情聴取するにあたっては、それまでの監護状況や監護をめぐる環境（父母間の紛争状況やDV等の状況）、別居時の状況、その後の接触等にとどまらず、その背景にある夫婦の関係性や別居等に至る経緯、今後の子どもの養育に関する考えや他方当事者と子どもとの関係についての考え等を確認し、子の利益の観点に立って当事者と共に検討する姿勢が重要である。また、後記3の考慮要素も意識して聴取を行う必要がある。

2　手続の選択

(1)手続選択の基準　　父母の一方が子どもを連れて別居し、他方の親が子どもと別離した場合、どのような手続が考えられるだろうか。

　(a)別居親の場合　　子どもの引渡しを求める場合や、引渡しまでは求めないが子どもと会うことを確保したい場合がある。前者の場合は監護者指定と子の引渡し、後者の場合は面会交流の手続をとることが考えられる。両者の違いは、子どもの監護を自ら行うと考えるの

か否かによるが、その検討や判断にあたっては、単に自らの希望だけでなく、子の利益の観点に立つことが必要である。また、当該手続をとった場合の見通しもふまえ検討することも重要である。また、面会交流は、子の監護者が確定してから非監護者が求める場合が少なくないものの、監護者指定や子の引渡しの手続が長期化することは少なくなく、そのため、当事者がその間子どもとの面会を求める事案もある。その場合は監護者指定や子の引渡しと併せて面会交流についても申立てを行うことが考えられる。

　なお、上記手続のほか、または上記手続と並行して、夫婦間の離婚調停（夫婦関係調整調停）あるいは離婚訴訟において、親権者をどちらに指定するかで争うこともある。

　（b）同居親の場合　　別居親が子どもの引渡しを主張しあるいは主張することが予想されるときに、同居親としては自身が監護者であることを積極的に明らかにしたい場合があり、この場合は監護者指定の手続をとることが考えられる。

　また、子どもの養育にかかる費用を別居親に求めたい場合もある。このうち、離婚が成立していない場合は婚姻費用分担を、離婚が成立している場合は養育費の手続をとることが考えられる。そして、同居親が子どもと別居親の面会交流のルールを決めたいと積極的に求める場合もあり、この場合は面会交流の手続をとることが考えられる。

　なお、このほか、離婚に伴う親権者指定において争う場合もある。

（2）監護者指定と引渡し　　民法766条1項は、協議離婚をするときに父母は「子の監護について必要な事項」は協議で定める旨を、同条2項は、父母の協議が調わない場合や協議をすることができないときは家庭裁判所がこれを定める旨を規定しているが、離婚前に父母が別居をしている場合にも同条が類推適用される。子の監護者指定は、子の監護に関する処分の1つで審判事項である（家事別表第2の3項）。また、子の引渡しも「子の監護について必要な事項」の1つとされ、子の監護に関する処分に含まれる。

▼ 参考書式6　子の監護者指定

受付印			☑ 調停
		家事　　　　　申立書　事件名（子の監護者の指定）	□ 審判

（この欄に申立て1件あたり収入印紙1,200円分を貼ってください。）

収入印紙	円
予納郵便切手	円

印　紙

（貼った印紙に押印しないでください。）

東 京 家庭裁判所	申　立　人	申立人甲野太郎手続代理人
御中	（又は法定代理人など）	弁護士　丙 野 夏 子　　㊞
令和 〇〇年 〇 月 〇 日	の 記 名 押 印	（代理人目録記載のとおり）

添付書類	（審理のために必要な場合は，追加書類の提出をお願いすることがあります。） 子どもの戸籍謄本1通	準 口 頭

申	本　　籍 （国　籍）	（戸籍の添付が必要とされていない申立ての場合は，記入する必要はありません。） 　　　　　都 道 　　　　　府 県	
立	住　　所	〒 〇〇〇 － 〇〇〇〇 東京都 〇〇 区 ××× 〇丁目〇番〇号 ハイツ〇〇　　〇〇〇 号 （　　　　　　方）	
人	フリガナ 氏　　名	コ ウ ノ　　タ ロ ウ 甲 野 太 郎	昭和 平成 〇〇年 〇 月 〇 日生 （　　　〇〇　　歳）
相	本　　籍 （国　籍）	（戸籍の添付が必要とされていない申立ての場合は，記入する必要はありません。） 　　　　　都 道 　　　　　府 県	
手	住　　所	〒 〇〇〇 － 〇〇〇〇 東京都 〇〇 区 ××× 〇丁目〇番〇号　　〇〇アパート 〇〇 号 （　　　　　　方）	
方	フリガナ 氏　　名	コ ウ ノ　　ハ ナ コ 甲 野 花 子	昭和 平成 〇〇年 〇 月 〇 日生 （　　　〇〇　　歳）

（注）太枠の中だけ記入してください。

別表第二，調停（1／3）

※ 未 成 年 者	本　籍	（戸籍の添付が必要とされていない申立ての場合は，記入する必要はありません。） 〇〇 都 道 〇〇 市 〇〇 町 〇 番地 　　　府 県	
	住　所	〒　　－ 　　　　相手方の住所と同じ	
	フリガナ 氏　名	コウノ　　ジロウ 甲　野　次　郎	昭和 平成　〇〇年 〇 月 〇日 生 令和 （　　　〇　　歳）
※	本　籍	（戸籍の添付が必要とされていない申立ての場合は，記入する必要はありません。） 　　　　　都 道 　　　　　府 県	
	住　所	〒　　－ 　　　　　　　　　　　　（　　　　　　　方）	
	フリガナ 氏　名		昭和 平成　　年　月　日 生 令和 （　　　　歳）
※	本　籍	（戸籍の添付が必要とされていない申立ての場合は，記入する必要はありません。） 　　　　　都 道 　　　　　府 県	
	住　所	〒　　－ 　　　　　　　　　　　　（　　　　　　　方）	
	フリガナ 氏　名		昭和 平成　　年　月　日 生 令和 （　　　　歳）
※	本　籍	（戸籍の添付が必要とされていない申立ての場合は，記入する必要はありません。） 　　　　　都 道 　　　　　府 県	
	住　所	〒　　－ 　　　　　　　　　　　　（　　　　　　　方）	
	フリガナ 氏　名		昭和 平成　　年　月　日 生 令和 （　　　　歳）

(注)　　太枠の中だけ記入してください。※の部分は，申立人，相手方，法定代理人，不在者，共同相続人，
　　　被相続人等の区別を記入してください。

別表第二，調停（ 2 / 3 ）

申　　立　　て　　の　　趣　　旨
未成年者甲野次郎の監護者を申立人と指定するとの調停を求める。

申　　立　　て　　の　　理　　由
1　申立人と相手方は，平成〇年〇月〇日に結婚し，平成〇〇年〇月〇〇日に未成者が出生しました。
2　申立人と相手方は，価値観の違いなどから日常的に言い争いが絶えませんでしたが，令和〇年〇月〇日，申立人が勤務先から帰宅したところ，相手方が未成年者を連れて姿を消していました。申立人が相手方と未成年者の所在を探したところ，相手方の実家にいることがわかりましたが，相手方は離婚するの一点張りで，相手方も未成年者も家に帰るつもりはないと主張しています。
3　申立人と相手方は共働きで，申立人も相手方と同等に未成年者の養育を行ってきました。他方，相手方は未成年者にしばしば暴言を吐いたり，叩いたりするなどしてきており，申立人は相手方にこうした未成年者に対する態度についても改めるよう指摘し，言い争いになっていました。
4　未成年者の監護者としては申立人が適任であると考えますので，この申立てをする次第です。

別表第二，調停（3 / 3）

監護者が既に父母のどちらか一方に決まっている場合において、非監護者である別居親が子どもを連れ去るなどしているときは、監護者は非監護者に対し子の引渡しの申立てを、非監護者が子の監護を求めるときは、監護者の変更と子の引渡しの申立てを行う。また、監護者が父母のどちらか一方に決まっていない場合（離婚前の別居は通常この類型になる）は、別居親は監護者の指定と子の引渡しの申立てを行う（同居親の方から、自らが監護者であることを求め監護者の指定の申立てを行う場合もある）。

（3）調停・審判の手続　　（a）調停手続　　子の監護に関する処分事件について、父母の協議が調わないとき、または協議することができないとき、当事者は申立てにより審判を求めることができるほか、調停を申し立てることもできる（家事 244 条）。また、審判を申し立てた場合でも、裁判所は調停に付すことができる（家事 274 条）。

　子どもをめぐる紛争においては、前述した子どもの置かれた状況や心情等を考慮した解決が求められる。また、紛争の実質が離婚そのものや親権、面会交流にある事案もある上、子どもの引渡しの結論如何にかかわらず、その後の別居親と子どもの面会等の関係構築をどうするかは検討課題として残る。こうした観点から、調停手続が有用な事案は少なくない。そのため、代理人としては、それまでの経緯や子どもの状況、当事者の状況、今後の見通しなどをふまえて、調停か審判かの判断をする必要があるとともに、調停手続に際しては、上記ポイントに留意した対応が求められる。

　調停事件の管轄裁判所は、相手方の住所地を管轄する家庭裁判所または当事者が合意した家庭裁判所である（家事 245 条 1 項）。調停では、従前の監護状況や現在の監護環境、父母の監護能力、子どもの心身の状況などを聴取し、場合によっては調査官調査等も経ながら調整が図られる。

　子の利益に配慮した解決について調整が図られるなどした結果、当事者が合意に至れば調停成立となるが、合意が成立する見込みがない

場合または成立した合意が相当でないと認める場合は、家庭裁判所は、職権で調停に代わる審判をする場合を除き、調停不成立として事件を終了させることができる。不成立により終了した場合は、調停申立時に家事審判の申立てがあったとみなされ、当然に審判手続に移行する（家事272条4項）。

(b) **審判手続**　子の監護に関する処分の審判事件の管轄裁判所は、子の住所地を管轄する家庭裁判所である（家事150条4号）。

また、子の監護に関する処分事件は別表第2事件であり、家庭裁判所は、申立てが不適法であるとき、または申立てに理由がないことが明らかな場合を除いて当事者の陳述を聴取しなければならないとされる（家事68条1項）。陳述聴取の方法には、裁判官の審問や家庭裁判所調査官による調査、書面照会等の方法があるが、当事者の一方または双方が直接裁判官に口頭で自らの意見や認識等の表明を聴いてもらいたいとの申出がある場合、陳述聴取は審問の期日においてしなければならない（家事68条）。

さらに、家庭裁判所は、適切な方法により子の意思を把握するように努め、審判にあたっては年齢および発達の程度に応じて子の意思を考慮しなければならず（家事65条）、監護者指定、子の引渡の審判事件においては、15歳以上の子の陳述聴取が義務づけられている（家事152条2項）。

家庭裁判所は、審理を終結し（家事71条）、審判日を定める（家事72条）。そして、家庭裁判所は、当事者および利害関係人に対し相当と認める方法により審判の告知を行う（家事74条）。

子の父母および子の監護者は、審判に対し即時抗告することができる（家事156条4号）。即時抗告の期間は2週間である（家事86条1項）。

(4)家庭裁判所調査官の関与　(a) **家庭裁判所調査官の職務と役割**

子の監護者指定、引渡事件など子どもをめぐる事件において父母間で争いがあるとき、家庭裁判所調査官が関与する場合が少なくない。

家庭裁判所調査官は、裁判官の命令に従って家事事件・少年事件の審理に必要な調査を行う官職で、行動科学（心理学、社会学、社会福祉学、教育学、法学）等の専門知識を活用して調査を行うとされている。家庭裁判所調査官の職務としては、事実の調査・報告・具申、審判または調停の期日立会、意見陳述、社会福祉機関との連絡その他の措置、履行確保に関する調査・勧告などがある。

　子どもをめぐる事件において、家庭裁判所調査官に期待されている役割には、①審判・調停が円滑に進行するよう当事者や調停委員会を援助する（期日立会）、②審判・調停において裁判官・調停委員会の判断に資する事実を収集するとともに、専門的な見地から的確・妥当な意見を具申する（期日間調査）、③当事者に対する様々な働きかけや調整により、当事者の解決意欲・能力を高める（調整活動）などがある。

　(b) 事実の調査と調査命令　　事実の調査には、当事者の意向調査、子の意向調査、子の監護状況調査、交流場面の観察などがある。当事者の意向調査は、期日外に家庭裁判所調査官が当事者と面談して意向を聴取する。子の意向調査は、家庭裁判所調査官が子どもと面談するなどして意向を聴取するものであり（後記(e)で詳述する）、子の監護状況調査は家庭訪問や場合によっては学校等の関係機関を訪問するなどして監護状況を調査するものである（後記(d)で詳述する）。交流場面の観察の調査は、家庭裁判所の児童室等において別居親と子どもが交流する場面を観察するものである（交流場面の観察については、後記III 5 を参照）。

　事実の調査は、裁判官による調査命令に従い実施される。具体的な調査対象や調査方法は、事案によって異なり、家庭裁判所調査官が裁判官による調査命令の趣旨に沿って調査計画を立てて実施する。

　(c) 調査官調査への対応　　子どもをめぐる紛争では、当事者の一方または双方が調停手続の当初から、子の監護状況の調査あるいは子の意向調査を強く求めることがある。代理人が早期に調査するよう

主張する場合もある。

　しかし、子どもをめぐる紛争では、子どもの父と母である当事者双方が、子どもの置かれた立場や状況等を十分に理解し、今後の監護のありかたなどについて「子の利益」の観点から臨む姿勢が重要となる。そのため、調査を実施する前に、まずは、これまでの監護の状況や子どもへの関わり合い、別居に至る際の状況、現在の子どもに対する認識、今後の子どもの養育に関する考え等について、双方が振り返ったり検討したりするほか、相手方当事者がどのように認識しているのか、どのようにしたいと考えているのかなどについて共有することが重要である。また、お互いの認識や考えについて、どの部分が一致するのか、対立点はどこかなどについて整理するとともに、どのような目的で調査を求めるのかといった調査の位置づけについても共有することが望ましい。このような過程を経て調査を実施することにより、双方当事者の調査結果の受け止めやその後の協議によりよく繋げていくことが可能となる。

　弁護士には、上記のことも念頭において、依頼者に調査の趣旨等を説明し理解を得て、よりよい調査の実施に繋げることが望まれる。

　（d）子の監護状況調査　　家庭裁判所調査官は、調査命令の趣旨、すなわち事案の特性や当事者の主張、解決が必要と思われる点などをふまえ、調査の目的を明確にし、調査計画を立てる。調査計画では、具体的な調査の内容や方法（いつ、どこで、誰に対して、どのような方法で調査を実施するかなど）、順番などを決める。子の監護の状況を調査するため、大半の事案では、同居親・別居親の面接、同居親宅への家庭訪問が実施される。そのほか、事案に応じて、学校や保育園などの関係機関の調査、別居親宅への家庭訪問（別居親側が求める場合が少なくない）、監護補助者の面接なども実施されることがある。

　ほとんどの事案では、こうした調査に先立って、同居親および別居親に対して、それぞれ子の監護に関する陳述書や資料の提供が求められる。子の監護に関する陳述書については、裁判所からあらかじめ記

載項目を列記した書面などを渡され、その項目に沿って陳述書を作成する場合もある。たとえば、東京家庭裁判所では、記載項目として、次の項目を挙げている。

①親（当事者）の生活状況：生活歴、現在の職業の状況、経済状況、健康状態、同居者とその状況、住居の状況

②子の状況：生活歴、これまでの監護状況、一日の生活スケジュール、心身の発育状況、健康状態および性格、現在の通園・通学先における状況、父母の紛争に対する認識、親から子への説明、別居後の同居していない親と子との交流の状況

③監護補助者に関するもの：監護補助者（現在監護補助している者、監護補助を予定している者）の氏名、年齢、住所、続柄、職業、健康状態、具体的な監護補助の状況

④監護計画に関するもの：親権者となった場合の具体的な監護計画、親権者となった場合の親権者でない親と子との交流についての考え

⑤その他：子の監護に関して参考となる事項

また、これらの事項に関する資料として、母子手帳、保育園等の連絡帳、学校の通知表、親の収入資料、家の間取り図、子どもが通院している場合は診断書等を提出する。

同居親や別居親との面接では、家庭裁判所調査官が上記陳述書に沿って事実関係を具対的に確認する。面接は、家庭裁判所の面接室で行われ、同居親と別居親についてそれぞれ別の日に設定する場合が多い。当事者が家庭裁判所調査官にうまく説明できるかなど不安を感じる場合も少なくなく、正確な状況等を家庭裁判所調査官に伝えられるためにも、できる限り、弁護士が同席して援助することが望ましい。なお、同居親の面接の際に、子どもを一緒に連れてきてもらい、子どもの面接を同日に実施することも多い。

関係機関の調査としては、保育園や学校に訪問して行う場合が多い。担任と面接し、出欠状況や友達との関係、性格、成績、親の行事への参加や学校等との連携状況、保育園では子どもの送迎状況などを聴取

する。

　家庭訪問では、家庭裁判所調査官が直接子どもの居住している環境や子どもの様子、同居親や家族（監護補助者）との交流の様子を確認・観察する。子の監護の状況を正確に把握する観点から、家庭訪問では普段の生活状況を観察できることが重要となる。そのため、必要以上に取り繕うことは避けるべきであるし、弁護士は立ち会わない。

　（e）子の意向調査　　子どもをめぐる紛争においては、子の意向調査が実施される場合が少なくない。当事者も子どもの真意を明らかにしたいとして意向調査を求めることも多く、また子の監護状況調査とともに実施される場合も少なくない。

　子の意向調査を行う際も、前記(d)で述べた子の監護に関する陳述書の提出をあらかじめ求められるのが通常である。子の意向調査は、子どもの年齢や発達の程度、言語・表現能力の程度、子どもの置かれている立場、生育歴等をふまえて個別具体的に検討・実施される。家庭裁判所調査官は、子どもの年齢や双方当事者から提出された陳述書の内容などをふまえて、具体的な調査方法や場所などを決めて実施する。

　調査方法は面接と観察によるものとされ、場所は家庭訪問あるいは家庭裁判所の場合が大半である。実際には、家庭訪問の際に聴取するほか、家庭訪問で子どもと顔合せした上で後日、家庭裁判所の児童室でおもちゃや箱庭などを使用しながら聴取したり、あるいは面接室でじっくり時間をかけて聴取したりしている。いずれの場合も、聴取の際は同居親等には退室してもらう。なお、聴取にあたって、家庭裁判所調査官は子どもに対し、調査を行うことやその目的について説明し、聴取内容は調査報告書に取りまとめられること、その内容は父母にも開示されること、秘密にしてほしいことについてはその旨を言ってほしいこと、最終的には大人が判断することなどを伝える。

　子どもは裁判所へ出向いたり、あるいは裁判所の関係者と話をしたりすること自体に大きな不安や緊張を感じるものである。そのため、

特に同居親の弁護士は、子どもに対してプレッシャーを与えるような言動をしないよう、同居親に注意を促すなどすることが望ましい。

（f）**調査報告書**　　家庭裁判所調査官は、調査した結果を調査報告書に取りまとめる。調査報告書では、事案の概要、調査方法、調査内容（親等からの聴取内容、家庭訪問の内容、子どもからの聴取内容など）、そして家庭裁判所調査官の意見が記載される。

調査報告書が完成すると書記官からその旨の連絡が入る。代理人としては、できるだけ早期に調査報告書を謄写し、依頼者と内容を共有して、期日までに検討することが望まれる。

◀ コラム ▶ 子どもの利害関係参加と子どもの手続代理人

　子どもは監護者指定、引渡事件や面会交流事件などにおいて、意思能力がある限り手続行為能力が認められており、利害関係参加をすることが可能である（家事42条）。この場合、子が実際に手続遂行するのは困難なことから、弁護士を子どもの手続代理人として選任する必要がある。選任方法には、子どもの依頼による「私選代理人」の場合と、家庭裁判所が選任する「国選代理人」（家事23条2項）の場合がある。子どもの利害関係参加は、子の意見表明権（児童の権利条約12条）に沿うものであり、子どもの手続代理人も同権利を実質的に保障するため、子どもの気持ちや意思に寄り添った活動が求められる。

　また、実質的な当事者ともいうべき子どもが手続に参加することにより、子どもを中心とした調整や解決が期待され、父母の代理人としても、事案に応じて子どもの参加を検討し活用することが期待される。そのため、子どもの利害関係参加が有用な解決につながる事案も少なくなく、父母の代理人としても、父母の対立状況や子どもの置かれている状況等の事案に応じて、子どもの利害関係参加の活用についても検討することが望ましい。

日弁連は、最高裁判所と子どもの手続代理人制度について協議を重ね、2015年7月31日、「子どもの手続代理人の役割と同制度の利用が有用な事案の類型」を取りまとめ、併せてその解説書面も作成した。また、日弁連は、子どもの手続代理人の具体的な活動イメージや活動に必要な情報を記載した「子ども手続代理人マニュアル」や、当事者・子に向けたパンフレット「子どもの手続代理人って？」、説明用のカード「私はあなたの弁護士です」といった資料を作成している。これらは、日弁連の会員専用サイトから入手することができる。

　なお、子どもの手続代理人の報酬は、基本的には当事者である父母が負担することが望ましい。しかし、負担することが困難な場合、日弁連の委託援助事業による援助を受けることができる。

［大森啓子］

3　判断基準・考慮要素

(1)子の利益の判断要素　　子の監護者指定・引渡の判断基準は、「子の利益」（民766条1項）に合致するか否かである。

　「子の利益」を具体的に判断するにあたっては、従前の監護状況、現在の監護状況や父母の監護能力（健康状態、経済状況、居住・教育環境、監護意欲や子どもへの愛情の程度、監護補助者による援助の可能性等）、子どもの年齢、心身の発育状況、従来の環境への適応状況、環境の変化への適応性、父または母との親和性、子の意思等、父母の事情や子どもの事情を実質的に考慮して父母のいずれが監護者として適格であるかが検討される。また、面会交流の許容性、きょうだい不分離、監護開始の態様なども考慮の一要素となる。

(2)具対的な考慮要素　　**(a) 監護の継続性（監護の実績）**　　これまで主として監護してきた親と子どもを切り離すことは、子どもに不安や心理的不安定をもたらすおそれがある。逆に子どもを監護してきた

親が継続的に監護していくことは子の利益になると考えられ、その観点でこれまでの監護実績、監護の継続性は重視されている。

もっとも、この要素は単に現状を追認するという意味ではなく、上記の子の利益の観点から考慮されるものであることに留意する必要がある。そのため、硬直的に考えるのではなく、具体的な事案に応じて（たとえば、子どもの年齢や意思、監護環境など）、実際の子の利益の有無や程度を検討する必要がある。その結果、たとえば子どもへの虐待や育児放棄など子の利益に反する事情がある場合など、監護の継続性・実績を重視することは適切ではない場合も出てくる。

（b）父母の監護能力　　父母の心身の状況や健康状態など、子どもを養育するにあたっての監護能力も考慮要素となる。

なお、収入の多寡は監護能力に直結するものではなく、そのため、収入が多い方が有利といった考えは基本的に取られていない（経済面は婚姻費用や養育費などで対処する）。また、暴力や不貞など離婚原因についての有責性については、そのことが直ちに子の監護にあたっての適格性に結びつくものではない。あくまで、子どもの監護養育の観点から、子どもの心身の状況に影響を与えるか否か、与える内容や程度などを勘案して考慮の有無や程度が判断されることになる。

（c）子の意思　　家庭裁判所は、適切な方法により子の意思の把握に努め、審判をするにあたり、子の年齢および発達の程度に応じて、その意思を考慮しなければならず（家事65条）、15歳以上の子については、その陳述を聴かなければならない（家事152条2項、258条1項）。これまで述べた子の利益の重要性の観点から、子の意思を把握し考慮すること自体は異論がないところである。

もっとも、具体的な事案において、子の意思を把握する方法や、子の意思をどの程度評価するのかについては、子どもの年齢や心身の発育の程度、子どもが置かれてきた状況や現在置かれている立場などの諸事情に鑑みて、個別に慎重に検討される。

子どもに過度な負担を強いることは避けるべきであり、たとえば父

母の意見が対立している事案では、同居親が子どもに書面を書かせて提出させるなどといったことは避けるべきであり、家庭裁判所調査官による調査に委ねるのが適切である場合が多い。

　また、単に子どもが表明した言葉や内容だけに目を向けるのではなく、そうした意思を表明した理由や背景なども重要となる。

　(d) **面会交流の許容性**　　父母が別居あるいは離婚したとしても子どもにとって親であることは変わらず、一般的には、子どもが別居親とも継続的に交流し愛情を実感することは、子どもの健全な成長にとって重要である場合が多い。そのため、他方の親と子どもとの面会交流を許容し協力できるかも考慮要素となる。もっとも、事案によっては面会交流が適当ではない場合もあり、また、面会交流に関しては別途の手続もある。そのため、面会交流の許容性が判断の中で重要な位置を占めるには至らないケースが多い。親権者指定の事案で、千葉家松戸支判平成 28・3・29 判時 2309 号 121 頁は、面会交流の許容性を重視し、頻回な面会交流を提示した父（別居親）を親権者に指定したが、東京高判平成 29・1・26 判時 2325 号 78 頁は、面会交流の意向のみで決めるのではなく、子の成育事情を総合考慮すべきであるとして、原判決を変更し、母（同居親）を親権者に指定した。

　(e) **きょうだい不分離**　　きょうだいの分離は、きょうだい間の結びつきへの亀裂や不平等感を生じさせかねず、できれば同じ親が養育することが望ましい。しかし、実務では、きょうだいの不分離を原則とした運用は必ずしもなされておらず、総合考慮の中の一要素として判断されている程度である。たとえば、きょうだい不分離より子の意思を重視して分離することとした裁判例（佐賀家審昭和 55・9・13 家月 34 巻 3 号 56 頁）などがある。

　(f) **監護開始の態様**　　前記した監護の継続性には、同居時における主たる監護者による監護の継続性とともに、別居後における監護の継続性がある。そして、実力行使によって子どもを奪取し、別居後の監護の継続性を獲得するケースもある。

この点、監護者指定が、今後の子の福祉に適う監護について判断するものであることから、こうした監護開始の態様は監護者としての適格性を評価する一事情として斟酌されるにとどまるとの考えもある。他方、監護開始の態様について違法性が高い場合などにおいては、子どもが監護者の下で安定した生活を送っているとしてもその者の監護を否定する裁判例も近年出ている。東京高決平成 17・6・28 判タ1245 号 113 頁は、「調停委員等からの事前の警告に反して周到な計画の下に行われた子の奪取は極めて違法性の高い行為である」とし、「子の福祉が害されることが明らかといえるような特段の状況が認められない限り」、奪取者による監護を認めなかった。

◀ コラム ▶ 母親優先はあるか?

　これまで、特に乳幼児については、情緒的安定や成熟には母親の存在が欠かせないとして、母に監護養育を委ねるのが子の利益に適うという母親優先の考えが主張されてきたことがあった。しかし、家庭での父母の役割が多様化している現代にあっては、このような硬直的な考えをとらず、父や母の性別ではなく、「主たる監護者」による監護継続の必要性を検討する傾向となっている。すなわち、子どもの出生以来、主として子どもを監護養育してきた者の監護実績を実質的に検討し、主たる監護者と子どもとの間に親密な親和関係が形成されているか、他方で、主たる監護者といえる場合であってもその監護態勢や生活環境が顕著に劣っていないか、主たる監護者による監護に看過できない問題があって、それは将来に継続する可能性がないか等が実質的に考慮される傾向にあるといえる（石垣智子＝重高啓「子の監護者指定・引渡調停・審判事件の審理」法曹時報 66 巻 10 号（2014 年）44 頁）。　　　　　　　［大森啓子］

4 審判前の保全処分

監護者指定・引渡の審判または調停の申立てに併せて、当該審判を本案とする保全処分（多くの場合は、子の監護者の仮の指定や子の仮の引渡しを求める仮の地位を定める仮処分）を申し立てることができる（家事157条1項3号）。

申立人は、申立てにあたり、保全処分を求める事由として、本案認容の蓋然性と保全の必要性を疎明しなければならない。保全の必要性については、「子その他の利害関係人の急迫の危険を防止するため必要があるとき」と規定されるが（同号）、この判断について、東京高決平成24・10・18判タ1383号327頁は、監護者が子を監護するに至った原因が強制的な奪取又はそれに準じたものであるかどうか、虐待の防止等の子の福祉のために子の引渡しを命じることが必要であるかどうか、本案の審判の確定を待つことによって子の福祉に反する事態を招くおそれがあるといえるかどうかといった事情と子をめぐるその他の事情とを総合的に検討した上で、審判前の保全処分により子について引渡しの強制執行がされてもやむを得ないと考えられるような必要性があることを要するとしている。そのため、保全処分を申し立てるにあたっては、こうした必要性を満たすかどうかについても吟味する必要がある。

5 執行

強制執行は子どもに大きな精神的緊張や精神的苦痛を与える。そのため、監護者指定・引渡しの申立てを認める審判が出た場合、弁護士としては、いずれの立場においても、まずは任意の引渡しが実現されるよう努めるべきである。

強制執行については、令和元年5月の民事執行法改正により子どもの引渡執行の規定が明文化された（令和2年4月1日施行）。強制執行には、執行裁判所が債務者に対して金銭の支払を命ずることによって心理的な強制を与え債務者に履行を強いる間接強制、子の引渡しの

実施を命ずる執行裁判所の決定に従い執行官が執行場所で債務者による子の監護を解き債権者に引き渡す直接強制がある。間接強制では引渡しの見込みがあると認められない場合や子の急迫の危険を防止するために必要がある場合などは、間接強制を経ずに直接強制の申立てをすることができる（民執174条2項）。執行においては、子と債務者がともにいることは不要としつつ、子の利益のため、債権者の出頭を原則化している（民執175条）。

6　人身保護請求

　直接強制によっても子の引渡しが実現されない場合、人身保護請求手続をとることが考えられる。監護権を有する父母間の子の引渡しの場合において人身保護請求が認められるためには、拘束者による監護が請求者による監護に比べて子の幸福に反することが明白であることを要するとされている（最判平成6・4・26民集48巻3号992頁）。また、裁判所の関与のもとでなされた当事者間の合意に反して拘束された場合は、「顕著な違法性」が認められるとして人身保護請求を認めた例がある（最判平成6・7・8判タ859号121頁、最判平成11・4・26判タ1004号107頁）。

【 *Answer* 】
　XがA・Bの監護を主張していることから、ノボル弁護士としては、監護者指定と子の引渡しの調停あるいは審判を申し立てることが考えられる。また、本案認容の蓋然性と保全の必要性が認められるような事情がある場合には、併せて保全処分の申立てを行うことも考えられる。さらに、これらと並行して、面会交流の申立てを行うことも考えられる。

II…親権

Case

　ヤナギ弁護士は知人の友人であるYから離婚の相談を受けた。Yの話によると、夫Xは、日頃から妻Yを「アホ」「ブタ」などと呼び、「誰が生活費を稼いでいるんだ」「感謝はないのか」などと暴言を口にし、生活費についてもレシートを常にチェックし「なんでこんな物を買ったんだ」などと責め立てていた。また、Xは、中学受験する長男Aに「俺がお前の頃はもっと成績が良かった」などの言葉を繰り返し、第1志望校に不合格になると、「こんなはずじゃなかった」と言って、Yにも「お前のせいだ」などと責め立てるなどした。Yはこうしたモラハラに耐えかねて離婚を決意し、ある日Xの不在時に子らを連れて実家に戻ったということであった。

　その後、Xは子の監護者指定と子の引渡しを申し立ててきたため、ヤナギ弁護士は、Yの手続代理人としてこれらの手続の対応を行うとともに、離婚（夫婦関係調整）調停を申し立てた。ところが、Xは子らの親権を主張して膠着状態となった。

　ヤナギ弁護士は、親権についてどのような点に留意して検討や対応を行う必要があるか。

• • •

兄　弁：お疲れ！　この前受任した離婚事件、夫から申立てがあった監護者指定と子の引渡はどうなったんだ？

ヤナギ：お疲れ様です。この前は相談に乗っていただきありがとうございました。

　　　　夫からの監護者指定と子の引渡はいずれも却下される見通しです。でも、

今やっている離婚調停で親権を絶対に渡さないと強硬なんです。

兄 弁：夫も子どもに対する愛情を持っているから、譲りたくないんだろうな。

ヤナギ：えー、子どもに自分の自慢話ばっかり繰り返してプレッシャーをかけて、受験に失敗したら慰めるどころか「こんなはずじゃなかった」って冷めた一言をぶつけるだけで、愛情なんて信じられませんよ！　自分が一番なんですよ。

兄 弁：まあまあ落ち着いて。夫は親権を主張する理由についてどう話しているんだ？

ヤナギ：妻はだらしがなくて家事とかもルーズだし、ヒステリックで情緒不安定だから任せられないって言っています。まあ、いい意味でおおざっぱな人ではありますけど。あと、由緒ある家系なので跡継ぎは絶対に手放せないと豪語しているんです。

兄 弁：子どもたちとは会ったの？

ヤナギ：はい、一度、喫茶店でお子さんたちと会いました。新しい学校のこととかいろいろ話してくれました。これからのことについては、お母さんと暮らしたいけど、今の姓は絶対に変えたくないと言っていました。でも、妻は絶対に旧姓に戻りたいんですよ。そうしたら、親権はあきらめないといけないのかなあ。

兄 弁：氏で親権を判断すんの!?　親権をどうするかは、今後の子どもの養育について子どもの利益の観点から考えていくものだよ。

ヤナギ：そうですよねぇ。妻は子どもたちが学校卒業するまでなら何とか我慢することもできるかもって言ってるんですが、結婚姓を選んだら、もう将来旧姓に戻れませんよね？

兄 弁：そんなことはないよ。氏の変更で家庭裁判所が許可を出す場合も十分あるよ。

ヤナギ：え、そうなんですか!?

兄 弁：あと、妻が親権者になるからといって、当然に子どもたちの籍が妻の戸籍に入るわけじゃないんだ。だから、妻が旧姓に戻っても、子どもたちは今の姓を名乗ることは可能だよ。

ヤナギ：えー！　早く教えてくださいよ。……じゃなくて、きちんと自分で調べ
　　　　なきゃだめですね。

兄　弁：そのとおり。離婚や子どもの親権のケースでは、氏の問題がからんでく
　　　　ることが少なくないから、戸籍法の勉強もしっかり行って正確な知識を
　　　　把握しておいた方がいいよ。

ヤナギ：そうですね。妻が旧姓を諦めるか、そうでなかったら親権者を夫にして
　　　　監護権者を妻にする方法をとるしかないかなと思っていました。

兄　弁：親権と監護権の分属だね。でも、分属はそんな安易に考えちゃいけない
　　　　よ。

ヤナギ：えっ、何でですか？　妻は実際に子どもを養育できるし、夫は子どもが
　　　　自分の戸籍に残って姓を名乗れるし、いいじゃないですか。

兄　弁：親権者は子どもの財産管理権を持っているし、財産上の法律行為の代理
　　　　権や身分法上の行為の代理権も持っている。逆に単なる監護権者だとこ
　　　　うした権限はないんだ。子どもの利益の観点からは、実際に子どもと同
　　　　居し生活している親が子どもの気持ちとかを尊重して、状況に応じた適
　　　　切なタイミングで適切な判断ができると期待できる。だから、監護して
　　　　いる親が親権を持っていることが大事なんだ。もちろん父母が協力しあ
　　　　って情報交換や検討とかができるなら分属させても大丈夫かもしれない
　　　　けど、反対に、父母の対立が激しいと連携して適切な判断や行使をタイ
　　　　ミングよくすることは期待できないだろう？

ヤナギ：たしかに……。離婚後も子どものためにお互いが信頼し協力できること
　　　　が期待できるかどうかとか、支障はないかとかを検討しないとだめです
　　　　ね。

兄　弁：そうだよ。

Check List

□親権とは［→ **1(1)**］

□離婚するとき子の親権はどうするのか［→ **1(2)**］

［ 解 説 ］

1　親権の内容

(1)親権とは　　親権には、①身上監護権と②財産管理権がある。①については、親権者は子の利益のために監護・教育する権利義務があるとされ（民820条）、居所指定権、職業許可権などが規定されている。また、②については、子の財産管理権、財産上の法律行為の代理権を有するとされている（民824条）。

　父母は婚姻中共同して親権を行う（民818条3項）が、父母が離婚する際は、いずれか一方を親権者と定める（民819条1項）ことになり、単独親権となる。そのため、親権をめぐって父母が激しく対立する場合が少なくない。ただ、たとえ父母が離婚しどちらか一方が親権者になったとしても、子にとって父であり母であることには変わりはない。弁護士は、そのことを忘れず、離別後の子の養育をどのようにしていくのが子の利益に適うかという観点で当事者と十分に協議し、時には理解を求め、対応していくことが望まれる。

(2)親権者指定の手続　　父母が協議離婚をする場合は、父母の協議により親権者を定めなければならない（民819条1項）。協議離婚の場合、親権者の指定が離婚届の必要的記載事項となっている。したがって、親権について合意できない場合は離婚届に記載して提出することができない。そのため、離婚調停（夫婦関係調整調停事件）の手続において、離婚条件の1つとして親権者を父母のどちらにするかなどについて調整することになる。

また、裁判上の離婚においては、家庭裁判所は父母の一方を親権者と定めなければならないとされ（民819条2項）、当事者の申立てがない場合でも職権で親権者の指定をしなければならず、また当事者の申立てに拘束されない。

2　親権を決定する際の考慮要素

　親権者の指定においては、子の利益の観点から父母のいずれが親権者としての適格性を有しているかを検討することになる。この親権者の適格性を検討する際の考慮要素は、子の監護者指定の考慮要素とほぼ重なる（前記**I3**）。

　したがって、親権者指定に関する対応等を行う場合は、各考慮要素を意識しながら事情を聴取し、見通しなどを検討する必要がある。

　なお、親権をめぐる父母の対立が激しい場合が少なくないが、親権の帰属は父母どちらが養育するのが子どもにとってより良いのか、という観点で検討する必要がある。そのため、依頼者が親権を取得する方が子どもにとって望ましいと考えられるものの相手方当事者が親権を主張する場合、上記観点に立った説明を行い理解を得る努力を行うことが望ましい。また、相手方当事者が親権を主張する理由や背景を十分に理解し、そのことについての考えに対しても検討、整理する必要がある。

3　親権者と監護権者の分離

　離婚に際し、父母双方が親権を主張し、その妥協案として親権者と監護権者を分属することが提案される場合もある。

　理論的には、親権者と監護権者を父母それぞれに分属させることは可能である。分属させる場合は、監護権者は身上監護権を有し、親権者は財産管理権や養子縁組等の身分行為に関する権限等を有することになる。

　しかし、通常、子どもと同居し監護している親こそが、子どもの意

思や状況に応じた適切な代理権行使を適切なタイミングで行うと期待することができる。そのため、子の利益の観点では、親権者と監護権者は同一者に帰属し、両者の分属は、離婚後も父母が協力して親権や監護権を円滑に行使でき、子どもへの支障もない場合に限るのが適切である。特に、父母が激しく対立していたり、信頼関係が著しく損なわれていたりするような場合は、子の利益に適う行使が期待できないため、分属をするべきではない。また、監護権者として行使が可能な権限の範囲は明確に決まっているわけではなく、実際はグレーゾーンとなっている。そのため、父母が対立しているケースでは、こうしたグレーゾーンの扱いをめぐって紛争が再燃する可能性もあり、そうした点でも分属は慎重に考えるべきである。実務上も、親権者と監護権者の分離を認めない傾向が強いといってよい。

4 子の氏

婚姻で氏を改めた者は、離婚に伴い、婚姻中の戸籍から抜け、婚姻前の戸籍に戻るか、新戸籍を編成する（戸籍19条1項）。

これに対し、子どもは父母が離婚しても、従前の戸籍から当然には抜けることにはならない。たとえば、親権者となった母が従前の戸籍から抜けたとしても、子どもは母の戸籍に移るのではなく、従前の戸籍に留まったままで、身分事項欄に「親権者　母」と記載されることになる。

そのため、旧姓に戻った親権者が子どもにも同じ氏を名乗らせたい場合、あるいは姓を問わず子どもを同じ戸籍に入れたい場合は、家庭裁判所に対し、「子の氏の変更許可申立て」を行い、家庭裁判所の許可を得て、「母（または父）の氏を称する入籍届」を行う必要がある。

他方、親権者を母として離婚した場合に、当該母が旧姓に戻りたいと思いつつ子どもへの配慮から結婚姓の使用を継続するケースもある。そして、子どもが成年に達するなどしたことから、改めて旧姓に戻ることができないか相談を受ける場合がある。氏の変更は、「やむを得

ない事由」が必要とされているため（戸籍107条1項）、この場合は、離婚時に結婚姓を継続した事情、旧姓に変更を求めるに至った事情等を聴取し、申立書に記載して許可の判断を求めることになる。

5　親権者の変更

離婚の際に父母のどちらか一方が親権者に指定された後、さまざまな事情により親権者の親権行使が不適当または困難になる場合がある。その場合、子の利益のために必要があると認められる場合は、家庭裁判所は子の親族の請求により、親権者を他の一方に変更することができる（民819条6項）。

親権者変更事件は、別表第2事件とされている。変更を認めるか否かの判断基準は、「子の利益のため必要がある」か否かであり、具体的には、親権者指定や子の監護者指定と同じ考慮要素で判断される。もっとも、親権者の変更は、子どもの身分関係や生活状況に大きな影響を生じさせる。また、離婚時に子の福祉を検討した上で親権者の指定がなされたことやそれまで単独親権を有している親が子どもを養育してきた状況がある。こうしたことから、安易に変更は認められず、親権者の死亡や虐待など明らかに子の福祉に反する事情がなければ審判において親権者の変更が認められることは難しいのが実情である。

【 *Answer* 】

ヤナギ弁護士としては、Yが親権を取得する見通しがつくか、考慮要素等をふまえて検討した上で、Yが親権者として適格であることを主張し理解を得ていくことが望ましい。子どもの氏や親権と監護権の分属については、事案に応じて丁寧に検討することが必要である。

受付印		家事	☑ 調停 □ 審判	申立書	［　親権者の変更　］

（この欄に未成年者1人につき収入印紙1,200円分を貼ってください。）

収入印紙	円
予納郵便切手	円

印

紙

（貼った印紙に押印しないでください。）

東 京 家庭裁判所 御中 令和 ○ 年 ○ 月 ○ 日	申 立 人 （又は法定代理人など） の 記 名 押 印	申立人乙川花子手続代理人 弁護士 丙 野 夏 子 　㊞ （代理人目録記載のとおり）

添付書類	（審理のために必要な場合は，追加書類の提出をお願いすることがあります。） ☑ 申立人の戸籍謄本（全部事項証明書）　　☑ 相手方の戸籍謄本（全部事項証明書） □ 未成年者の戸籍謄本（全部事項証明書）　□	準 口 頭

申立人	本　籍 （国　籍）	○○ 都道 府⑲ ○○ 市 ○○ 町 ○ 番地	
	住　所	〒 ○○○ － ○○○○ 東京都 ○○ 区 ××× ○丁目○番○号 ハイツ○○　　○○○ 号 （　○○○ 方）	
	フリガナ 氏　名	オツカワ　　ハルコ 乙 川 春 子	昭和 平成 ○ 年 ○ 月 ○ 日生 （　　　○○　　　歳）
相手方	本　籍 （国　籍）	○○ 都道 府⑲ ○○ 市 ○○ 町 ○ 番地	
	住　所	〒 ○○○ － ○○○○ 東京都 ○○ 区 ××× ○丁目○番○号　○○アパート ○○ 号 （　　　方）	
	フリガナ 氏　名	コウノ　　タロウ 甲 野 太 郎	昭和 平成 ○ 年 ○ 月 ○ 日生 （　　　○○　　　歳）
未成年者	未成年者（ら） の本籍（国籍）	☑ 申立人と同じ　　　　　□ 相手方と同じ □ その他（　　　　　　　　　　　　　　　　　　　　　　　）	
	住　所	☑ 申立人と同居　／　□ 相手方と同居 □ その他（　　　　　　　　　　　　）	平成 令和 ○ 年 ○ 月 ○ 日生 （　○○　　歳）
	フリガナ 氏　名	コウノ　　イチロウ 甲 野 一 郎	
	住　所	□ 申立人と同居　／　□ 相手方と同居 □ その他（　　　　　　　　　　　　）	平成 令和　年　月　日生 （　　　歳）
	フリガナ 氏　名		
	住　所	□ 申立人と同居　／　□ 相手方と同居 □ その他（　　　　　　　　　　　　）	平成 令和　年　月　日生 （　　　歳）
	フリガナ 氏　名		
	住　所	□ 申立人と同居　／　□ 相手方と同居 □ その他（　　　　　　　　　　　　）	平成 令和　年　月　日生 （　　　歳）
	フリガナ 氏　名		

（注）太枠の中だけ記入してください。□の部分は，該当するものにチェックしてください。

親権者変更(1/2)

　　□の部分は，該当するものにチェックしてください。

申　立　て　の　趣　旨
※ ① 未成年者の親権者を，（ ☑相手方 ／ □申立人 ）から（ ☑申立人 ／ □相手方 ） 　に変更するとの （ ☑調停 ／ □審判 ） を求めます。 （親権者死亡の場合） 2　未成年者の親権者を，　（ □亡父 ／ □亡母 ） 　氏名 .... 　本籍 .... から　申立人　に変更するとの　審判　を求めます。

申　立　て　の　理　由
現 在 の 親 権 者 の 指 定 に つ い て
☑ 離婚に伴い指定した。　　　その年月日 平成・令和〇〇年〇〇月〇〇日 □ 親権者の変更又は指定を行った。　（裁判所での手続の場合） 　　　　　　　　　　　　...............家庭裁判所　　　　（□支部／□出張所） 　　　　　　　　　　平成・令和＿＿年（家　）第＿＿＿＿号
親 権 者 指 定 後 の 未 成 年 者 の 監 護 養 育 状 況
☑ 平成・令和〇〇年〇〇月〇〇日から平成・令和〇〇年〇〇月〇〇日まで 　　□申立人 ／ ☑相手方 ／ □その他（...............） のもとで養育 □ 平成・令和　年　月　日から平成・令和　年　月　日まで 　　□申立人 ／ □相手方 ／ □その他（...............） のもとで養育 ☑ 平成・令和〇〇年〇〇月〇〇日から現在まで 　　☑申立人 ／ □相手方 ／ □その他（...............） のもとで養育
親 権 者 の 変 更 に つ い て の 協 議 状 況
□ 協議ができている。 ☑ 協議を行ったが，まとまらなかった。 □ 協議は行っていない。
親 権 者 の 変 更 を 必 要 と す る 理 由
☑ 現在，（☑申立人／□相手方）が同居・養育しており，変更しないと不便である。 □ 今後，（□申立人／□相手方）が同居・養育する予定である。 □ （□相手方／□未成年者）が親権者を変更することを望んでいる。 □ 親権者である相手方が行方不明である。（平成・令和＿＿年＿＿月頃から） □ 親権者が死亡した。（平成・令和＿＿年＿＿月＿＿日死亡） □ 相手方を親権者としておくことが未成年者の福祉上好ましくない。 □ その他（...）

親権者変更(2/2)

▼参考書式8　親権者変更事情説明書

令和　　年（家　　）第　　　　号

事情説明書（親権者変更）

この書類は，申立ての内容に関する事項を記載していただくものです。あてはまる事項にチェックを付け（複数可），必要事項を記入の上，申立書とともに提出してください。
　なお，調停手続では，この書類は相手方には送付しませんが，相手方から申請があれば，閲覧やコピーが許可されることがあります。審判手続では，相手方に送付しますので，審判を申し立てる方は，相手方用のコピーも併せて提出してください。

1 今回あなたがこの申立てをした「きっかけ」「動機」を書いてください。	申立人と相手方は，令和〇年〇月〇日，協議離婚した。離婚の際，相手方は未成年者の親権を強く主張し，相手方は申立人から暴力を受けており一刻も早く離婚したかったことからやむなく相手方を親権者とすることにした。しかし，相手方は長男にも暴力をふるうなどし，長男は申立人と暮らしたいと申立人の下へ逃げてきたことから，申立人は親権者を変更したいと考えるに至った。
2 調停・審判ではどんなことで対立すると思われますか。 （該当するものにチェックしてください。複数可。）	☐　特になし ☑　親権者を変更することそれ自体 ☐　未成年者との面会交流　　　　　☐　未成年者にかかる費用の負担 ☐　その他（　　　　　　　　　　　　　　　　　　　　　　　　　　　）
3 申立人と相手方の現在の連絡状況について記入してください。	☐　会っている。 ☐　会ってはいないが，電話等で連絡をとっている。 ☑　連絡をとっていない。 　　（最後に連絡をとった時期：令和〇年〇月〇ころ） 　　（連絡をとっていない理由：相手方による暴力　　　　　　　　　）
4 未成年者に，親権者を変更することについて話をしていますか。	☑　話をしている。 　　話をした人　☑　申立人　　☐　相手方　　☐　申立人及び相手方一緒に 　　　　　　　　☐　その他（　　　　　　　　　　　　　　　　　　） 　　未成年者の反応（変更を強く希望している。　　　　　　　　） ☐　話をしていない。
5 現在未成年者の状況で心配なことはありますか。 （該当するものにチェックしてください。複数可。）	☐　特にない。 ☑　ある。 　　☐　健康面（病気が増えた，体重の増減が大きい等） 　　☑　情緒面，精神面（情緒不安定等） 　　☐　登園，登校面（登校を渋っている等） 　　☐　交友関係（友人とのトラブル等） 　　☐　その他（　　　　　　　　　　　　　　　　　　　　　　　　）
6 別居後の申立人と未成年者の交流について，記入してください。	月1回程度，面会交流をしていたほか，電話やメールでもやり取りをしていた。

7 それぞれの同居している家族について記入してください（申立人・相手方本人を含む。）。 ※申立人と相手方が同居中の場合は申立人欄に記入してください。	申立人（あなた）				相手方			
	氏　名	年齢	続柄	職業等	氏　名	年齢	続柄	職業等
	乙川春子	〇	本人	会社員	甲野太郎	〇	本人	会社員
	甲野一郎	〇	長男	小学5年				

8 収入状況について記入してください。	月収（手取り）　約〇万円 ☐　実家等の援助あり　☐　生活保護等受給	月収（手取り）　約　　　　万円 ☐　実家等の援助あり　☐　生活保護等受給

III…面会交流

Case

　ノボル弁護士は、夫Xから、妻Yが子どもたち（長男13歳、二男8歳）を連れて実家に帰って以降、子どもたちと会うことができておらず、弁護士から個別の接触も断られ、話すこともできていないことを打ち明けられ、子どもたちと会うためにどうにかしてほしいと言われた。

　ノボル弁護士はどのような対応をすればよいか。その際どのようなことに留意する必要があるか。

• • •

ノボル：先輩、Xが子どもたちと会いたいし話もしたいと訴えているので、面会交流の調停を申し立てたんです。

姉　弁：あら、Yは面会交流についてどう言っているの？

ノボル：子どもたちがXに会いたくないと言っていると話しているんです。同居中、Xは子どもたちに威圧的な態度ばかりとっていて、子どもたちはそれにストレスを感じ続けてきた、別居によって子どもたちはようやく解放されたと安堵していて、Xとは関わり合いたくないと話しているって。Yも、子どもたちが嫌がっているのを無理やり面会させても子どもたちのためにならないし、Xの子どもたちへの態度にも問題があると主張しています。

姉　弁：なるほどね。Xはそのことについて何と言っているの？

ノボル：それはYの作り話だって言ってます。子どもたちに厳しい態度をとったことはあるけど、それはあくまで子どもたちのためにと考えてのことで子どもたちもそのことを理解していたし、Yが子どもたちを連れて出て行く直前もXは子どもたちと一緒にサッカー観戦に行って盛り上がって

いたと言ってます。

姉　弁：お互いの主張が真っ向から対立しているのね。ノボルくんはどう考えているの？

ノボル：親が子どもと会えるのは当然だし、親の権利ではないんですか!?　虐待していたとか、そういう禁止すべき事情がない限り、面会交流は認められるべきですよ。

姉　弁：面会交流は、別居している親と子どもとの交流で、親にとっても大事なものであることは間違いないわ。でも、親の権利と単純に割り切るのは少し違うように思う。円滑な面会交流が継続的に実施されることは、子どもにとって、どちらの親からも愛情を受け続けていることを実感し、父母の不和による喪失感や不安感を軽減させるし、アイデンティティの確立にも繋がる。そうした子どもの利益の観点がとても大事なのよ。

ノボル：たしかにそうですね。そうすると、親の観点でも子どもの観点でも重要なんですから、やっぱり禁止すべき事情が認められない限りは面会交流を認めるべきではないんですか!?

姉　弁：なんだかノボルくんは抗弁事由が立証されない限りって訴訟のように捉えている感じがするわ。

ノボル：違うんですか？

姉　弁：面会交流で大切なのは、どうするのが「子どもの利益」に合致するのかということよ。単純に面会交流を否定すべき事由に該当するかとか、どっちの言い分が正しいのかというのではなく、妨げる事情がどういうものか、その背景にはどういうものがあるのかを、当事者双方が子どもの立場に立って考える姿勢が大切よ。実際の子どもの様子や考えは調査官調査で出てくるわ。大事なのは、子どもの言葉そのものだけじゃなくて、なぜそのような言葉を口にするのかという子どもの気持ちや置かれた立場、言葉以外の様子とかいろんなことに思いをめぐらせて、子どもの利益のためにはどうするのがいいのかを考えていくことだと思うわ。

ノボル：どういうことですか？

姉　弁：たとえば、子どもがお父さんには会いたくないって実際に言っていた場

合、その理由が同居中のお父さんの態度や言葉にあるなら、お父さんとしては謙虚にそのことを受け止めて自分の行いを顧みないといけない。また、会いたくないと言いつつ、お父さんとの同居中の楽しい出来事やお父さんの好きなところとかを話していたり、お母さんに気を遣っている様子が見られたりする場合は、お母さんとしてはそうした子どもの気持ちに気づいてあげないといけない。このどちらも当てはまる事案も少なくないわ。

　お父さんやお母さんはそうした子どもの言葉や態度の背景まできちんと受け止めて、その上で、どうしていけば子どもの利益に叶うのかを考えるのよ。

ノボル：その結果として、面会交流をするのかしないのか、するとしてどのような頻度や方法で実施するのか、どういうことに配慮する必要があるかとかを決めていくということですね。

```
Check List

□面会交流で考えるべきこととは［→ 1］
□どんなことを取り決めるのか［→ 2］
□どのようにして面会交流を取り決めるか［→ 5］
□面会交流を禁止・制限するべき事情はあるか［→ 3］
□面会交流における子どもの意思はどういうものか［→ 3(3)］
□面会交流の第三者機関を利用したほうがいいか［→ 6］
□履行の確保をどうするか［→ 7］
```

[解 説]

1　面会交流の意義

　面会交流とは、未成年の子どもを監護していない親が、子どもと会

うことやその他の方法で交流することをいう。子どもの健全な成長・発達のためには、子の利益に反する事情がある場合を除き、両親の別居・離婚後も子どもが別居親と継続的な交流をもつことが重要である。別居親との継続的な交流を通じて、子どもは双方の親からの愛情を実感し、父母の不和や離別による喪失感や不安感等を軽減させ、健全な成長を図ることができる。また、子どものアイデンティティの確立を支え、親の別居・離婚に対する客観的な視点の確保も可能にするといわれる。こうした観点から、児童の権利条約9条3項は、「締約国は、児童の最善の利益に反する場合を除くほか、父母の一方又は双方から分離されている児童が、定期的に父母のいずれとも人的な関係及び直接の接触を維持する権利を尊重する」と定め、民法766条も父母が協議離婚する際は、「子の利益」を最も優先して考慮し、面会交流について定めなければならないと定めている。

このように、面会交流は子の利益を根拠にするものであり、面会交流を実施するのか否か、どのような面会交流を実施するのかなどについて取り決めていく際は、子の利益の観点を常に意識する必要がある。

また、面会交流は、別居している親と子どもの関係を再構築していくものである。したがって、長期的な視点、広い視点（直接会うだけでなく、メールや手紙などの間接的な方法その他関係構築のための方法）で考えることが必要である。

2 面会交流の内容

面会交流には、まず子どもと別居親が直接会う直接交流がある。直接交流では、頻度、都度の日時、場所、交流の内容、連絡方法、宿泊などについて取り決める。夏休みなど長期休暇や年末年始などの場合、普段とは別の取り決めの仕方をする場合もある。

また、直接会う以外の交流（間接交流）として、電話やメール、SNS、スカイプやZoomなどの利用、手紙やプレゼントの送付などについても取り決める場合もある。特に別居親が遠方に居住しており、

頻繁に直接交流することが難しい場合などは、間接交流で補うことも少なくない。

面会交流について検討する場合は、具体的にどのような交流が望ましいと考えるのか、子どもの年齢や生活スケジュール、居住場所（別居親と子どもの居住地が近接しているのかどうか）などの諸事情をふまえて検討する。

3　禁止・制限すべき事情

面会交流は子の利益を第一義的な根拠とするものであるから、子の利益を害する事情がある場合には、面会交流を禁止ないし制限することについても検討しなければならない。実務上、禁止・制限すべき事情として主に主張、考慮されるものは次のとおりである。なお、これらの事情がある場合には直ちに面会交流を禁止・制限するというのではなく、あくまで具体的な事情に即して、そうした障害を取り除くことができるのか、どうした対処が望ましいのかを子の利益の観点から検討していくことになる。また、これらの事情はあくまで例示であり、次に掲げた事情以外に子の利益を害すると考えられる事情がある場合には、その状況、内容、子どもにもたらす影響やその程度などについて具体的事情に即して検討し、面会交流の実施やその内容、方法について考える必要がある。さらに、子どもと別居親との関係の継続や再構築などの観点からは、仮に直接の面会交流が禁止・制限される場合でも、具体的事案の事情に即し、間接交流など他の方法による交流が考えられないかについても併せて検討することが望ましい。

(1)子どもが別居親から虐待を受けていた場合　　過去に別居親が子どもを虐待しており、面会交流においても虐待するおそれがある場合や、あるいは子どもが別居親に対して強い恐怖、不安等を有しており面会交流によって子どもが更なる精神的被害を受けるおそれがある場合などにおいては、一般的に子の利益の観点からは面会交流を禁止・制限すべきものと考えられる。ただ、別居親が上記事実について争う

姿勢を見せる場合も少なくない。そのため、上記事情があると考えられる場合には立証方法等についても検討する必要がある。

(2) 子どもの連れ去りのおそれがある場合　別居親が子どもを連れ去ると、同居親から引き離され生活環境も変わることになり、子どもに大きな動揺や不安を与えることになる。そのため、別居親が面会交流の際に子を連れ去るおそれが高いと認められる場合には、面会交流を禁止または制限することを検討することになる。

　もっとも、一律に禁止するのではなく、面会場所を限定する、同居親が立会う、第三者または第三者機関が関与するなど、連れ去りを防止する手立てを講じた上で面会交流を実施することができないか検討する場合も少なくない。また、併せて、別居親に対して連れ去りが子の福祉に反することを説明し理解を求めることも重要となる。

(3) 子の意思　子どもの意思・考えがどのようなものであるかが、面会交流における子の利益を考慮するにあたって重要であることは間違いない。しかし、子どもが拒否する意向を示したからといって直ちに面会交流を否定すべきではない。父母が別居・離婚で紛争を繰り広げ、面会交流でも対立している状況において、子どもは同居親の別居親に対する拒否感を敏感に感じとったり、あるいは同居親の影響により別居親への拒絶感を植えつけられたりするなどした結果、拒否の意向を示す場合もある。そのため、拒否の理由や背景について、子どもの年齢や発達状況、養育環境や父母の紛争の経緯等をふまえながら丁寧に検討する必要がある。

　子の意思・意向等について意見や認識が対立する場合には、家庭裁判所調査官による子の意向調査が行われる場合もある。意向調査については、前記 I 2 **(4)**（e）を参照いただきたい。

(4) 別居親による同居親に対する DV 等があった場合　同居時において、同居親が別居親から暴力などを受けていた場合、そのことによって子どもが精神的被害を受け、別居後においても回復できておらず、面会交流によって子どもの心身に重大な影響を与えるおそれがあ

る場合は、面会交流の禁止・制限を検討することになる。また、同居親が別居親からのDVによってPTSDなど深刻な症状に陥っており、面会交流によって症状が悪化し、その結果子どもにも重大な影響を与えると認められる場合も面会交流の禁止や制限を検討することになろう。

　他方で、別居親から同居親に対するDV等があったとしても、別居親と子どもとの関係は良好であり、子どもも面会交流を望んでいる場合もある。

　そのため、暴力等の内容や程度、子どもの意向、年齢、心身の状況、発達状況、協力できる周囲の存在などの具体的状況をふまえて、家族など周囲の協力による面会交流の実施や、第三者機関の利用なども含めて検討していく必要がある。

(5) その他　　前記(1)～(4)で述べた事情などが特に見受けられない場合でも、同居親が面会交流を拒否する場合がある。その理由が別居親に対する拒否感や否定的な感情あるいは離婚の条件などの場合は、子の利益の観点からも面会交流を禁止・制限するのは難しい場合が多い。また、面会交流は子の利益のためのものであることから、養育費の支払がないことも面会交流を禁止・制限する理由とはならない。

5　取決め方法

(1) 調停・審判手続　　面会交流は、原則として夫婦間で協議して定めることとされているが（民766条1項）、協議が調わないとき、または、協議することができないときは、家庭裁判所が定める（同条2項）。民法766条は離婚の場合の規定であるが（民法771条により裁判離婚にも準用）、別居中の夫婦においても類推適用される。

　家庭裁判所では、調停手続あるいは審判手続を利用する。面会交流は「子の監護に関する処分」の1つで、別表第2事件となる。

　調停手続、審判手続については、前記**I2(3)**を参照していただきたい。

▼ 参考書式9　面会交流調停申立書

| 受付印 | | 家事 | ☑ 調停 　　　申立書 | 子の監護に関する処分 |
| | | | ☐ 審判 | （面会交流） |

（この欄に未成年者1人につき収入印紙1,200円分を貼ってください。）

| 収 入 印 紙 | 円 |
| 予納郵便切手 | 円 |

（貼った印紙に押印しないでください。）

| 東　京 家庭裁判所 御中 令和 ○ 年 ○ 月 ○ 日 | 申　立　人 （又は法定代理人など） の 記 名 押 印 | 申立人甲野太郎手続代理人 弁護士　丙 野 夏 子　　㊞ （代理人目録記載のとおり） |

| 添付書類 | （審理のために必要な場合は，追加書類の提出をお願いすることがあります。） ☑ 未成年者の戸籍謄本（全部事項証明書） ☐ | 準 口 頭 |

申 立 人	住　所	〒 ○○○ － ○○○○ 東京都 ○○ 区 ××× ○丁目○番○号　ハイツ○○ ○○ 号 （　　　　　　方）	
	フリガナ 氏　名	コ ウ ノ 　　タ ロ ウ 甲　野　太　郎	ⓐ昭和 平成 ○ 年○月○日生 （　　○○　歳）
相 手 方	住　所	〒 ○○○ － ○○○○ 東京都 ○○ 区 ××× ○丁目○番○号　ハイツ○○ ○○ 号 （　　　　　　方）	
	フリガナ 氏　名	オ ツ カ ワ 　　ハ ル コ 乙　川　春　子	ⓐ昭和 平成 ○年○月○日生 （　　○○　歳）
未 成 年 者	住　所	☑ 申立人と同居　　／　　☐ 相手方と同居 ☐ その他（　　　　　　　　　　　　）	平成 ⓐ令和 ○ 年○月○日生
	フリガナ 氏　名	コ ウ ノ 　　イ チ ロ ウ 甲　野　一　郎	（　　　　　歳）
	住　所	☑ 申立人と同居　　／　　☐ 相手方と同居 ☐ その他（　　　　　　　　　　　　）	平成 ⓐ令和 ○ 年○月○日生
	フリガナ 氏　名	コ ウ ノ 　　ジ ロ ウ 甲　野　次　郎	（　　　　　歳）
	住　所	☐ 申立人と同居　　／　　☐ 相手方と同居 ☐ その他（　　　　　　　　　　　　）	平成 令和 　年　月　日生
	フリガナ 氏　名		（　　　　　歳）
	住　所	☐ 申立人と同居　　／　　☐ 相手方と同居 ☐ その他（　　　　　　　　　　　　）	平成 令和 　年　月　日生
	フリガナ 氏　名		（　　　　　歳）

（注）太枠の中だけ記入してください。□の部分は，該当するものにチェックしてください。

面会交流(1/2)

申　立　て　の　趣　旨
（☑申立人　／　□相手方）と未成年者が面会交流する時期，方法などにつき （☑調停　／　□審判　）を求めます。

申　立　て　の　理　由
申　立　人　と　相　手　方　の　関　係
☑　離婚した。　　　　　　　　　　　］その年月日：平成・令和〇〇年〇〇月〇〇日 □　父が未成年者＿＿＿＿＿を認知した。 □　婚姻中→監護者の指定の有無　□あり（□申立人　／　□相手方）　／　□なし
未成年者の親権者（離婚等により親権者が定められている場合）
□　申立人　／　☑　相手方
未　成　年　者　の　監　護　養　育　状　況
☑　平成・令和〇〇年〇〇月〇〇日から平成・令和〇〇年〇〇月〇〇日まで 　　　　☑申立人　／　□相手方　／　□その他（　　　）のもとで養育 □　平成・令和　年　月　日から平成・令和　年　月　日まで 　　　　□申立人　／　□相手方　／　□その他（　　　）のもとで養育 ☑　平成・令和〇〇年〇〇月〇〇日から現在まで・ 　　　　□申立人　／　☑相手方　／　□その他（　　　）のもとで養育
面　会　交　流　の　取　決　め　に　つ　い　て
1　当事者間の面会交流に関する取決めの有無 　　　□あり（取り決めた年月日：平成・令和＿＿年＿＿月＿＿日）　☑なし 2　1で「あり」の場合 　　□　取決めの方法 　　　　□口頭　　□念書　□公正証書　　┌＿＿＿＿＿家庭裁判所＿＿＿（□支部／□出張所）┐ 　　　　□調停　　□審判　□和解　□判決　→　└平成・令和＿＿＿年(家＿＿)第＿＿＿号┘ 　　□　取決めの内容 　　　（　　　　　　　　　　　　　　　　　　　　　　　　　　　）
面　会　交　流　の　実　施　状　況
□実施されている。 □実施されていたが，実施されなくなった。（平成・令和＿＿年＿＿月＿＿日から） ☑これまで実施されたことはない。
本　申　立　て　を　必　要　と　す　る　理　由
☑　相手方が面会交流の協議等に応じないため □　相手方と面会交流の協議を行っているがまとまらないため □　相手方が面会交流の取決めのとおり実行しないため □　その他（　　　　　　　　　　　　　　　　　　　　）

面会交流(2/2)

令和　　年（家　　）第　　　　　号

事情説明書（面会交流）

この書類は，申立ての内容に関する事項を記載していただくものです。あてはまる事項にチェックを付け（複数可），必要事項を記入の上，申立書とともに提出してください。

なお，調停手続では，この書類は相手方には送付しませんが，相手方から申請があれば，閲覧やコピーが許可されることがあります。審判手続では，相手方に送付しますので，審判を申し立てる方は，相手方用のコピーも併せて提出してください。

1 今回あなたがこの申立てをした「きっかけ」，「動機」を書いてください。	申立人と相手方は長男，二男と共に生活していたが，令和○年○月○日，相手方が長男と二男を連れて別居した。その後，申立人と相手方は協議を重ね，令和○年○月○日，相手方が長男と二男の親権者となり協議離婚した。申立人は，別居直後から，長男と二男との面会交流を求めたが，相手方は応じず実施ができない状況が続いているため，本申立てに至った。
2 調停・審判ではどんなことで対立すると思われますか。（該当するものにチェックしてくだ	☑ 面会交流を実施するかどうか ☐ 面会交流の回数 ☐ 面会交流の内容 ☐ その他（　　　　　　　　　　　　　　　　　　　）
3 申立人と相手方の現在の連絡状況について記入してください。	☐ 会っている。 ☐ 会ってはいないが，電話等で連絡をとっている。 ☑ 連絡をとっていない。 　　（最後に連絡をとった時期：令和○年○月ころ） 　　（連絡をとっていない理由：相手方が応じないため　　　　）
4 未成年者に，面会交流について話をしていますか。	☐ 話をしている。 　　話をした人　☐ 申立人　☐ 相手方　☐ 申立人及び相手方一緒に 　　　　　　　　☐ その他（　　　　　　　　　　　　　　） 　　未成年者の反応（　　　　　　　　　　　　　　　　　） ☑ 話をしていない。
5 現在未成年者の状況で心配なことはありますか。（該当するものにチェックしてください。複数可。）	☐ 特にない。 ☑ ある。 　　☑ 健康面（病気が増えた，体重の増減が大きい等） 　　☑ 情緒面，精神面（情緒不安定等） 　　☐ 登園，登校面（登校を渋っている等） 　　☐ 交友関係（友人とのトラブル等） 　　☐ その他（　　　　　　　　　　　　　　　　　　　）
6 別居後の申立人と未成年者の交流について，記入してください。	現在まで交流できていない。

7 それぞれの同居している家族について記入してください（申立人・相手方本人を含む。）。	申立人（あなた）				相　手　方			
	氏　名	年齢	続柄	職業等	氏　名	年齢	続柄	職業等
	甲野太郎	○	本人	会社員	乙川花子	○	本人	会社員
					甲野一郎	○	長男	小学○年
					甲野次郎	○	二男	小学○年

令和○年○月○日　　　　　　　　申立人手続代理人　弁護士　丙野夏子 印

（2）家庭裁判所における面会交流の試行（交流場面観察の調査）　面会交流の事件では、家庭裁判所の児童室等を利用し、家庭裁判所調査官の関与の下で別居親と子どもが面会交流を行うことがある。これは、長期間面会交流がなされておらず直ちに任意の面会交流を実施することが難しい場合や、同居親が子の意向や心身への影響等を理由に面会交流について消極的な場合などに、家庭裁判所調査官の関与の下で試行を行い、別居親と子の交流場面を観察するものであり、調査官調査の１つである。中には、面会交流が実施されてきていないことから、まずは家庭裁判所での試行面会をすぐに実施してほしいと主張する当事者あるいは弁護士がいるが、面会サービスではなくあくまでも調査官による調査であることに留意する必要がある。もっとも、調査であると同時に、双方当事者にとっては、交流場面を通じて認識等を再検討し、今後の面会交流の方向性や内容等を探ることになる。

　別居親としては、家庭裁判所の関与があるということに不満がありつつ、面会が実現することを優先し、あるいは子どもとの関係に問題がないことを明らかにしたいという考えから、面会交流の試行に応じる場合が多い。他方、同居親にとっても、家庭裁判所の関与の下で実施することにより不安を軽減することができるという点がある。ただ、それでも面会を実施することに不安を払拭できない場合もあることから、同居親の代理人となった弁護士は、事前に、そうした不安等の内容（子どもの意向や心身への影響など）を具体的に把握し、試行の実施や実施する場合の条件を検討し、調停等において主張、調整する必要がある。

　面会交流の試行は、家庭裁判所の児童室を利用する場合が大半であり、室内に別居親と子ども、家庭裁判所調査官が入る。自然な交流ができるよう、まずは子どもと家庭裁判所調査官が先に児童室に入り、子どもが遊んでいる中で別居親が室内に入り、その後一定時間別居親と子どもが室内にあるおもちゃやボードゲームなどを使って過ごすというパターンが多い。児童室にはマジックミラーもしくはモニターが

あり、別室で同居親等がその様子を見守る場合もある。あらかじめ決めた時間が来ると家庭裁判所調査官が終了時間であることを告げて試行は終了となる。家庭裁判所調査官は後日、観察した場面の様子や調査官の意見等を調査官報告書に取りまとめる。

6 取り決めにあたっての工夫

(1)期日間における面会交流の実施　面会交流の調停を進めていく中にあっては、面会交流の試行を行っていく工夫がありうる。調停において子の利益に沿った面会交流のあり方について調整を進めながら、期日間に試行を行い、その内容を次の調停期日で検証するなどである。このことにより、当事者も手続代理人や家庭裁判所といった関係者がいる中で、不安や懸念していることの検証や解消などよりよい面会交流に向けた調整を行うことができ、調停が成立した後の当事者同士の円滑な実施につなげていくことが可能となる。また、子の利益の点では子どもと別居親の別離の時間が長期に及ぶことが適切でない場合は少なくなく、その意味でも調停成立など解決して初めて実施するのではなく、調停等の手続と並行して面会交流の試行を行うことは有用である。

(2)段階的な条件設定等　宿泊を認めるかなど面会交流の方法について双方の主張が対立する場合も少なくない。この場合、認めるか認めないかという二者択一ではなく、段階的に面会交流の方法を拡充していくという工夫もありうる。たとえば、面会交流が特段の問題なく実施されている状況をふまえて、2年目は長期休暇ごとに1泊2日、3年目は2泊3日など少しずつ拡充することなどが考えられる。

(3)第三者機関　当事者が直接連絡を取り合うことが困難な場合や、同居親が面会交流における別居親の態度や連れ去りなどに懸念を持っている場合などは、第三者機関による支援を利用することが考えられる。支援の内容は各団体によって異なるが、日程等の連絡調整を仲介する、面会交流の当日に子どもの受渡しを行う、面会交流に立ち会う

といったものがある。

　第三者機関の利用にあたっては、費用や条件、支援対象となる子どもの年齢、利用できる期間（契約期間や更新の有無など）、利用に至る手続なども予め把握し、それらもふまえて調停等において調整を進めることが必要である。

7　履行確保

(1)履行勧告　調停や審判で定められた面会交流が実施されない場合、家庭裁判所に履行状況を調査し義務者に義務の履行を勧告してもらうことが可能である（家事289条）。実際の調査や勧告は家庭裁判所調査官が行っている。履行勧告は、家事債務はその性質から強制的な手続がとられる前に不履行者を促し、自発的な履行を図るようにすることが望ましいとの考えに基づくいわば家庭裁判所によるアフターケアの制度である。ただ、面会交流事件については、当事者の感情的対立が残っていることから、調査や勧告に困難を極める場合が少なくないとされている。

(2)間接強制　調停や審判で定められた面会交流が履行されない場合に、金銭の支払を命じることにより履行を強制させる間接強制の方法がある。間接強制が認められるのは、面会交流の日時または頻度、各回の面会交流時間の長さ、子どもの引渡しの方法等が具体的に定められているなど、監護親がすべき給付の特定に欠けるところがないといえることを要する（最決平成25・3・28民集67巻3号864頁）。ただ、このことを重視するあまり、徒に詳細に条項を定めることには注意する必要がある。詳細に決めなければ面会交流の実施が困難なケースとまではいえないにもかかわらず、徒に詳細にすることは、子どもの状況や年齢等に応じた柔軟な交流が困難となり、ひいては子どもに負担をかけるおそれもあるからである。そのため、事案に応じた条項のあり方を検討する必要がある。

〔 _Answer_ 〕

　当事者間での協議による解決は難しいと考えられることから、ノボル弁護士は、面会交流を求めて調停を申し立てることが考えられる。この場合、Yや子どもの考え等について正確に把握した上で、面会交流について配慮すべきことをXと十分検討することが望まれる。また、事情等に応じて子の意向調査や試行面会（交流場面観察調査）等を求めることが考えられ、その内容に基づいてさらに面会交流のあり方をYと子の利益の観点から検討することが望ましい。

> **◀ コラム ▶ 東京家庭裁判所における面会交流調停事件の新たな**
> **運営モデル**
>
> 　東京家庭裁判所は、面会交流調停事件の増加や複雑・困難化に対応すべく検討を行い、2019年11月に新たな運営モデルを明らかにした。その概要の一部を紹介する（詳細は『家庭の法と裁判』26号（2020年）129頁）。
>
> 　1　面会交流調停事件の運営に際しては、ニュートラル・フラットな立場（同居親および別居親のいずれの側にも偏ることなく、先入観を持つことなく、ひたすら子の利益を最優先に考慮する立場）で臨む。
>
> 　2　子の利益を最優先し、「直接交流又は間接交流することにより子の利益に反する事情」の有無について、ニュートラル・フラットな立場で、当事者双方から、①子、同居親および別居親の安全に関する事情（安全）、②子の状況に関する事情（子の状況）、③同居親および別居親の状況に関する事情（親の状況）、④同居親および別居親と子との関係に関する事情（親子関係）、⑤同居親および別居親の関係に関する事情（親同士の関係）、⑥子、同居親および別居親を取り巻く環境に関する事情（環境）、その他の子をめぐる一切の事情を丁寧に聴取し、その結果を具体的、総合的にふまえ、子の利益を最優先に考慮する観点から慎重に検討する。

この検討に際しては、各事情について重み付けを行いつつ、必要に応じて、(1) 主張・背景事情の把握、(2) 課題の把握・当事者との共有、(3) 課題の解決に向けた働きかけ・調整、(4) 働きかけ・調整の結果の分析・評価等の過程を円環的に繰り返す（円環的な検討・調整）。

　3　2の検討をふまえて、直接交流や間接交流について、禁止や制限、あるいは具体的内容についての検討と調整を必要に応じて円環的に行う。

　このように、家庭裁判所では、原則実施論ではなく、あくまでニュートラル・フラットな立場から子の利益を最優先に面会交流のあり方を調整、検討していこうという傾向になっている。［大森啓子］

IV…養育費

Case

　ヤナギ弁護士は、妻Yの手続代理人として夫Xとの夫婦関係調整調停事件の中で離婚条件について調整をしている。Xは、当初親権を強行に主張していたが、調停委員会の働きかけなどもあり親権者をYとすることに合意した。しかし、養育費についても、学費等をめぐってXとYの主張には大きな食い違いが生じてしまった。

　ヤナギ弁護士は、養育費についてどの点に留意して検討する必要があるか。また、履行を確保するにはどういった方法がありうるか。

• • •

ヤナギ：うーん……。

兄　弁：どうしたんだ？

ヤナギ：今度は養育費で困っているんです。上の子は私立中学に入っていて学費がすごくかかるらしく、下の子は公立小学校に行っているんですが、塾に行ったりサッカークラブに通ったりしていて出費がとにかく多くて。

兄　弁：なるほど。子どもたちも頑張っているんだね。

ヤナギ：そんな悠長なこと言わないでください。Yは、Xの方が収入ははるかに高いし、子どもたちの費用についてはXが負担するべきだと言ってるんですが、Xは親権者が全部負担しろと主張するんです。

兄　弁：どっちの主張も極端だな……。養育費も基本的には算定表の考え方を目安にすることは知っているだろ。

ヤナギ：はい、さすがにそれは知ってますよ！　だから、私としては、算定表の金額で我慢するしかないってYに説得するしかないかなって思っている

んですけど、それじゃ私立の学費は到底賄えないから上の子は学校を辞めなきゃいけないと考えると気が重くて……。

兄　弁：おいおい、たしか離婚事件のときもきちんと自分で調べろっていう話をしたはずだぞ。私立学校の学費の負担について認められる場合も少なくない。

ヤナギ：えっ、そうなんですね！　早速調べてみます。ちなみに、成人年齢が18歳に引き下げられると養育費も18歳までになってしまいますよね。Yがそれだと大学に進学したときにどうしようって不安を漏らしているんですよ。

兄　弁：成人年齢の引き下げは養育費の終期に影響ないって確認されているぞ。

ヤナギ：そうなんですか！　あーよかった。でも、そんな先になると、Xがどこで何をしているかわからなくなって、Xが払わなくなったとしても泣き寝入りするしかないかも……。

兄　弁：調停や訴訟とかで債務名義がとれれば、勤務先への弁護士会照会や金融機関への弁護士会照会を利用できるだろう。

ヤナギ：えっ、そこまで調べられるんですね。

兄　弁：お前こそ、しっかり調べろ！

Check List

□養育費の額はどうやって決めるか［→ **1**］

□算定表はどういう仕組みか［→ **1(1)**］

□私学の学費や塾、習い事の扱いをどうするか［→ **1(3)(4)**］

□養育費の終期をどう考えるか［→ **2**］

□養育費の変更はどういう場合に認められるか──増額、減額に該当する事情はあるか［→ **4**］

□調停、審判どちらの手続をとるか［→ **3**］

□履行を確保する方法として何を行うか［→ **5**］

［ 解 説 ］

1 養育費の額

(1)金額の決定基準　親は未成熟の子どもに対し扶養義務を負っており、養育費はこの扶養義務に基づくものである。

　養育費は子どもを養育するために必要な費用であり、言い換えると子どもの生活費である。そのため、養育費の金額は、基本的に父母双方の収入をベースに決めることになる。具体的な算出方法については、家庭裁判所が 2003 年に発表した算定表（「簡易迅速な養育費等の算定を目指して」判例タイムズ 1111 号 285 頁）が実務的に定着している。家庭裁判所は 2019 年 12 月 23 日に算定表の改定版（司法研修所編『養育費、婚姻費用の算定に関する実証的研究』（法曹会・2019 年））を公表しているので、最新の算定表を確認する必要がある。

　算定表では、養育費について、自分の生活を保持するのと同程度の生活を子どもにも保持させるいわゆる生活保持義務を前提に計算方法を定めている。具体的には、①義務者の世帯の基礎収入を算定、②生活保持義務を前提として、義務者と子どもの同居状態を仮定して、生活費指数を考慮し子どもに配分されるべき養育費を計算、③権利者と義務者の基礎収入に応じて②の養育費を配分して義務者が払うべき養育費を算出する。上記計算をわかりやすく表現すると次のようになる。

$$\text{義務者の基礎収入} \times \left[\frac{\text{子の生活費指数}}{\text{義務者と子の生活費指数}} \right] = \text{子の生活費の額}$$

$$\text{子の生活費の額} \times \left[\frac{\text{義務者の基礎収入}}{\text{義務者の基礎収入} + \text{権利者の基礎収入}} \right] = \begin{array}{l}\text{義務者が}\\\text{払うべき}\\\text{養育費の額}\end{array}$$

　なお、子どもの生活費指数は、0 歳から 14 歳までは 62、15 歳以上は 85 となっている。

義務者・権利者の基礎収入の算出等については、婚姻費用の算定（第2章Ⅰ）を参照していただきたい。

　たとえば、義務者の収入が700万円、権利者の収入が300万円（いずれも給与所得）、子ども1人（9歳）というケースの場合、

　①義務者の基礎収入＝700万円×41％＝287万円

　　（権利者の基礎収入＝300万円×42％＝126万円）

　②287万円×62／（100＋62）＝109万8395円（1円未満切捨て）

　③109万8395円×287／（287＋126）＝76万3291円（1円未満切捨て）

となり、年間の養育費は76万3291円（月6万3607円）となる。

　子どもが4人以上いる場合など算定表そのものを使えないケースもあるため、そうした場合は、上記算出方法を理解しこれに則って計算する必要がある。

（2）収入　　養育費は父母双方の収入をベースに算出するため、双方の総収入を認定することが必要となる。収入認定については、婚姻費用の算定（第2章Ⅰ）と同様である。

　そのため、養育費においても、まずは父母双方の収入を把握することが必要である。

（3）私立学校の学費の扱い　　算定表は学校教育費も考慮して子どもの生活費指数を出している。この学校教育費は公立小・中・高等学校の学費や学用品、通学費用等の標準的な教育費を前提としている。そうすると、私立学校の学費は公立学校よりも上回っていることから、算定表では賄われない部分が出てくることになる。

　この点、婚姻中から私立学校へ通っていた場合や義務者が私立学校への進学を承諾していた場合は、私立学校の学費のうち適切な金額を義務者に分担させるとされている。さらに、上記事情がない場合であっても、当事者の学歴、職業、資産、収入、子どもの学習意欲や能力、居住地域の進学状況等に照らして私立学校への進学が相当と認められる場合は、同様に学費等のうち適切な金額について義務者は負担することになる。したがって、私立学校の学費が問題となる事案では、上

記に該当するかどうかを検討することが求められる。

　加算額の算定方法としてはいくつか考えられるが、たとえば、子どもの生活費指数を算出するにあたっては、学校教育費として、0歳から14歳までは年額13万1379円、15歳以上は年額25万9342円が考慮されていることから、実際に支払うべき授業料等から上記金額を控除し、その控除後の額を義務者と権利者の基礎収入の割合で按分するという方法などが考えられる。

(4)習い事の扱い　　習い事や塾は、学校とは別に任意で通わせているものであるため、権利者である親権者は、自らの収入と非親権者である義務者からの養育費の範囲内で賄うべきものとも考えられる。もっとも、婚姻中から通っていた場合、義務者が同意していた場合、障害等で学習補助的に通う必要がある場合などは義務者にも適切な金額を分担させることが相当である。また、最近は習い事へ行く子どもが大半であるという状況からすると、上記に該当しない場合であっても、習い事の内容や費用、子どもの意向、義務者の収入、資産等の諸事情をふまえて義務者に負担させるのが相当な場合もあり、個別の検討が必要となる。

2　終期

　養育費の対象となる「未成熟子」とは、経済的に自ら独立して自己の生活費を獲得すべき時期の前段階にあって、いまだ社会的に独立人として期待されていない年齢にある子どもをいうと解されており、具体的な年齢ははっきり規定されていない。そのため、いつまで養育費を払うのかは個別のケースによる。

　ところで、民法改正により2022年4月1日から成人年齢が18歳に引き下げられる。しかし、養育費の対象となるのは、未成年ではなく未成熟子とされていることから、養育費の支払義務の終期は、あくまで未成熟子を脱する時点となるのであって、当然に18歳になるものではない。その具体的な時点は、子どもの年齢、進路に対する意

向・能力、予測される子どもの監護状況、両親が子どもに受けさせたい教育の内容、両親の経済状況、両親の学歴等の個別事情等に基づいて、将来のどの時点を当該子どもが自立すべき時期とするのが妥当か検討して判断されることになる。たとえば、子どもが大学に進学している場合には、成年に達しているとしても上記諸般の事情を考慮して、大学を卒業するまで養育費の支払義務を負う場合も多いと考えられる。

また、成人年齢の引き下げの前後で社会的実態が変化した事情はないことから、子どもがまだ幼い年齢であるなど、子どもが経済的自立を図るべき時期を具体的に特定できない場合は、今後、社会情勢等が変化しない限り、従前のとおり、満20歳に達する日（またはその日の属する月）が養育費の支払義務の終期になるものと考えられる。

なお、将来の紛争を回避するなどの観点からは、支払期間の終期について、「成年に達する日まで」「大学を卒業する月まで」などの表現ではなく、「満20歳に達する日の属する月まで」、「22歳に達した後初めて到来する3月まで」などと具体的に定めることが望ましい。

3　養育費の決定方法

養育費は、まず父母の協議によって定めることが考えられる（民879条）。協議ができない場合などは、監護親が非監護親に対し養育費の支払を求める調停または審判を申し立てる。養育費は「子の監護に関する処分」の1つであり別表第2事件に該当する。

調停では、当事者双方の収入や子に要する費用等について、事情を述べたり資料を提出したりしながら調整が行われる。合意に達すれば調停成立となるが、成立しないケースでも調停に代わる審判が積極的に活用されている。調停に代わる審判が活用されるのは、実質合意ができているが一方当事者が欠席する場合、わずかな金額の差で合意できない場合などであるが、双方の主張が対立している場合でも裁判官によっては積極的に活用している。

調停で合意できず不成立となる場合、調停に代わる審判で一方また

受付印	

子の監護に関する処分

家事　　　　　申立書　事件名

- ☑ 調停
- ☐ 審判

- ☑ 養育費請求
- ☐ 養育費増額請求
- ☐ 養育費減額請求

（この欄に子1人につき収入印紙1,200円分を貼ってください。）

印

紙

（貼った印紙に押印しないでください。）

収　入　印　紙　　　　　円

予納郵便切手　　　　　　円

東京 家庭裁判所 　　　　　　御中 令和 ○ 年 ○ 月 ○ 日	申　立　人 （又は法定代理人など） の 記 名 押 印	申立人乙川花子手続代理人 弁護士　丙　野　夏　子　㊞ （代理人目録記載のとおり）

添付書類	（審理のために必要な場合は，追加書類の提出をお願いすることがあります。） ☑ 子の戸籍謄本（全部事項証明書） ☑ 申立人の収入に関する資料（源泉徴収票，給与明細，確定申告書，非課税証明書の写し等） ☐	準　口　頭

申立人

住　所	〒 ○○○ － ○○○○ 東京都 ○○ 区 ××× ○丁目○番○号 ハイツ○○　○○○ 号 （ ○○○ 方）
フリガナ 氏　名	オツカワ　　ハルコ 乙　川　春　子	昭和 （平成） ○年 ○ 月 ○ 日生 （ ○○ 歳）

相手方

住　所	〒 ○○○ － ○○○○ 東京都 ○○ 区 ××× ○丁目○番○号　○○アパート ○○ 号 （　　　　方）
フリガナ 氏　名	コウノ　　タロウ 甲　野　太　郎	昭和 （平成） ○ 年 ○ 月 ○ 日生 （ ○○ 歳）

対象となる子

住　所	☑ 申立人と同居　／　☐ 相手方と同居 ☐ その他（　　　　　　　　　　　）	（平成） 令和 ○○ 年 ○ 月 ○ 日生
フリガナ 氏　名	オツカワ　　イチロウ 乙　川　一　郎	（ ○ 歳）
住　所	☐ 申立人と同居　／　☐ 相手方と同居 ☐ その他（　　　　　　　　　　　）	平成 令和　　年　　月　　日生
フリガナ 氏　名		（　　　　歳）
住　所	☐ 申立人と同居　／　☐ 相手方と同居 ☐ その他（　　　　　　　　　　　）	平成 令和　　年　　月　　日生
フリガナ 氏　名		（　　　　歳）
住　所	☐ 申立人と同居　／　☐ 相手方と同居 ☐ その他（　　　　　　　　　　　）	平成 令和　　年　　月　　日生
フリガナ 氏　名		（　　　　歳）

（注）太枠の中だけ記入してください。☐の部分は，該当するものにチェックしてください。

養育費(1/2)

申　立　て　の　趣　旨
（　☑相手方　/　□申立人　）は，（　☑申立人　/　□相手方　）に対し，子の養育費として，次のとおり支払うとの（☑調停　/　□審判　）を求めます。

※　①　1人当たり毎月　（　□金................円　/　☑　　相当額　）　を支払う。

　　2　1人当たり毎月金................円に増額して支払う。

　　3　1人当たり毎月金................円に減額して支払う。

申　立　て　の　理　由
同　居　・　別　居　の　時　期

同居を始めた日……　（平成/令和）　○○　年　○○　月　○○　日　　別居をした日……　平成/（令和）　○○　年　○○　月　○○　日

養　育　費　の　取　決　め　に　つ　い　て

1　当事者間の養育費に関する取り決めの有無
　　　□あり（取り決めた年月日：平成・令和.....年.....月.....日）　☑なし
2　1で「あり」の場合
　　□　取決めの種類
　　　　□口頭　□念書　□公正証書　┌　................家庭裁判所................（□支部/□出張所）
　　　　□調停　□審判　□和解　□判決　→└　平成・令和.....年（家.....）第.....号
　　□　取決めの内容
　　　　（□相手方/□申立人）は，（□申立人/□相手方）に対し，平成・令和.....年.....月
　　から　　................まで，子1人当たり毎月................円を支払う。

養　育　費　の　支　払　状　況

□　現在，1人当たり1か月................円が支払われている（支払っている）。
□　平成・令和.....年.....月まで1人当たり1か月................円が支払われて（支払って）
　　いたがその後（□................円に減額された（減額した）。/□支払がない。）
☑　支払はあるが一定しない。
□　これまで支払はない。

養育費の増額または減額を必要とする事情（増額・減額の場合のみ記載してください。）

□　申立人の収入が減少した。　　　□　相手方の収入が増加した。
□　申立人が仕事を失った。
□　再婚や新たに子ができたことにより申立人の扶養家族に変動があった。
□　申立人自身・子にかかる費用（□学費　□医療費　□その他）が増加した。
□　子が相手方の再婚相手等と養子縁組した。
□　その他（................................）

養育費(2/2)

令和　　年（家　　）第　　　　号

事情説明書（養育費）

　この書類は，申立ての内容に関する事項を記載していただくものです。あてはまる事項にチェックを付け（複数可），必要事項を記入の上，申立書とともに提出してください。

　なお，調停手続では，この書類は相手方には送付しませんが，相手方から申請があれば，閲覧やコピーが許可されることがあります。審判手続では，相手方に送付しますので，相手方用のコピーも併せて提出してください。

1　今回あなたがこの申立てをした「きっかけ」，「動機」を記入してください。	申立人と相手方は，令和○年○月○日，長男の親権者を申立人と定め協議離婚した。 　協議離婚の際，相手方はリストラに遭い再就職に向けて活動していたことから，養育費については定めないままとし，申立人の求めに応じて1万円や2万円が支払われることが続いている。その後，相手方は再就職することができたようであり，申立人が養育費について取り決めをしたいことを相手方に告げたが，相手方は消極的な態度であり，話合い自体ができていない。 　長男は私立高校の受験も考えており，こうした学費についても相手方に一定額を負担してもらいたいことから，本調停を申し立てるに至った。
2　調停・審判で対立すると思われることはどんなことですか。（該当するものに，チェックしてください。複数可。）	☐　申立人の収入の額　　☑　相手方の収入の額 ※「養育費請求調停（審判）を申し立てる方へ」を参照し，収入に関する書類等を提出してください。 ☐　申立人にかかる費用の額 ┤ ☐　医療費 　　　　　　　　　　　　　　 └ ☐　その他（　　　　　　　　　　　　　　） ☑　子にかかる費用の額 ┤ ☑　大学，私立小中高校の学費　☐　医療費 　　　　　　　　　　　　└ ☐　その他（　　　　　　　　　　　　　　） ☑　養育費の取決めの有無や内容 ☐　その他（　　　　　　　　　　　　　　　　　　　　　）

3　それぞれの同居している家族について記入してください（申立人・相手方本人を含む。）。 ※申立人と相手方が同居中の場合は申立人欄に記入してください。	申立人（あなた）				相　手　方			
	氏　名	年齢	続柄	職業等	氏　名	年齢	続柄	職業等
	乙川花子	○	本人	会社員	甲野太郎	○	本人	会社員
	乙川一郎	○	長男	中学2年				

	申立人（あなた）	相　手　方
4　収入状況について記入してください。	月収（手取り）　約○万円 賞与（年○回）計約○万円 ☐実家等の援助を受けている。月　　万円 ☐生活保護等を受けている。　月　　万円	月収（手取り）　約　　　万円 賞与（年　回）計約　　　万円 ☐実家等の援助を受けている。月　　万円 ☐生活保護等を受けている。　月　　万円
5　住居の状況について記入してください。	☐　自宅（ローン月額　　　　円） → ☐申立人／☐相手方が，ローンを支払っている。 ☐　当事者以外の家族所有 ☑　賃貸（賃料月額○円） → ☐申立人／☐相手方が，賃料を支払っている。 ☐　その他（　　　　　　　　　　）	☐　自宅（ローン月額　　　　円） → ☐申立人／☐相手方が，ローンを支払っている。 ☑　当事者以外の家族所有 ☐　賃貸（賃料月額　　　　円） → ☐申立人／☐相手方が，賃料を支払っている。 ☐　その他（　　　　　　　　　　）

令和○年○月○日　　　　　　申立人手続代理人　弁護士　丙野夏子　印

は双方の当事者から異議が出された場合は、自動的に審判手続に移行する。審判手続については前記**I2(3)**を参照されたい。

4　養育費の変更

(1)養育費の額の増減　　いったん決まった養育費の額を変更するには、①養育費を決めた後に事情の変更が生じ、②その事情変更が従前の協議や調停・審判の際に予見しまたは予見しうることができず、③従前の額が実情に適合せず不合理であることが必要と解されている。なお、これらに該当する事情がなくても、当事者が合意で変更することはもちろん可能である。

　減額する場合としては、義務者の著しい収入の減少や失業、病気等による長期入院のほか、扶養すべき者が増えた場合などがある。

　他方、増額する場合としては、義務者の収入の増加、子どもの学費、義務者が扶養義務を負う者の減少などが考えられる。

　養育費の減額または増額にあたっては、上記①〜③を満たすかどうかを検討する必要がある。また、協議が調わない場合は、調停あるいは審判を申し立てることとなる。

(2)再婚した場合　　義務者が再婚したとしても、再婚相手に相応の収入がある場合や、収入がない場合でも相応の潜在的稼働能力がある場合は、義務者が扶養すべき者が増えたということにはならず、ただちには養育費を減額すべき事由にならない。これに対し、再婚相手に収入がなく潜在的稼働能力もない場合は、義務者にとって扶養すべき者が増えることとなり、養育費の減額事由となる。この場合、再婚相手の生活費指数は、0〜14歳の子どもの指数（62）とほぼ同じと考えられている。また、再婚相手に連れ子がいた場合、義務者はその連れ子に対して扶養義務を負うわけではないため養育費の減額事由にはならないものの、義務者と再婚相手の連れ子が養子縁組をした場合は、義務者は当該養子に対して扶養義務を負うため養育費の減額事由になる。さらに、義務者と再婚相手との間に子どもが生まれた場合も養育

費の減額事由になる。

　他方、権利者が再婚して子どもが再婚相手と養子縁組した場合、養親の資力が乏しい場合は非親権者である義務者が二次的に養育費を負担するとの裁判例があるほか（長崎家審昭和 51・9・30 家月 29 巻 4 号 141 頁）、養親、非親権者双方の収支や生活状況等を考慮し養育費の減額を認めた裁判例がある（東京家審平成 2・3・6 家月 42 巻 9 号 51 頁）。

5　履行確保

（1）履行勧告　　離婚判決、調停、審判、調停に代わる審判などで定められた養育費が支払われない場合、審判等をした家庭裁判所に履行状況を調査し義務者に義務の履行を勧告してもらうことが可能である（家事 289 条）。履行勧告は書面または口頭で申し立てる必要がある。履行勧告に強制力はないが、支払が再開されたり、不払の事情がわかり次の手段の検討ができたりする場合がある。

　また、義務者に対して相当期間を定めて履行を命じる履行命令の申立てをすることも可能である。履行命令を受けた者が正当な理由なく履行命令に従わない場合は過料の制裁があるが、過料は権利者に対して支払われるものではないことに留意する必要がある。

（2）強制執行　　調停や審判等のほか強制執行受諾約款付公正証書の債務名義がある場合、権利者は強制執行の申立てをすることができる。強制執行の方法には間接強制と直接強制がある。

　間接強制は、差し押さえるべき財産を把握できないときや、いきなり直接強制をすると辞職を余儀なくされ収入を失う可能性があり権利者にとっても不利になるおそれがあるときなどは有用である。しかし、義務者である債務者に支払能力がない場合や、養育費を支払うことにより債務者の生活が著しく窮迫するときは間接強制を行うことはできない（民執 167 条の 15 第 1 項但書）。

　直接強制は、債務者の財産を差し押さえて換価し、その金銭で債権回収を図る方法である。養育費の場合は、差押可能財産の範囲が 2

分の1に拡張されるほか（民執152条3項）、給与など継続的に支払われる義務者の債権に対しては、支払期限が未到来の部分についても強制執行できる（民執151条の2第1項・167条の16）といった特則が置かれている。

また、民事執行法改正（2020年4月1日から施行）により、第三者からの情報取得手続制度が新設された。この制度により、裁判所による照会を通じて、義務者に関して①金融機関（銀行、信金、証券会社等）から預貯金や上場株式、国債等に関する情報、②登記所から土地・建物に関する情報、③市町村や年金事務所から給与債権（勤務先）に関する情報を取得することができるようになった。また、財産開示手続も見直され、公正証書により養育費の支払を取り決めた者も申立権者に含めるとしたほか、義務者（債務者）の不出頭や虚偽陳述に対して刑事罰を科すことにより実効性を向上させることとなった。

【 *Answer* 】

養育費を検討するにあたっては、まず父母の正確な収入を確認することが重要である。また、私学の学費等については、加算が認められる事情があるかを検討するとともに、加算の計算についても確認、検討する必要がある。履行の確保に関しては、履行勧告、履行命令といった家庭裁判所を通じた方法と強制執行の手続がある。また、強制執行に関しては、情報取得手続や財産開示手続の利用が考えられる。

◀コラム▶ 養育費問題とその解決

ひとり親家庭の貧困が社会問題としてクローズアップされる中、政府は貧困の要因の一つに養育費の不払いが挙げられるとして2020年に養育費不払い解消に向けた検討を開始した。そして、法務省の養育費不払い解消に向けた検討会議が、同年12月24日、「子ども達の成長と未来を守る新たな養育費制度」に向けた検討を

取りまとめ、次の課題や方策等を公表した。

1　養育費の理念・取決め段階に関する制度的課題

　①養育に関する請求権をより強固なものに位置付けるための方策：養育費請求権の性質や位置付けの明確化、養育費を決める場合の考慮要素の具体化

　②協議離婚時に夫婦間の取決めを促進する方策：親ガイダンス受講の確保、協議離婚時の養育費取決め届出制度の創設、養育費取決めの原則的義務付け・要件化の検討など

　③裁判・民間 ADR 等での取決めを促進する方策：裁判手続の負担軽減・利便性の向上、民間 ADR の利用促進

　④取決めができない場合の方策：養育費債権の自動発生等

2　養育費の取立て・不払いの支援段階に関する制度的課題

　⑤強制執行による取立てを実効的なものとするための方策：強制執行手続の負担軽減や利用促進、相手方住所を探知する制度の検討、第三者からの情報取得手続の執行手続の改善に向けた検討、履行勧告の拡充や履行命令の活用

　⑥民間サービスの利活用による支援方策：民間サービサーのノウハウの活用、養育費保証サービスの利用など

　⑦強制徴収制度の創設などの方策

　⑧公的給付、立替払い制度の検討

3　養育費の支払の促進策、その他の制度的課題

　⑨事業主等の社会全体による取組

　⑩公的給付や税制との関係に関する方策（児童扶養手当と税制上の措置）

　⑪不払いに対する制裁の強化・多様化のための制度的方策

　⑫養育費確保に伴う懸念・弊害（DV、児童虐待等）を解消するための制度的方策

　⑬離婚前別居期間中における養育費確保のための方策

　⑭養育費不払い解消に向けた国・自治体の責任・関与の強化

このように多方面にわたって課題や方策が打ち出されており、こ

のうち、実体法における課題、方策に関しては、2021年2月、法制審議会へ諮問され、具体的な議論が進められることになった。法改正はもとより、裁判実務や弁護士業務に対しても大きな影響が出てくると思われ、今後とも動向等を注視していく必要がある。

[大森啓子]

第 4 章

DV がある場合の対応

I…DV 被害者からの受任

Case

　ノボルは、伯母から「知人の娘さん X が離婚問題を扱う弁護士を探しているが、ノボルを紹介してもよいか？」と言われたので、OK した。伯母によると、X は夫 Y からかなりひどい DV を受けており、数日前に子どもを連れて実家に戻ったが、夫が実家に来て騒いだり、脅迫的な内容のメールを送りつけてきたりしたので、夫の知らない親戚の家にしばらく避難させてもらっている。X は精神的にかなり参ってしまい、心療内科に通院中とのことである。

　ノボルは、離婚事件はいちど経験したことがあるが（第 1 章）、DV 事案ははじめてである。どのような点に注意すべきか。

・・・

ノボル：先輩。また、離婚事件の相談を受けることになったんですが、今度は、夫から DV を受けて家を出た女性です。DV なら、この間、先輩に相談した離婚事件のように離婚原因で悩むことはないから楽勝ですね！

姉　弁：DV って具体的にどんな内容なの？

ノボル：DV ですから、夫が妻に暴力を振るったに決まっているじゃないですか。

姉　弁：DV って簡単に言うけど、DV には、身体に対する暴力の他にも、精神的暴力、たとえば、大声で怒鳴ったり、暴言を吐いたり、殴るそぶりをしておどしたり、とかね。それから、性行為を強要する、避妊に協力しない、といった性的暴力も DV なのよ。だから、具体的にどんな暴力があったのか、詳しく聴くことが大切よ。

ノボル：なるほど。あと、どんなことに注意したらよいですか？

姉　弁：DV 被害者の安全確保と秘密保持に気をつけること。警察や配偶者暴力相談支援センターに相談済みかどうか確認して、もしまだだったらすぐに相談に行って支援を受けるよう助言すること。それから、今後も身の危険がありそうなら、保護命令の申立ても必要ね。どういう場合に保護命令の申立てができるか、ちゃんと予習しておくようにね。

ノボル：はい。ありがとうございました（……と言って立ち去ろうとする）。

姉　弁：ちょっと待って。もう 1 つ、DV 被害者は、PTSD とか、うつとか、心身の不調で苦しんでいる人が多いから、不用意なひと言で二次被害を与えないように、ノボル君、発言には十分注意するようにね。

ノボル：不用意なひと言って？

姉　弁：うーん、説明するのが難しいんだけど、私の経験では、DV 被害者は、加害者から「俺が暴力を振るったのはお前が悪いからだ」というように思いこまされている人が結構いて……。だから、たとえば、「どうして夫にそんなことを言ってしまったの？」なんて尋ね方をすると、弁護士からも「あなたが悪い」と言われているように感じるんじゃないかな。それで「弁護士も私の気持ちをわかってくれない」って失望したり、「やっぱり私が悪いのか？」とさらに傷ついたりしてしまう。だから、質問の仕方 1 つについても気をつけないといけないのよ。

ノボル：難しそうだなぁ。不用意な言葉を言わないようにするコツは何かあるんですか？

姉　弁：そうねぇ。私だってそんなに偉そうなことは言えないんだけど、DV に関していえば、「たとえどんな理由があったとしても暴力はいけない」という気持ちを忘れずに、事実関係だけじゃなくて依頼者の辛かった気持ちにもしっかりと耳を傾けることが大切なんじゃないかと思う。

ノボル：なるほど。先輩のアドヴァイスを忘れずにいつも以上に丁寧に話を聴いてみるようにします。

Check List

☐ DV の具体的内容はどういうものか ［→ **1**］

☐ DV 被害者を救済するための法律には何があるか ［→ **2**］

☐被害者が何を求めているか ［→ **3**］

☐被害者はすでに家を出ているのか、これから家を出るのか
［→ **3**］

☐ DV の証拠として何があるか ［→ **4**］

☐警察や配偶者暴力相談支援センターの支援を受けているか
［→ **5**］

☐加害者に住所等を知られないための手続をしたか ［→ **5**］

☐生活費などの経済的問題はないか ［→ **5**］

☐子どもを連れて家を出たのか、子どもを置いてきたのか ［→ **6**］

☐被害者は外国人か ［→ **7**］

☐加害者によるつきまといのおそれがあるか ［→ **8**］

☐被害者の安全確保、秘密保持のために注意すべきことは何か
［→ **8**］

☐加害者による弁護士への危害を防ぐために注意すべきことは
何か ［→ **8**］

［ 解 説 ］

1 ドメスティック・バイオレンス（DV）の定義

(1)一般的な用語としての意味　　ドメスティック・バイオレンス
（DV: domestic violence）の明確な定義はない。夫婦間の暴力だけでな
く親子間の暴力を含む言葉として使われる場合もあるが、今日一般的
には、配偶者や恋人など親密な関係にある者またはあった者からの暴
力を指す言葉として使われることが多い。

（2）DV 防止法による定義　「配偶者からの暴力の防止及び被害者の保護等に関する法律」（以下「DV 防止法」という）では、「DV」という用語は使わず、「配偶者からの暴力」として定義している。

「配偶者」とは、婚姻関係にある者、事実婚にある者である（DV 防止1条3項）。

「被害者」とは、配偶者からの暴力を受けた者であり（同条2項）、女性に限定されていない。

「暴力」とは、①身体に対する暴力（身体に対する不法な攻撃であって生命または身体に危害を及ぼすもの）と②これに準ずる心身に有害な影響を及ぼす言動である（同条1項）。②は精神的暴力、性的暴力、刑法上の脅迫にあたる行為であるが、身体に対する暴力に「準ずる」ものであるから、軽微なものは除かれる。

（3）暴力の具体例（内閣府男女共同参画局 HP 参照）　**(a) 身体的暴力**　平手で打つ、足で蹴る、身体を傷つける可能性のある物で殴る、げんこつで殴る、刃物などの凶器を身体に突き付ける、髪を引っ張る、首を絞める、腕をねじる、引きずりまわす、物を投げつける等。

(b) 精神的（心理的）暴力　大声で怒鳴る、「誰のおかげで生活できるんだ」などと言う、実家や友人とつきあうのを制限したり、電話や手紙を細かくチェックしたりする、何を言っても無視して口をきかない、人の前でバカにしたり、命令するような口調でものを言ったりする、大切にしているものを壊したり、捨てたりする、生活費を渡さない、外で働くなと言ったり、仕事を辞めさせたりする、子どもに危害を加えるといって脅す、殴るそぶりや、物を投げつけるふりをして、おどかす等。

(c) 性的暴力　見たくないのにポルノビデオやポルノ雑誌をみせる、嫌がっているのに性行為を強要する、中絶を強要する、避妊に協力しない等。

2 DV 被害者を救済するための法律

DV 防止法ができるまでは、刑法（暴行罪、傷害罪等）、民法（不法行為、離婚等）、民事保全法（接近禁止等の仮処分）などを根拠に DV 被害者の救済を行ってきたが、2001 年、DV 被害者を救済するための特別立法として「配偶者からの暴力の防止及び被害者の保護等に関する法律」が制定された。その後の法改正により、DV 被害者の保護が拡大されてきている（参考資料 1：配偶者暴力防止法の概要（チャート）：内閣府男女共同参画局 HP 掲載）。

3 方針決定・手続選択

(1)すでに家を出ている場合　被害者に加害者のさらなる暴力やつきまといのおそれがある場合、被害者に警察に相談済みか否かを確認する。もしまだの場合、すぐに最寄りの警察署（生活安全課等）に行って、対応を依頼するよう助言する。また、保護命令が必要な事案か否かを検討し、要件を具備している場合はできるだけ速やかに保護命令の申立てを行う。

被害者が加害者との離婚を希望している場合に、加害者と裁判外の交渉からはじめるか、すぐに夫婦関係調整（離婚）調停を申し立てるかは、一概にどちらがよいとはいえないが、DV 事案では、裁判外の交渉をせずにすぐに調停を申し立ててもよいと思われる。加害者が裁判所では礼儀正しく振る舞い、裁判所の説得には耳を傾けるなど、話し合いが進展することもあるし、裁判所の関与があるほうが被害者側も危害を受けにくいからである。

なお、DV 被害者は、今後どうしたいかについて明確な意思を持っているとは限らず、離婚するか否かについての発言が二転三転することもめずらしくない。いったん家を出たものの、加害者のもとに戻ってしまう被害者もいる。早期解決とばかりに、被害者の離婚意思が十分に固まらないうちに調停を申し立てても取り下げることになりかねない。被害者の不安、決意できない理由等がどこにあるかを見極める

配偶者暴力防止法の概要（チャート）

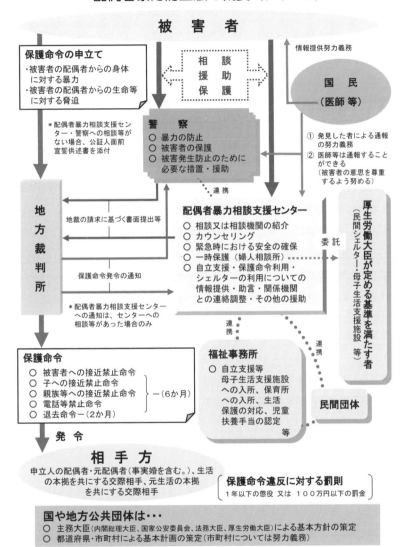

被害者

保護命令の申立て
・被害者の配偶者からの身体に対する暴力
・被害者の配偶者からの生命等に対する脅迫

相談
援助
保護

情報提供努力義務

国　民
（医師 等）

① 発見した者による通報の努力義務
② 医師等は通報することができる
（被害者の意思を尊重するよう努める）

＊配偶者暴力相談支援センター・警察への相談等がない場合、公証人面前宣誓供述書を添付

警　察
○ 暴力の防止
○ 被害者の保護
○ 被害発生防止のために必要な措置・援助

連携

配偶者暴力相談支援センター
○ 相談又は相談機関の紹介
○ カウンセリング
○ 緊急時における安全の確保
○ 一時保護（婦人相談所）
○ 自立支援・保護命令利用・シェルターの利用についての情報提供・助言・関係機関との連絡調整・その他の援助

委託

厚生労働大臣が定める基準を満たす者
（民間シェルター・母子生活支援施設 等）

地方裁判所

地裁の請求に基づく書面提出等

保護命令発令の通知

＊配偶者暴力相談支援センターへの通知は、センターへの相談等があった場合のみ

連携

福祉事務所
○ 自立支援等母子生活支援施設への入所、保育所への入所、生活保護の対応、児童扶養手当の認定 等

連携

民間団体

保護命令
○ 被害者への接近禁止命令
○ 子への接近禁止命令
○ 親族等への接近禁止命令
○ 電話等禁止命令
○ 退去命令－（2か月）

－（6か月）

発　令

相　手　方
申立人の配偶者・元配偶者（事実婚を含む。）、生活の本拠を共にする交際相手、元生活の本拠を共にする交際相手

保護命令違反に対する罰則
1年以下の懲役 又は 100万円以下の罰金

国や地方公共団体は・・・
○ 主務大臣（内閣総理大臣、国家公安委員会、法務大臣、厚生労働大臣）による基本方針の策定
○ 都道府県・市町村による基本計画の策定（市町村については努力義務）

（出典：内閣府男女共同参画局ホームページ）

ように何度も話を聴くことが大切である。

（2）これから家を出る場合　　すでに家を出る計画を立てており、そ
れに合わせて弁護士に保護命令の申立てをしてほしい、すぐに離婚の
交渉（ないし調停などの裁判手続）を始めてほしいという目的を持って
弁護士事務所を訪れる被害者もいる。その場合は、家を出る計画に合
わせて保護命令の申立て、受任通知の発送などができるよう準備を行
う。

　その一方で、加害者から逃げたいが、頼ることのできる実家もなく、
生活面でのさまざまな心配事（どこに逃げたらよいのか、避難後の生活
費はもらえるのか、仕事はどうすればよいのか、子どもの学校はどうなるの
か等々）から、家を出る決意ができず、どうしたらよいかという相談
もある。被害者にとって、避難場所のみならず避難後の生活について
の公的な支援は必須である。地方公共団体に設置されている「配偶者
暴力相談支援センター」についての説明をして、すぐに相談に行くよ
う助言する。また、緊急時にはすぐに110番通報するか、警察に駆
け込むよう助言する。

　なお、避難する際には、現金、預金通帳、キャッシュカード、印鑑、
保険証、運転免許証などの貴重品や身分証を持ち出せるように準備し
ておくように伝える。ただし、何もかも持ち出そうとすると、避難の
準備をしていることが加害者に知られてしまい、それがさらなる暴力
につながるおそれもあるので、注意するよう助言する。

4　証拠の確認

　診断書、写真、録音・録画、メール、日記、手帳、警察や配偶者暴
力相談支援センターの相談記録その他 DV の証拠として何があるか
を確認する。相談記録については個人情報の開示請求をして取得する。
　家を出る前であれば、家の中に残っている DV の痕跡（たとえば、
暴力の際に壊された物品や室内の傷など）の写真を撮影するなど、証拠
の収集が可能である。ただし、くれぐれも証拠欲しさのあまりに危害

が加えられることのないように注意し、暴力があったときはすぐに警察に通報するよう助言する。DV 以外の証拠も可能な限り収集しておく。

5　DV 関係機関

(1)配偶者暴力相談支援センター　　配偶者暴力相談支援センターは、配偶者からの暴力の防止および被害者の保護を図るために、各都道府県、いくつかの市町村に設置された公的機関である（DV 防止 3 条）。連絡先は、内閣府男女共同参画局 HP に記載されている。同センターの行う業務は、

- ・相談や相談機関の紹介
- ・カウンセリング
- ・被害者および同伴家族の緊急時における安全の確保および一時保護
- ・自立して生活することを促進するための情報提供その他の援助
- ・被害者を居住、保護する施設の利用についての情報提供その他の援助
- ・保護命令制度の利用についての情報提供その他の援助

などである。

　DV 被害者のために弁護士ができることは、主として保護命令や調停申立てなどの裁判手続である。被害者が安全に日常生活を送り、行政ないし福祉サービスを受けられるようにするためには、配偶者暴力相談支援センターの支援が不可欠である。依頼者が配偶者暴力相談支援センターの支援を受けていない場合には、できるだけ早く相談に行って必要な支援を受けるよう助言する。

(2)警察署　　現に暴力を受けたときに助けを求める先が警察であることは言うまでもない。DV 防止法 8 条も、警察官が通報等により配偶者からの暴力が行われていると認めるときは、被害の発生を防止するために必要な措置を講ずるように努めなければならないと定めてい

る。また、警察本部長等は、配偶者からの暴力を受けている者から援助を受けたい旨の申出があり、その申出を相当と認めるときは、必要な援助を行うものとされる（同8条の2）。具体的には、①避難その他の措置を教示すること、②加害者に被害者の住所等を知られないようにすること、③被害者に被害防止交渉について助言、加害者に必要事項を連絡、被害防止交渉のための場所を提供（警察施設の利用）すること、④その他適当と認める援助である（配偶者からの暴力による被害を自ら防止するための警察本部長等による援助に関する規則1条）。

②には、加害者が住民票や戸籍の附票から被害者の転居先を調べることを防止するために警察等の意見を記載した「住民基本台帳事務における支援措置申出書」を交付すること、捜索願不受理届を受理すること、捜索願の届出がされている警察署などに援助の申出があったことを連絡することなどがある。④には、警察がすぐに駆けつけられるように被害者の氏名、電話番号、住所、相談内容などを事前に登録する110番緊急通報登録システムなどがある。

また、DVが傷害罪等の犯罪に該当し、被害者が加害者の刑事訴追を求めたいという場合には、警察署の刑事課に被害届を提出するか、刑事告訴を行う。

(3) 区市町村役場　（a) 住民票・戸籍の附票の写しの交付等の制限

被害者は、区市町村に「住民基本台帳事務におけるDV等支援措置」を申し出て、DV等支援対象者となることにより、加害者から「住民基本台帳の一部の写しの閲覧」、「住民票（除票を含む）の写し等の交付」、「戸籍の附票（除票を含む）の写しの交付」の請求・申出があっても、これを制限する（拒否する）措置を講じてもらうことができる。

申出を受け付けた区市町村は、DV等支援措置の必要性について、警察、配偶者暴力相談支援センター等の意見を聴き、または保護命令決定書の写しの提出を求めることにより確認し、必要性を確認した場合には、その結果を申出者に連絡する。被害者は、申出前に警察や配

偶者暴力相談支援センター等の相談機関の意見を申請書に記載してもらっておくとよい。

DV等支援措置の期間は、確認の結果を申出者に連絡した日から起算して1年であり、期間終了の1か月前から延長の申出を受け付ける。延長後の支援措置の期間は、延長前の支援措置の期間の終了日の翌日から起算して1年である。

（b）健康保険　　被害者が加害者の扶養に入っている場合、加害者宛に届く医療費通知（に記載された被害者が受診した医療機関名）が避難先の手がかりを与えるおそれがある。被害者は、保険者（保険組合等）に対して、医療費通知に被害者に関する情報を記載しない、医療費通知は被害者から申出のあった送付先に送付する等の対応を求めることができるが、万全とはいえない。

DV被害者は、国民健康保険の場合、世帯分離の手続を行えば、世帯から外れて自ら国民健康保険に加入できる。また、社会保険の場合、婦人相談所等が発行する証明書を持って保険者に申し出れば、被扶養者または組合員の世帯に属する者から外れて、勤務先の社会保険あるいは国民健康保険に加入できる。

（c）生活保護等　　被害者は、加害者である配偶者に対して別居中の婚姻費用の請求をすることができる。しかし、婚姻費用の請求をしても直ちに支払われる保証はなく、婚姻費用分担の調停を申し立てた後も、調停成立または審判確定までの間、暫定額が支払われる保証はない。

そのため、被害者が避難したものの、当面の生活費もない（避難するために仕事を辞めざるを得なかった、援助してくれる親族もいない等）という場合には、福祉事務所で生活保護の申請をする。

また、被害者が子どもを連れて避難している場合には、離婚前であっても児童手当や児童扶養手当の支給を受けられる場合があるので、区市町村役場で相談して申請を行うとよい。

（4）医療機関　　DVが原因となってPTSD、うつ等の症状で苦しむ

被害者も多い。健康な者にとっても、離婚の調停や訴訟はストレスであるから、心身に不調を抱える DV 被害者にとってはなおさらである。精神状態に応じて、精神科、心療内科等における通院治療や臨床心理士によるカウンセリングを受けるのがよいであろう。

6　子どもがいる場合の問題点

(1)子どもを連れて出た場合　　**(a) 学校の問題**　　被害者と一緒に避難している子どもは、住民票の移動がなくとも、実際に住んでいる場所の小学校に通学することができる。被害者と子どもの転居先が加害者に知られることのないよう、教育委員会等は配偶者暴力相談支援センターと連携することになっている。

　(b) 子の監護者指定・子の引渡し等　　子どもを連れて避難した場合、加害者から、子の監護者指定の審判および子の引渡しの審判（本案）とともに保全処分の申立てがなされる場合がある。DV 事案であっても、監護者指定の判断基準に異なるところはなく、父、母、子それぞれの諸事情を総合考慮して判断される（第3章 I 3 参照）。

　(c) 面会交流　　加害者から子どもとの面会交流を求められたり、面会交流の調停が申し立てられたりする場合がある。面会交流については、子の福祉の観点から、その可否、方法、頻度などが決められる（詳細は、第3章 III 参照）。子への接近禁止命令が出ている場合や面会交流が子の福祉に反するような事案などは別として、DV 事案であるから面会交流は認められないということにはならない。DV 事案の場合には、被害者の安全確保を図るためにはどうするか、子どもが安心して非監護親と面会交流するためにはどのような方法がよいか等といった観点から話し合う必要がある。

(2)子どもを置いて出た場合　　**(a) 子の監護者指定・子の引渡し**

　子どもが加害者のもとにいる場合、被害者から子どもを引き取りたいという相談を受けることがある。離婚前は被害者も加害者も共同親権者であるため、加害者が任意に子どもの引渡しに応じない限り、離

婚をして単独親権者となるか、離婚前であれば、子の監護者指定および子の引渡しの審判を得る必要がある（審判の手続、判断基準については、第3章I2(3)、3参照）。

　なお、加害者のもとにいる子どもに危害が加えられているおそれがある場合には、児童相談所へ相談することも必要であろう。

　(b) 面会交流　　子どもが加害者のもとにいる場合、被害者から、子どもを引き取るのは無理でも、せめて子どもと会いたいという相談を受けることがある。しかし、面会交流に拒否的な加害者も多い。このような加害者の説得には裁判所（調停委員や調査官など）の助力が必要であるし、被害者の安全確保の点からも、面会交流の調停を申し立てて、裁判所において、面会交流の方法等を話し合うのがよい（第3章III参照）。

7　被害者が外国人の場合

(1)被害者が外国人の場合　　外国人被害者もDV防止法の適用を受ける。DV防止法23条1項は、職務関係者は、被害者の国籍、障害の有無等を問わずその人権を尊重すると定めている。外国人被害者には在留資格や言葉の問題もあるため、避難場所の確保からはじまり、ほとんどすべてのことについて配偶者暴力相談支援センターの支援が必要である。外国人被害者がまだ支援を受けていない場合、ただちに配偶者暴力相談支援センターにつなげるようにする。

　内閣府男女共同参画局のウェブサイトには、外国人DV被害者用のパンフレット「STOP THE VIOLENCE」（英語のみ）と「配偶者からの暴力の被害者へ」（英語、スペイン語、タイ語、タガログ語、韓国語、中国語、ポルトガル語、ロシア語）が掲載されているので、プリントアウトしたものを使って説明するとよい。

(2)在留資格等の問題　　外国人被害者の場合、在留資格と在留期間の確認は必須である。たとえば、日本人の配偶者等の在留資格を持つ外国人被害者の場合、避難中に在留期間の更新手続が必要となったと

きに配偶者（加害者）の協力を得られる可能性はほぼない。そこで、入国管理局は「DV被害者の保護を旨とし、在留審査又は退去強制手続において、DV被害者本人の意思及び立場に十分配慮しながら、個々の事情を勘案して、人道上適切に対応しなければならない」「警察、婦人相談所、配偶者暴力相談支援センター、NGO団体等と連携を図り、また、DV被害者の保護や加害者の摘発、通訳人の確保等について相互に協力するよう努めるものとする」としている（平成20年7月10日法務省管総第2323号）。

8　その他の注意点

(1)二次被害　　被害者は「暴力を振われたのは自分に原因があったから」などと加害者から刷り込まれていることが多い。しかも、被害者の多くが心身の不調を抱えている。弁護士として、このような被害者のメンタル面に十分に配慮し、不用意な一言で被害者に二次被害を与えないように注意しなければならない。

(2)被害者の安全確保・秘密保持　　弁護士として事件処理を進めていく中で、被害者が実際に住んでいる場所を加害者に知られたり、その手がかりを与えたりすることがないように細心の注意をしなければならない。調停申立書、訴状、委任状などに実際に住んでいる住所を記載してはならない。また、証拠書類に手がかりとなる記載がないか、もしある場合はマスキング（たとえば、現在通院中の病院の診断書を提出する場合には、病院名、病院の住所、医師の氏名などをマスキングする等）してから提出するべきである。

　被害者が裁判所に出頭するときは、裁判所内のみならず裁判所の行き帰りに加害者と遭遇したり、あとをつけられたりすることがないように注意する必要がある。裁判所への出頭時間、待合室の場所その他裁判所における被害者の安全確保については、事前に担当書記官と相談しておくべきである。

　なお、郵便物の転送（所定用紙を投函またはインターネットで手続が可

能）については、利用しないことによる不便もあるが、転送先が加害者に知られるリスクもあるので、被害者に注意喚起するとともにどうするかについての相談をしておくとよい。住民票の移動についても同様である。住民票の写し等の交付制限をかけたにもかかわらず、役所側のミスによって加害者側に交付されてしまった例が後を絶たない。

(3)加害者によるつきまといのある場合　　配偶者もストーカー規制法の対象となる。保護命令の要件に該当するような暴力等はないものの、加害者が執拗に被害者を探し回っているような事情がある場合には、警察署にストーカー規制法による対応を依頼するとよい。

(4)弁護士への危害防止　　（a）危害防止のために　　DV加害者の中には、家庭外でも攻撃的かつ暴力的な傾向のある者、アルコール依存症の者、精神疾患がある者もいる。また、被害者が家を出たのも離婚を求めてきたのも、弁護士が被害者を唆したからである等と弁護士を逆恨みしたり、あるいは弁護士作成書面の記載内容や表現などに激怒して弁護士に強い悪感情を持ったりする加害者も多い。

　加害者からの危害を防ぐには、できる限り加害者を刺激しないように注意する必要がある。加害者宛ての書面のみならず、加害者の目に触れる書面は、内容、表現ともに細心の注意を払って起案する。また、加害者から電話がかかってきたときは、冷静かつ丁寧に応対し、話し方や言葉遣いにも気を付ける。DV加害者には見えない外面の良い者であっても、弁護士を逆恨みすることはあるので、注意を怠らないようにする。

　DV事件を受任する場合は、できるだけ共同受任とすること、事務員や事務所の他の弁護士（受任していない弁護士）に危害が及ばないよう情報を共有しておくことが肝要である。

　また、加害者が無断で事務所内に立ち入ることができないように常時鍵をかけておく、インターホンを設置する、防犯カメラを設置する等、事務所の防犯対策も十分に講じておくべきである。

　（b）実際に危害を受けた場合　　加害者が被害者代理人弁護士宛て

に電話をかけて長時間文句や苦情を言い続けたり（執拗に何度も繰り返す）、大量の FAX を送りつけたり等々の業務妨害的行為をする場合、加害者が「事務所に火をつけるぞ」「殺してやる」等と脅迫する場合、さらに、加害者と思われる何者かがインターネット上に弁護士を誹謗中傷する記事を掲載する場合がある。最悪のケースとして、被害者の代理人弁護士が加害者に殺害された殺人事件、殺人未遂事件、事務員が巻き込まれて重傷を負った殺人未遂事件も発生したことを忘れてはならない。

　加害者からの攻撃内容によっては、警察に相談をして被害届を出しておくべきである。また、期日に出頭予定の加害者から危害が及ぶおそれがある場合には、事情を記載した上申書を裁判所に提出して裁判所に警備を依頼するべきである。

　異常性、攻撃性を持つ加害者の場合は、面談を求められても応じるべきではない。面談を拒否したにも拘らず事務所に押し掛けてきた場合はすぐに 110 番通報する。電話では、相手に何を言われても反論したりせずに冷静に対応し、できれば電話の内容を録音しておく。

〖 *Answer* 〗

　DV 事件を受任した場合には、被害者の安全確保と秘密保持を図るよう細心の注意を払わなければならない。被害者の意向、希望に応じて、保護命令の申立て、離婚調停の申立てなどを行うことになるが、裁判所に提出する書類等から、被害者の所在が加害者に知られることがないように注意する。また、被害者の生活面では、警察や配偶者暴力相談支援センターの支援が必要であるので、もし被害者が配偶者暴力相談支援センターの支援を受けていない場合は、すぐに相談に行って支援を受けるように助言する。被害者へのメンタル面への配慮も必要である。また、弁護士自身、加害者から危害を受けないよう注意を怠らないようにする。

II…保護命令

Case

　依頼者Xがノボルに話した内容は次のとおりである。

　夫Yは、キレやすくXの些細な一言に激昂して暴力を振るうことを繰り返した。暴力はだんだんエスカレートしてきた。2か月前、YはXの髪の毛をつかんで床に押し倒し、馬乗りになってXの顔を何度も床に打ちつけた。このときの暴力で、Xは顔面打撲、全身打撲、肋骨にヒビが入った。1週間前、XはYに首を絞められた。小学2年生の娘Aが「パパ止めて！」とYにしがみつくと、Yは、Xの首にかけていた手を放し、「うるさい！」と言って、Aを払いのけたので、Aは尻餅をついた。Xはこのままでは Yに殺されてしまうと思い、翌日、貴重品とわずかな着替えを持って、A（夏休み中）を連れて実家に戻った。

　週末にYが実家にやってきて、「Xを出せ！」「Aを返せ！」「2学期からAを学校に行かせないつもりか！」等と玄関前で騒いだ。Xの父が「警察を呼ぶ」と言ったら、Yは帰ったが、その後、Yから毎日脅迫的な内容のメールが届くようになった。Xは怖くなり、現在、Yの知らない親戚の家にAとともに避難させてもらっている。

　Xは「YがXの実家に近づかないようにしてほしい。また、家に置いたままの荷物を引き取りたい」と切実に訴える。ノボルは、どのような手段をとるべきか。

• • •

ノボル：先輩。この間相談したDV事件ですが、いやぁ、ひどい暴力で驚きまし

た。保護命令を申し立てる予定なので、少し教えてもらえませんか。

姉　弁：いいわよ。

ノボル：Ｘさんの要望は、親族等への接近禁止命令と退去命令なんですが、この
　　　　２つを申し立てるだけでよいのか、悩んでいるんです。

姉　弁：ちょっと待って。親族等への接近禁止命令は、被害者への接近禁止命令
　　　　の実効性を担保するための付随的な申立てだから、単独では申し立てら
　　　　れないわよ。

ノボル：あっ！　そうでした。被害者への接近禁止命令の申立てが必要でした。
　　　　それと、ＹはＸに執拗にメールを送ってきているので、電話等禁止命令
　　　　も必要ですよね？

姉　弁：そういう事実があるなら、申し立てた方がよさそうね。

ノボル：Ｙは、Ｘだけでなく、暴力を止めに入ったＡにも暴力を振るったので、
　　　　子への接近禁止命令も必要ですよね？

姉　弁：子への接近禁止命令の要件は、子どもに暴力を振るった、ということで
　　　　はなくて「子に関して申立人が相手方と面会することを余儀なくされる
　　　　ことを防止するために保護命令が必要であること」よ。

ノボル：そこのところがよくわからないんですけど……。

姉　弁：保護命令は、ＤＶ被害者の生命、身体の安全を守るための制度であって、
　　　　子どもに対する虐待を防止する制度ではないのよ。たとえば、ＤＶ夫が
　　　　子どもを連れ戻すおそれがある場合、もしそうなったら、被害者は母と
　　　　して子どものために夫に会いに行かざるを得なくなって、夫から暴力を
　　　　振るわれるおそれがあるでしょ？　子への接近禁止命令は、そうした事
　　　　態を防いで、被害者の生命・身体の安全を図るためのものなの。

ノボル：なるほど。制度趣旨から考えるという基本が抜け落ちていました。親族
　　　　等への接近禁止命令も同じように考えればいいんですね。

姉　弁：そのとおり。

ノボル：ところで、退去命令が出ると、加害者は２か月も家の中に入れなくなる
　　　　わけですよね。退去命令のハードルって結構高いんじゃないですか？

姉　弁：そう言う人もいるけど、要件を具備していれば退去命令は出るわよ。注

意すべきなのは「申立時に被害者と配偶者が生活の本拠を共にする場合」に限られるということ。生活の本拠を共にする場合であれば、被害者が一時的にホテルやシェルターに避難していても発令されるけど、別居先が生活の本拠となっていると無理ね。

ノボル：なるほど。ありがとうございました。

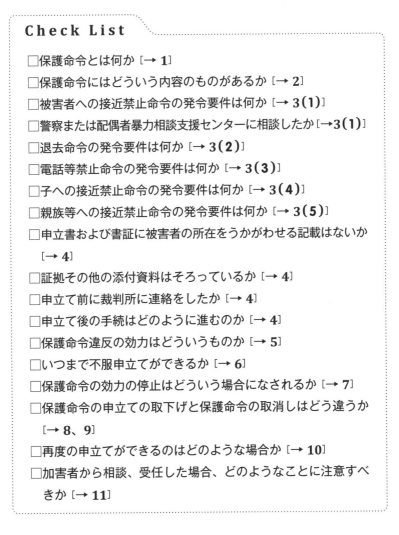

Check List

- □保護命令とは何か［→ 1］
- □保護命令にはどういう内容のものがあるか［→ 2］
- □被害者への接近禁止命令の発令要件は何か［→ 3（1）］
- □警察または配偶者暴力相談支援センターに相談したか［→3（1）］
- □退去命令の発令要件は何か［→ 3（2）］
- □電話等禁止命令の発令要件は何か［→ 3（3）］
- □子への接近禁止命令の発令要件は何か［→ 3（4）］
- □親族等への接近禁止命令の発令要件は何か［→ 3（5）］
- □申立書および書証に被害者の所在をうかがわせる記載はないか［→ 4］
- □証拠その他の添付資料はそろっているか［→ 4］
- □申立て前に裁判所に連絡をしたか［→ 4］
- □申立て後の手続はどのように進むのか［→ 4］
- □保護命令違反の効力はどういうものか［→ 5］
- □いつまで不服申立てができるか［→ 6］
- □保護命令の効力の停止はどういう場合になされるか［→ 7］
- □保護命令の申立ての取下げと保護命令の取消しはどう違うか［→ 8、9］
- □再度の申立てができるのはどのような場合か［→ 10］
- □加害者から相談、受任した場合、どのようなことに注意すべきか［→ 11］

［ 解 説 ］

1 保護命令の定義

　配偶者からの生命・身体に対する暴力を防ぐため、被害者の申立てにより、裁判所が加害者に対して被害者へのつきまとい等の禁止や住居からの退去等を命じる裁判である。配偶者は、法律婚のみならず事実婚の者も含まれる。また、配偶者でなくとも「生活の本拠を共にする交際相手」から暴力を受けた被害者についても保護命令の規定が準用されるようになった（2013 年 6 月改正 DV 法）。

2 保護命令の内容

(1)接近禁止命令　　6 か月間、申立人の身辺につきまとい、またはその通常所在する場所の付近をはいかいしてはならないことを命ずる保護命令である（DV 防止 10 条 1 項 1 号）。

(2)退去命令　　2 か月間、申立人と共に生活の本拠としている住居から退去することおよびその住居の付近をはいかいしてはならないことを命ずる保護命令である（DV 防止 10 条 1 項 2 号）。

(3)電話等禁止命令　　申立人への接近禁止命令の期間中、以下①〜⑧のいずれの行為も禁止する保護命令である（DV 防止 10 条 2 項各号）。

　①面会を要求すること

　②その行動を監視していると思わせるような事項を告げ、またはその知り得る状態に置くこと

　③著しく粗野または乱暴な言動をすること

　④電話をかけて何も告げず、または緊急やむを得ない場合を除き、連続して、電話をかけ、ファクシミリ装置を用いて送信し、もしくは電子メールを送信すること

　⑤緊急やむを得ない場合を除き、午後 10 時から午前 6 時までの間に、電話をかけ、ファクシミリ装置を用いて送信し、または電子メールを送信すること

⑥汚物、動物の死体その他の著しく不快または嫌悪の情を催させるような物を送付し、またはその知り得る状態に置くこと

⑦その名誉を害する事項を告げ、またはその知り得る状態に置くこと

⑧その性的羞恥心を害する事項を告げ、もしくはその知り得る状態に置き、またはその性的羞恥心を害する文書、図画その他の物を送付し、もしくはその知り得る状態に置くこと

(4)子への接近禁止命令　申立人への接近禁止命令の期間中、申立人と同居している子の身辺につきまとい、またはその通常所在する場所の付近をはいかいしてはならないことを命ずる保護命令である（DV防止10条3項）。

(5)親族等への接近禁止命令　申立人への接近禁止命令の期間中、申立人の親族その他申立人と社会生活において密接な関係を有する者の身辺につきまとい、またはその通常所在する場所の付近をはいかいしてはならないことを命ずる保護命令である（DV防止10条4項）。

3　保護命令の要件

(1)被害者への接近禁止命令の要件（DV防止10条1項）

①ア：配偶者からの身体に対する暴力を受けた被害者であること、またはイ：配偶者からの生命等に対する脅迫を受けた被害者であること。

「配偶者」は、事実婚の者も含まれる（同法1条3項）。

配偶者から身体に対する暴力等を受けた後に離婚または婚姻の取消しをした場合で、引き続き元配偶者から暴力を受け、その生命または身体に重大な危害を受けるおそれがある場合にも保護命令を申し立てることができる（同法10条1項）。離婚前に暴力があったことが必要であり、離婚後の暴力のみを理由に保護命令を申し立てることはできない。

2013年6月のDV法改正により「生活の本拠を共にする交際相手

から暴力等を受けた被害者」も保護命令の申立てができることになった（同法28条の2）。生活の本拠を共にする交際相手から暴力等を受けた後に、生活の本拠を共にする交際関係を解消した場合も含まれる。

「脅迫」は、生命等に対するものでなくてはならない。たとえば、「戻らなければお前と上司の不倫の証拠を会社に送る」等と脅迫された場合は、要件に該当しない。

②アの被害者の場合：配偶者からの更なる身体に対する暴力により、その生命または身体に重大な危害を受けるおそれが大きいこと。

イの被害者の場合：配偶者から受ける身体に対する暴力により、その生命または身体に重大な危害を受けるおそれが大きいこと。

③配偶者暴力相談支援センターまたは警察への相談等を求めた事実があること（同法12条1項5号）。

④③の事実がない場合は、DV防止法12条1項1号から4号の事実についての被害者の供述を記載し、その供述が真実であることを公証人の面前で宣誓して作成した宣誓供述書を申立書に添付すること（12条2項）。

（2）退去命令の要件（DV防止10条1項、12条）

①被害者の接近禁止命令の要件があること

②申立時に被害者が配偶者と生活の本拠を共にしていること。被害者が配偶者と生活の本拠となる住所を共にしていれば、一時的にホテルやシェルターなどに避難している場合でもよい。

（3）電話等禁止命令の要件（DV防止10条2項、12条）

被害者への接近禁止命令の要件があること

（4）子への接近禁止命令の要件（DV防止10条3項、12条）

①被害者の接近禁止命令の要件があること

②子が被害者と同居していること

③配偶者が幼年の子を連れ戻すと疑うに足りる言動を行っていること、その他の事情があることから、被害者が同居している子に関して配偶者と面会することを余儀なくされることを防止するため必要があ

ること。子への接近禁止命令は、子への暴力、虐待を防止するための制度ではなく、配偶者が子を連れ去ることで、被害者が子の監護のために配偶者と面会を余儀なくされること（すなわち、配偶者と面会したときに被害者が配偶者から暴力を受けること）を防止するための制度である。

④子が 15 歳以上のときは、子の同意があること（10 条 3 項但書）

(5)親族等への接近禁止の要件（DV 防止 10 条 4 項、12 条）

①被害者の接近禁止命令の要件があること

②被害者の親族その他被害者と社会生活において密接な関係を有する者であること（被害者と同居している子および配偶者と同居している者を除く）。「被害者と社会生活において密接な関係を有する者」とは、たとえば、職場の上司、配偶者暴力相談支援センターやシェルターの職員のうち、被害者に対して現に継続的な支援を行っている者等である。

③配偶者が親族等の住居に押し掛けて著しく粗野または乱暴な言動を行っていること、その他の事情があることから、被害者がその親族等に関して配偶者と面会することを余儀なくされることを防止する必要があること。親族等への接近禁止の制度は、親族等への暴力を防止する制度ではなく、配偶者が被害者の親族等の住居に押しかけたために、被害者が配偶者との面会を余儀なくされることを防止するための制度である。

④当該親族等の同意があること（DV 防止 10 条 5 項）。

4 申立てとその後の手続

(1)管轄（DV 防止 11 条）

①相手方の住所地（日本に住所がないときまたは住所が不明なときは居所）、②申立人の住所または居所の所在地、③配偶者からの身体に対する暴力または生命等に対する脅迫が行われた地を管轄する地方裁判所。

（2）申立書の記載事項（参考書式13：申立書のひな型——東京地裁）

　①当事者の氏名・住所（配偶者暴力等に関する保護命令手続規則（以下「保護命令手続規則」という）1条1項1号）。申立人は、被害者のみである。親族や子が被害者のために申し立てることはできない。

　申立人が相手方の暴力を逃れて本来の住所から一時避難している場合は、それまで生活の本拠にしていた本来の住所を記載すればよい。申立人代理人は、証拠等の提出資料に現住所の記載ないし現住所を推測させるような記載がないかを確認し、もしそのような記載がある場合にはマスキングしておく。なお、診断書等の原本は、審尋の際に持参する。

　②代理人の氏名・住所（保護命令手続規則1条1項2号）

　③申立ての趣旨（保護命令手続規則1条1項3号）。発令してほしい保護命令の内容（主文）を記載する。

　④申立ての理由（保護命令手続規則1条1項3号、DV防止12条1項）

　⑤配偶者暴力支援相談センターの職員または警察職員に相談等した事実があるときは、以下の事項（DV防止12条1項5号）

　ア　相談等をした機関の名称、イ　相談等をした日時・場所、ウ　相談等の内容、エ　相談等に対してとられた措置

　前記相談の事実がない場合には、宣誓供述書の添付が必要である。

（3）添付書類、証拠資料

　①法律上または事実上の夫婦であることを証明する資料（戸籍謄本、住民票等）

　②暴力・脅迫を受けたことを証明する資料（診断書、受傷部位の写真、メール、手紙、暴力時の録音・録画、申立人や第三者の陳述書等）

　③子への接近禁止命令を求める場合で、子が15歳以上のときは、その子の同意書が必要である（保護命令手続規則1条2項、3項1号）。同意書のサインが子のものであることを確認できる資料（学校のテスト、パスポート等）も提出する。

　④親族等への接近禁止命令を求める場合、親族等の同意書（対象者

印紙貼付欄 1000円	受付印	収入印紙　　　　円	確認印
		予納郵券　　　　円	
		備考欄	

配偶者暴力等に関する保護命令申立書

東京地方裁判所民事第9部弁論係　御中

　　　　令和　　年　　月　　日

　　　　　　申　立　人　＿＿＿＿＿＿＿＿＿＿
　　　　　　　　　　　　　　　　甲　田　花　子
　　　　　　　　　　　代理人弁護士　乙　山　夏　子

　　　　　当　事　者　の　表　示
　別紙「当事者目録」記載のとおり

　　　　　申　立　て　の　趣　旨
　別紙「申立ての趣旨」記載の裁判並びに手続費用負担の裁判を求める。
　なお，申立人は，相手方と
☑　生活の本拠を共にする　（同居）
☐　生活の本拠が異なる　　（別居）　　　　　　　　　　　ものです。

　　　　　申　立　て　の　理　由
　別紙「申立ての理由」記載のとおり

　添　付　書　類（☐ 内にレを付したもの。）
☑　申立書副本　　　　　　　　　　1通
☑　戸籍謄本　　☑　住民票の写し
　　＊　戸籍謄本及び住民票の写しは原本提出
☑　甲号証写し　　　　　　　　　　各2通
　　☑　陳述書（甲第○号証）　　　☑　写真（甲第○号証）
　　☑　診断書（甲第○〜○号証）　☐

　　☑　子（子が15歳以上の場合）・親族等の同意書　　（甲第○号証）

☑　子・親族等の署名を確認する書類　　（甲第○号証）
　　＊　甲号証として子・親族等の同意書を提出する場合のみ

申 立 て の 趣 旨

（ただし□については□内にレを付したもの）

☑〔退去命令〕

　　相手方は，命令の効力が生じた日から起算して2か月間，別紙住居目録記載の住居から退去せよ。

　　相手方は，命令の効力が生じた日から起算して2か月間，前記記載の住居の付近をはいかいしてはならない。

☑〔接近禁止命令〕

　　相手方は，命令の効力が生じた日から起算して6か月間，申立人の住居（相手方と共に生活の本拠としている住居を除く。以下同じ。）その他の場所において申立人の身辺につきまとい，又は申立人の住居，勤務先その他その通常所在する場所の付近をはいかいしてはならない。

☑〔子への接近禁止命令〕

　　相手方は，命令の効力が生じた日から起算して6か月間，下記子の住居（相手方と共に生活の本拠としている住居を除く。以下同じ。），就学する学校その他の場所において同人の身辺につきまとい，又は同人の住居，就学する学校その他その通常所在する場所の付近をはいかいしてはならない。

☑〔親族等への接近禁止命令〕

　　相手方は，命令の効力が生じた日から起算して6か月間，下記親族等の住居（相手方と共に生活の本拠としている住居を除く。以下同じ。）その他の場所において同人の身辺につきまとい，又は同人の住居，勤務先その他その通常所在する場所の付近をはいかいしてはならない。

記

［子への接近禁止を求める場合の子の表示］

(1)氏　名　　　　　　　　　　　　　　　　（平成〇〇年〇〇月〇〇日生）

　　　　　甲田　太郎　　　　　　　　　　（満　7歳1か月）

(2)氏　名　　　　　　　　　　　　　　　　（平成　年　月　　日生）

　　　　　　　　　　　　　　　　　　　　（満　　歳　か月）

(3)氏　名　　　　　　　　　　　　　　　　（平成　年　月　　日生）

　　　　　　　　　　　　　　　　　　　　（満　　歳　か月）

［親族等への接近禁止を求める場合の親族等の表示］

(1)住　所　　（住所が知れていないときは，勤務先・学校等の所在地・名称）

　　東京都〇〇区〇〇1－2－3

　　氏　名　　丙川　秋子　　　　　　　　（昭和・平成〇〇年〇〇月〇〇日生）

　　（申立人との関係：　申立人の母　　　　　　　　　　　　　　）

(2)住　所　　（住所が知れていないときは，勤務先・学校等の所在地・名称）

　　氏　名　　　　　　　　　　　　　　　　（昭和・平成　年　月　　日生）

　　（申立人との関係：　　　　　　　　　　　　　　　　　　　　）

☑〔電話等禁止命令〕

　相手方は，申立人に対し，命令の効力が生じた日から起算して6か月間，次の各行為をしてはならない。

① 面会を要求すること。

② その行動を監視していると思わせるような事項を告げ，又はその知り得る状態に置くこと。

③ 著しく粗野又は乱暴な言動をすること。

④ 電話をかけて何も告げず，又は緊急やむを得ない場合を除き，連続して，電話をかけ，ファクシミリ装置を用いて送信し，若しくは電子メールを送信すること。

⑤ 緊急やむを得ない場合を除き，午後10時から午前6時までの間に，電話をかけ，ファクシミリ装置を用いて送信し，又は電子メールを送信すること。

⑥ 汚物，動物の死体その他の著しく不快又は嫌悪の情を催させるような物を送付し，又はその知り得る状態に置くこと。

⑦ その名誉を害する事項を告げ，又はその知り得る状態に置くこと。

⑧ その性的羞恥心を害する事項を告げ，若しくはその知り得る状態に置き，又はその性的羞恥心を害する文書，図画その他の物を送付し，若しくはその知り得る状態に置くこと。

申 立 て の 理 由

（ただし□については□内にレを付したもの）

1　私と相手方との関係は，次のとおり。

(1)〔申立人と相手方との関係が婚姻関係（事実婚を含む。）の場合〕

☑　私と相手方は，平成○○年○月○日婚姻届を提出した夫婦です。

□　私は相手方とは婚姻届を提出していませんが，平成　　年　　月　　日から夫婦
として生活しています。

□　事実婚と認められないとしても，(2)のとおりの交際関係です。

□　私は平成　　年　　月　　日相手方と離婚しました。

(2)〔申立人と相手方との関係が婚姻関係以外の場合〕

□　私と相手方は，平成　　年　　月　　日から交際関係にあります。

□　私と相手方は，平成　　年　　月　　日に交際関係を解消しました。

□　相手方と共にする（共にしていた）生活の本拠は，次の場所です。

_____

私と相手方の共同生活は，婚姻関係における共同生活に類似するもので，その事
情は次のとおり。

(3)　同居を開始した日：平成○○年○月○日

(4)☑　私と相手方は，現在，同居（生活の本拠を共に）しています。

☑　ただし，令和○年○月○日から一時的に避難しています。

□　平成　　年　　月　　日から別居（生活の本拠を別に）しています。

2　相手方から今までに受けた暴力又は生命・身体に対する脅迫は次のとおり。

(1)①　平成○○年○月○日午後１０時ころ

②　場所は，☑　現住居で

□　（上記以外の）

③　暴力・脅迫の内容は，

相手方が生活費として１万円しか渡さなかったので，申立人が「長男を保育園に預けて
働くしかない。」と言ったところ，相手方は，激昂して，申立人の顔面を１０回以上殴る
という暴力を振るった。

④　③の暴力・脅迫により

顔面打撲（殴られたところが赤紫色に腫れ上がる）という被害（怪我）を受けました。

⑤☑　医師の治療（入通院先：　　○○整形外科クリニック　　　　）を受けました。

（治療日数・２週間　）です。

☑　受傷等についての証拠は，☑　診断書　☑　写真　☑　陳述書

（甲第○，○，○号証）です。

(2) ① 令和〇年〇〇月〇〇日午後１１時ころ
　　② 場所は，☑　現住居で
　　　　　　　□　（上記以外の）
　　③ 暴力・脅迫の内容は，
　　　　相手方が酔って帰宅したので，申立人が自分の部屋に行こうとすると，相手方は「俺
　　を無視するのかよ！」と怒鳴りながら，申立人を追いかけて，申立人の髪をつかんで玄
　　関まで３メートルほど引きずって行き，そのまま床に引きずり倒した。
　　④ ③の暴力・脅迫により
　　　　　頸椎捻挫，腰部打撲　　　　　　　　　　　という被害（怪我）を受けました。
　　⑤☑ 医師の治療（入通院先：　〇〇整形外科　　　　　　　　　）を受けました。
　　　　（治療日数・　全治２週間　　　　　　　　　　　　　　　　）です。
　　　☑ 受傷等についての証拠は，☑　診断書　□　写真　☑　陳述書
　　　　（甲第〇，〇号証）です。

(3)① 令和〇年〇月〇日午後１１時３０分ころ
　　② 場所は，☑　現住居で
　　　　　　　□　　（上記以外の）
　　③ 暴力・脅迫の内容は，
　　　　相手方が「少し話したいんだけど。」と言ってきたので，申立人が黙っていると，相手
　　方は「お前のここ数日の言動は何だ！長男の目の前で俺を侮辱したことに，何らかの形で
　　反省を示せ。」「次に出て行くときは，覚悟して出て行けよ。そのときはお前の命を取っ
　　てやるからな。」と言った。申立人が「私を殺すの？」と言うと，相手方は「そうだ。」
　　と言った。申立人は，いつか相手方に殺されるのかもしれないと恐怖を覚えた。
　　④ ③の暴力・脅迫により，
　　　　　　　　　　　　　　という被害（怪我）を受けました。
　　⑤□ 医師の治療（入通院先：　　　　　　　　　　　　　　　）を受けました。
　　　　（治療日数・全治　　　　　　　　　　　　　　　　　）です。
　　　☑ 受傷等についての証拠は，□　診断書　□　写真　☑　陳述書
　　　　（甲第〇号証）です。

(4) ① 令和〇年〇月〇日午後１１時ころ
　　② 場所は，☑　現住居で
　　　　　　　□（上記以外の）
　　③ 暴力・脅迫の内容は，
　　　　相手方は，飲酒して帰宅すると，ベッドに寝ていた私の足を持ってベッドから引きずり下
　　ろしてから，「さっきの電話の態度は何だ！」などと怒鳴りながら，私の胸，腕，腰などを
　　合計１０回以上蹴り続けました。
　　④ ③の暴力・脅迫により
　　　　　右第９肋骨骨折，右前腕・左上腕打撲，腰部打撲という被害（怪我）を受けました。
　　⑤☑ 医師の治療（入通院先：　〇〇総合病院　　　　　　　　）を受けました。
　　　　（治療日数・全治４週間　　　　　　　　　　　　　　　　　）です。
　　　☑ 受傷等についての証拠は，☑　診断書　☑　写真　☑　陳述書
　　　　（甲第〇，〇，〇号証）です。

3　私が今後，相手方から暴力を振るわれて私の生命，身体に重大な危害を受けるおそれ
　が大きいと思う理由は，次のとおり。
　　　　□（離婚，内縁又は交際関係解消後の場合）
　　　　　　私が相手方との関係解消後引き続いて，相手方から身体的暴力を受けるおそれ
　　　　　が大きいと思う理由は，次のとおり。

　　相手方は，長男を溺愛しているため，長男を連れて家を出た申立人に対して激怒している
　と思われる。申立人は，現在，一時避難中であるが，相手方は，経済力があるので，探偵な
　どを使って，申立人の所在を探し出すおそれがある。相手方が申立人に暴力を繰り返してき
　た事実からすれば，もし相手方が申立人の所在を突きとめた場合，申立人に対して暴力を振
　るうおそれは極めて高く，そうした場合には申立人の生命，身体に重大な危害を受けること
　になる。

4　私は，相手方に対し，申立ての趣旨記載の私と同居している子への接近禁止命令を求
　めます。私がその子に関して相手方と面会を余儀なくされると考えている事情は，次のと
　おり。

　　相手方は，長男を溺愛しているので，申立人の所在が判明した後，長男を自宅に連れ戻すお
　それがある。もしそうなったら，申立人としては，長男のために自宅に戻らざるを得ず，相手
　方と面会を余儀なくされる。

5　私は，次のような理由から，相手方に対し，申立ての趣旨記載の私と社会生活上密接
　な関係がある親族等への接近禁止命令を求めます。
　(1)氏名　　　丙川　秋子
　　申立人との関係：　申立人の母

　　私が同人に関して相手方と面会を余儀なくされると考える事情

　　申立人の母（７５歳）は，申立人の父死亡後，一人暮らしである。令和○○年○月○日の暴力
　の後，申立人が長男を連れて実家に戻ると，相手方は，実家にやって来て，申立人の母が「帰っ
　て下さい」と言っても玄関前に居座った。その後，相手方は，申立人の母がドアを開けたすきに
　申立人の母を振り切って室内に上がり込み，長男を連れて帰ってしまった。そのため，申立人の
　母は，相手方に恐怖心を抱いている。相手方は，長男を溺愛しているため，申立人の母のところ
　に来て居座ったり，申立人らの所在を教えろと執拗に申立人の母に迫ったりするおそれがある。
　もしそのようなことになれば，申立人としては，母にこれ以上の迷惑をかける訳には行かず，長
　男を連れて自宅に戻らざるを得ず，相手方との面会を余儀なくされてしまう。

6　私が相手方に対し電話等禁止命令を求める事情は，次のとおり。

　　相手方は，これまでにも申立人が相手方の言うとおりの返事をするまで，執拗に電話やメールをしてきた。申立人が家を出た後も「長男を返せ！」「○○までに戻って来なかったら，どうなるかわかっているんだろうな！」等のメールが何度も来ている。

7　配偶者暴力相談支援センター又は**警察**への相談等を求めた事実は，次のとおり
（1）①　令和○年○○月○○日午前○時ころ
　　　②　相談機関　☑　**警視庁○○警察署**　□　東京都女性相談センター
　　　　　　　　　　□　東京ウィメンズプラザ　□
　　　③　相談内容　☑　相手方から受けた暴力，生命・身体に対する脅迫
　　　　　　　　　　☑　今後，暴力を受けるおそれがあること
　　　　　　　　　　☑　子への接近禁止命令を求める事情
　　　　　　　　　　☑　親族等への接近禁止命令を求める事情
　　　　　　　　　　□
　　　④　措置の内容　□　一時保護
　　　　　　　　　　☑　保護命令制度についての情報提供
　　　　　　　　　　☑　今後の対応について　　　　　　　　　　を受けました。

（2）①　令和　　年　月　日午　　時ころ
　　　②　相談機関　□　警察署　□　東京都女性相談センター
　　　　　　　　　　□　東京ウィメンズプラザ　□
　　　③　相談内容　□　相手方から受けた暴力，生命・身体に対する脅迫
　　　　　　　　　　□　今後，暴力を受けるおそれがあること
　　　　　　　　　　□　子への接近禁止命令を求める事情
　　　　　　　　　　□　親族等への接近禁止命令を求める事情
　　　　　　　　　　□
　　　④　措置の内容　□　一時保護
　　　　　　　　　　□　保護命令制度についての情報提供
　　　　　　　　　　□　今後の対応について　　　　　　　　　　を受けました。

が 15 歳未満または成年被後見人の場合は、その法定代理人の同意書（DV
防止 10 条 5 項））が必要である（保護命令手続規則 1 条 2 項、3 項 1 号）。
同意書の署名押印が親族等のものであることが確認できる資料（パス
ポート、印鑑証明書等）、親族等の戸籍謄本、住民票、その他被害者と
の関係を証明する書類、法定代理人による同意書の場合は、資格証明
書（保護命令手続規則 1 条 3 項 2 号）等を提出する。

(4)審尋　　　保護命令は、原則として、口頭弁論または相手方が立ち
会うことができる審尋の期日を経なければ発令できない（DV 防止 14
条 1 項本文）。例外として、その期日を経ることにより保護命令の目
的を達することができない事情があるときは、審尋期日を経なくても
発令することができる（同条但書）とされているが、この例外規定が
使われることはほとんどないようである。

　裁判所は、通常、申立日（またはその近接日）に申立人、代理人と
面接（審尋）し、その約 1 週間後に相手方の意見聴取のための審尋期
日を設けている。代理人は、申立日の前日までに保護命令の申立てを
する旨を裁判所に連絡しておくとよい。

(5)書面提出請求　　　裁判所から配偶者暴力相談支援センターまたは
警察署に書面提出請求がなされる（DV 防止 14 条 2 項）。

(6)決定　　　裁判所は、保護命令の申立てにかかる事件については、
速やかに裁判をするものとされている（DV 防止 13 条）。

　保護命令は、相手方に対する決定書の送達または相手方が出頭した
口頭弁論・審尋期日における言渡しによって、その効力を生じる
（DV 防止 15 条 2 項）。

　保護命令を却下する決定は、当事者に対して、相当と認める方法で
告知される。

(7)通知　　　保護命令を発令したときは、裁判所書記官は、速やかに
その旨およびその内容を申立人の住所または居所を管轄する警視総監
または道府県警察本部長に通知する（DV 防止 15 条 3 項）。

　配偶者暴力相談支援センターの職員に相談をした場合には、裁判所

書記官からその長にも通知がなされる（DV防止15条4項）。

5 罰則
保護命令に違反した者は、1年以下の懲役または100万円以下の罰金に処せられる（DV防止29条）。

6 不服申立て
告知を受けた日の翌日から起算して1週間以内に即時抗告をする（DV防止16条1項、民訴332条）。なお、即時抗告がなされても、保護命令の効力には影響を及ぼさない（DV防止16条2項）。

7 保護命令の効力の停止
即時抗告があった場合に、保護命令の取消しの原因となることが明らかな事情があることにつき疎明があったときに限り、抗告裁判所は、申立てにより、保護命令の効力の停止を命じることができる。事件の記録が原裁判所にある間は、原裁判所も効力の停止を命じることができる（DV防止16条3項）。

8 保護命令の申立ての取下げ
申立人は、保護命令の効力発生前であれば、保護命令を取り下げることができる。保護命令の取下げは、口頭弁論期日または審尋期日においてする場合を除き、書面でしなければならない（保護命令手続規則6条1項）。

9 保護命令の取消し
保護命令の効力発生後は、保護命令を取り下げることができないので、保護命令の取消しの申立てを行う。
裁判所は、①申立人から取消しの申立てがある場合、②相手方から取消しの申立てがある場合は、申立てが効力を生じた日から一定期間

の経過後で、かつ申立人に異議がないことを確認した場合、保護命令を取り消さなければならない（DV防止17条）。

10　再度の申立て

(1)再度の接近禁止命令等　保護命令を受けた者は、発令後に新たな暴力はないものの、保護命令の期間が終了すると、生命または身体に重大な危害を受けるおそれが大きい場合（たとえば、相手方が申立人の親族等に「保護命令が終わったら殺してやる」と発言した等）、前回の保護命令の理由となった暴力等を原因として、再度の保護命令を申し立てることができる。再度の申立ては、保護命令の期間延長でも更新でもなく、新たな事件として審理されるものである。それゆえ、再度の申立て時点において、今後の身体的暴力のおそれが大きいことを証明する必要がある。

(2)再度の退去命令　前回の退去命令の期間中に申立人がその責めに帰することのできない事由により当該住居から転居できなかった場合、その他退去命令を再度発する必要があるとき（たとえば、事故や病気等）には、再度の退去命令の申立てができる（DV防止18条1項本文）。ただし、退去命令を発令すると相手方の生活に特に著しい支障を生ずると認められる場合、裁判所は退去命令を発しないことができる（同項但書）。

11　DV加害者からの相談、受任した場合の注意点

(1)保護命令を申し立てられた場合　暴力または脅迫の事実の有無を確認する。申立人に暴力を振るった事実はあるが、それほどひどいものではない、理由があってやったことである等々、加害者の言い分がある。いかなる理由があろうとも暴力は許されないことではあるが、弁護士が依頼者である加害者のしたことを非難しても何の解決にもならない。まずは加害者の言い分を聴取し、その上で、どういう場合に保護命令が発令されるか（たとえ理由があったとしても、暴力の事実が

あり、さらなる暴力のおそれが大きい場合には発令される）という一般的な説明をするのがよいであろう。

(2)退去命令が申し立てられた場合　退去命令が求められており、発令の可能性がある場合は、2か月間は従前の住居で生活できなくなるので、発令前に衣類等の必需品や貴重品を持ち出しておくように助言する。

(3)保護命令を争う場合　申立書の副本受領後約1週間後に審問期日が指定されているので、相手方（加害者）は、時間がない中で準備しなければならない。そこで、保護命令の要件事実がないこと、すなわち、被害者への接近禁止命令については、暴力等の事実がないこと、またはさらなる暴力のおそれがないこと、退去命令については、生活の本拠を共にしていないことなどを端的に主張立証する。

　暴力等の事実がある場合に、さらなる暴力のおそれがないことを証明することは難しい。申立人に近づかない旨の相手方の誓約書、相手方を監督する旨の親族等の誓約書を提出することがあるが、たとえ誓約書を提出したとしても、暴力の内容が悪質で、被害結果が重大であった場合や直前まで間断なく暴力が繰り返されていた場合には、将来のさらなる暴力のおそれがないということは難しいであろう。

(4)争ったにもかかわらず発令された場合　保護命令は、相手方に対する決定書の送達または相手方が出頭した口頭弁論・審尋期日における言渡しによって、その効力を生じる（DV防止15条2項）。相手方に代理人弁護士がついている場合、決定書は代理人に送達される。つまり、相手方代理人が決定書の送達を受けたと同時に（相手方の認識の有無にかかわらず）保護命令の効力が生じるのである。相手方代理人は、直ちに相手方本人に連絡を入れて、保護命令が発令されたこと、以後、保護命令に反して申立人に近づいたりすると逮捕されるので、絶対に申立人に近づいたりしないように厳重注意を与えなければならない。即時抗告は保護命令の効力には影響を与えないので、たとえ即時抗告するつもりであったとしても、依頼者への即時連絡を忘れては

ならない。

【 *Answer* 】

　保護命令（被害者への接近禁止命令、退去命令、子への接近禁止命令、親族等への接近禁止命令、電話等禁止命令）の申立てを行う。まずは、被害者への接近禁止命令の要件事実があるか、その立証ができるかを検討する。被害者への接近禁止命令を求めることなく、それ以外の保護命令を申し立てることはできない。退去命令を申し立てる場合は、申立時に被害者が配偶者と生活の本拠を共にしていることが必要である。

III…調停時における注意点

Case

ノボルは、大学時代の先輩Xから次の相談を受け、Xの代理人として離婚調停を申し立てることになった。調停の申立てにあたり、どのようなことに注意すべきか。

夫Yは、XがYの言うとおりにしているときは優しいが、XがYの言うとおりにしなかったり、Yに反論したりすると「お前は何様のつもりなんだ！」「俺に逆らうのか！」等と怒鳴りながら、物を投げたり、Xの顔を平手で叩いたりする。しばらくすると、Yは「そこに座れ！」と言って、Xに正座をさせて何時間も説教をする。その後、仲直りと称して性行為を強要する。こういうことが月に1回位の頻度で繰り返されてきた。Xは、Yが帰宅する時間になると胃が痛くなり、食欲不振、不眠などの症状が出るようになった。とうとうXはYとの生活に耐えられなくなって、子どもを連れて家を出た。今、Xは、Yに所在を隠して生活している。親族の情報によると、Yは、Xの行方を探し回っているようだ。Yと一日も早く離婚したい。

・・・

ノボル：先輩。離婚調停の申立てについて、少し教えてもらえますか？

兄　弁：もちろん。どんな事件なんだい？

ノボル：依頼者のXは、DV夫Yのもとから逃げて、今、住所を隠して生活しているんです。申立書には申立人の住所をどう書けばいいのでしょうか。

兄　弁：住民票は？

ノボル：役所の人に住民票の閲覧制限をかければ大丈夫と言われたらしく、実際

に住んでいるところに住民票を移してしまっているんです。

兄　弁：調停の申立書は、その副本が相手方に送達されるから、加害者に知られては困る住所を書いてはダメだよ。住民票の有無にかかわらず、加害者と同居していたときの住所を記載するのが安全だと思うな。

ノボル：委任状にも旧住所を書くんですか？

兄　弁：そうだよ。加害者が記録を閲覧する可能性もあるからね。委任状だけでなく、勤務先、通院先、子どもの通学先など、被害者の所在をうかがわせる記載のある資料を提出する場合には、マスキングをして提出することだね。非開示希望の申請書をつけて提出する方法もあるけど、相手から閲覧謄写の申請が出た場合、裁判所が絶対に許可しないという保証はないからね。

ノボル：念には念を入れて、ということですね。実は、依頼者が用意してくれた年金分割の情報通知書に今住んでいる住所が書かれてしまっているんです。これはどうしたらいいのでしょうか？

兄　弁：裁判所は、年金分割の情報通知書に記載されている住所や発行元の年金事務所の部分をマスキングした原本の提出も認めているよ。とはいえ、年金事務所に情報通知書を申請する際、住所を秘匿していることを伝えれば、住所や発行元の年金事務所が記載されていないものを発行してくれるんだよ。今後は、依頼者にそういうアドヴァイスをすることだね。

ノボル：はい。他に注意しておくことはありますか？

兄　弁：裁判所で被害者が加害者と会ったり、帰りに尾行されたりしないように注意することだね。あらかじめ「進行に関する照会回答書」に、裁判所に配慮を求めたい内容を書いておくといいね。たとえば、それぞれの呼出時間や帰宅時間をずらしてほしいとか、待合室のフロアを別にしてほしいとか。その上で、担当書記官と打ち合わせて当日を迎えることだね。

ノボル：わかりました。

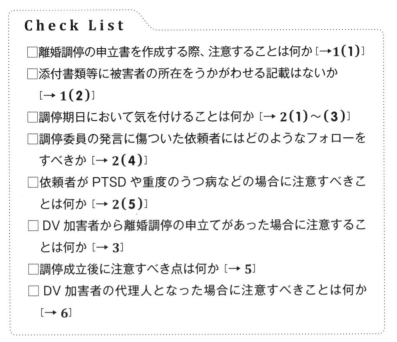

□離婚調停の申立書を作成する際、注意することは何か〔→1(1)〕

□添付書類等に被害者の所在をうかがわせる記載はないか
〔→1(2)〕

□調停期日において気を付けることは何か〔→2(1)～(3)〕

□調停委員の発言に傷ついた依頼者にはどのようなフォローを
すべきか〔→2(4)〕

□依頼者がPTSDや重度のうつ病などの場合に注意すべきこ
とは何か〔→2(5)〕

□DV加害者から離婚調停の申立てがあった場合に注意するこ
とは何か〔→3〕

□調停成立後に注意すべき点は何か〔→5〕

□DV加害者の代理人となった場合に注意すべきことは何か
〔→6〕

〔 解 説 〕

1 調停申立て段階の注意点

(1)申立書の作成　　(a) 住所の記載　　調停の申立書は、原則、相手方に送達されるので（家事256条1項）、DV加害者に知られると困る住所（実際に住んでいる住所）を記載してはならない。被害者の安全確保の観点からは、住民票の移動の有無にかかわらず、また、たとえば、実家に避難していることを加害者が知っている場合であったとしても、加害者と同居していたときの住所を記載しておくのが安全である。

　　(b) 申立ての理由　　裁判所定型の夫婦関係調整調停申立書の「申立ての動機」欄には、「性格があわない」「異性関係」「暴力をふる

う」など、一般的な動機が記載されており、そのどれかに○（または◎）をつけるようになっている。DV事案の場合は「暴力をふるう」「精神的に虐待する」などに○をつけることになるが、これだけでは、DVの具体的な内容がわからない。限られた調停の時間を有効利用するためにも、事前に相手方から具体的にどのような暴力があったのかを記載した別紙などを申立書に添付して提出するとよい。

　(c) 調停の進行　　裁判所定型の「進行に関する照会回答書」には、暴力の事実があったことを記載するとともに、裁判所に配慮を求めたいことを記載する欄があるので、裁判所への出頭時間、待合室など、配慮を求めたい内容を記載しておく。申立人の精神状態が非常に悪い場合には、そうした事実も裁判所に事前に伝えておくべきである。その上で、担当書記官と出頭時間、待合室などについて打ち合わせをするが、その際、申立人の出頭時間や待合室の場所だけでなく、相手方の呼出し時間や待合室の場所についても書記官から確認しておくべきである。

　被害者（申立人）が手続代理人を選任した場合であっても、離婚は身分行為であるから、離婚調停の期日には、申立人本人の出頭が原則である。しかし、相手方が反社会的勢力の関係者、不穏当な言動のある者、精神的疾患を疑わせる者であるなど、出頭時間や待合室の調整だけでは、被害者の安全を確保できないような非常に危険な事案もある。このような場合、代理人は、出頭時間や待合室の調整だけでは申立人の安全を確保できない具体的事情、裁判所に特別の配慮を求める具体的内容や希望（たとえば、第1回期日は申立人のみの出頭とし、第2回期日に相手方を呼び出すことにして、第2回期日以降は申立人手続代理人のみが出頭するなど）を記載した上申書を提出して、調停の進行について、裁判所と協議しておくとよい。

(2) 添付書類等のチェック　　(a) 保護命令事案　　保護命令が発令されている事案では、保護命令決定書の写しを添付する。

　(b) 証拠等資料の添付　　訴訟と異なり、調停は話し合いの場で

あるため、暴力の事実その他の原因を証明するための資料を提出しなくても、調停を進めることができる。しかし、たとえば、暴力で怪我をしたときの診断書、PTSD で通院治療中であることを示す診断書などを提出しておくことで、本件が深刻な DV 事案であることや申立人の精神状態が悪いことなどをあらかじめ調停委員会に理解しておいてもらうことは、調停を有利に進める上で有益である。証拠資料については、裁判所限りの非開示を希望して提出することが可能であるが、相手方が閲覧を希望した際に裁判所がこれを許可する可能性がないとはいえない。そこで、申立人の住所、通院先、勤務先、子どもの通学先など、申立人の所在あるいはこれを推測させるような部分はマスキングしてから提出する。

(c) **年金分割**　　年金分割を求める場合には、裁判所に「年金分割のための情報通知書」を提出する必要がある。被害者は、情報通知書を申請する際、自分が DV 被害者として住所を秘匿していることを年金事務所に伝えて、住所や発行元の年金事務所が記載されていないものを発行してもらうようにする。もしすでに被害者が情報通知書を取得していた場合は、現住所や発行元の年金事務所の部分をマスキングした原本を提出する。

2　調停期日の注意点

(1) 待ち合わせ　　第 1 回調停期日を申立人のみの出頭とする場合（同日に申立人が裁判所に出頭する事実が相手方に知られていない場合）を除き、待ち合わせ場所を裁判所にすることは避けたほうがよい。どこで待ち合わせをするのが安全かという観点から、事前に依頼者と待ち合わせ場所についても打ち合わせておくべきである。

(2) 調停期日　　DV 事案においても、調停で合意したい内容（調停条項となる内容）は、早い段階から、できる限り明確に伝えておくことが大切である。とはいえ、被害者は、加害者から言われたことに不安になったり、気持ちが揺れ動いたりして決められないということも

よくある。そういう場合は、次回期日までの宿題として持ち帰り、期日間に打ち合わせをして、もう一度一緒によく考えることが必要である。

　相手方には知られたくないが、調停委員には知っておいてほしいということがあった場合、調停委員に「相手方には伝えないでほしい」と依頼すれば、調停委員があえて相手方に伝えることはない。しかし、調停委員がうっかり口にしてしまった等のヒューマンエラーが絶対にないという保証はない。そこで、調停委員にも、住んでいる地域、勤務先、子どもの通学先など、住所の手がかりとなることは口にせず、また、聞かれても答えないようにしたほうがよい。

　相手方が調停室に入っている間は比較的安全であるとはいえ、相手方の関係者がいないとも限らないので、待合室では相手方に聞かれたくない内容の会話は慎むべきである。何気ない会話の中に、秘匿中の住所の手がかりになるような発言をしてしまうおそれもあるので、裁判所にいる間は、注意しなければならない。

(3)裁判所から帰るとき　　事前に担当書記官に伝えておけば（当日、調停委員に伝えることでも間に合うが）、帰宅時に相手方と遭遇することがないように、相手方が裁判所にいる間に先に帰れるようにする等、配慮してくれる。もっとも、裁判所が相手方を引き留めてくれた時間が短かったために、最寄り駅で追いつかれてしまったというようなこともあるので、帰宅ルートや電車の時間等についても事前に調べておくようにして、調停委員に相手方を引き留めておいてほしい具体的な時間を伝えておくとよい。

(4)二次被害があった場合　　以前よりは少なくなった感はあるが、調停委員の中には、DVへの理解が乏しく、加害者の暴力をたいしたことがないかのように言ったり、加害者が暴力を振るったのは被害者にも一因があるかのような発言をしたりする人がいないではない。また、調停委員が「本当に離婚することでよいのか？」「やり直す気持ちはないのか？」等と、被害者に離婚意思を確認することもよくある。

このような調停委員からの発言や質問によって、被害者の中には、調停委員から、離婚の申出がいけないこと、わがままなことと責められているように感じてしまうようである。このような発言をした調停委員にどう対応するかは、その場の状況や各弁護士の考えにもよるが、少なくとも依頼者に対するフォローをしておく必要がある。

（5）PTSD、うつ病などの依頼者の場合　　　DVの後遺症としてPTSDやうつ病などの診断を受けている被害者は、調停に出頭すること自体が精神的負担となり、体調を崩す場合も少なくない。そういう場合は、婦人相談員、施設の職員あるいは家族などに一緒に裁判所まで来てもらって、待合室で待機してもらい（調停室には入れないので、付添は待合室までとなる）、一緒に施設ないし住居まで送り届けてもらうことが望ましい。

（6）電話会議による調停の場合　　　当事者が遠隔の地に居住しているときその他相当と認められたときは、電話会議システムを利用した調停が可能である（家事54条、258条1項）。電話会議による調停の場合、申立人（被害者）は、申立人手続代理人の事務所で調停に参加できるため、裁判所に出頭するよりは安心して調停を進めることができる。そこで、相手方の住所地を管轄する裁判所が遠方の場合は電話会議システムの利用を希望するとよい。ただし、電話会議による調停では、離婚を成立させることができないため、調停成立（調停離婚）予定の期日には、裁判所に出頭しなければならない。

　なお、相手方が執拗に申立人の行方を探している場合には、誰かに事務所を見張らせている可能性もある。被害者が事務所から帰宅する際には、不審な人物があとをつけている様子がないか等を確認しながら帰宅してもらうようにする。

3　DV加害者から離婚調停の申立てがあった場合の注意点

　被害者が調停を申し立てる前に、加害者から離婚調停が申し立てられることもある。裁判所からは、調停期日通知書、申立書の写しなど

とともに「進行に関する照会回答書」が送られてくる。調停を申し立てるときと同様に、相手方が申立人から暴力を受けた内容、裁判所に配慮を求める内容を記載して提出する。第1回調停期日に出頭する場合には、事前に担当書記官に連絡をして、出頭時間や待合室の変更などについても打ち合わせておくべきである（前記**1(1)(c)**参照）。

4　調停で解決するメリット

　被害者にとっては、裁判の長期化（先の見えない状態が続くこと）自体が精神的負担となる。もし調停が不成立となって、離婚訴訟になった場合には、加害者の主張に認否反論しなければならないが、その準備過程において、加害者の主張内容（たとえば、被害者の欠点や落ち度を非難攻撃し、被害者にこそ責任があると主張する等）にショックを受けて、心身の状態が悪化する被害者も少なくない。中には加害者の主張書面を読むことすらできないと訴える被害者もいる。当事者尋問もあり、その精神的負担は調停の比ではない。弁護士費用も嵩む（法テラスを利用していたとしても同様である）。したがって、離婚と親権について合意できない場合は別として、調停で解決した方が被害者の精神的負担は少ない。相手方（加害者）がどう考えるかにもよるので、思うように進まないこともあるが、獲得目標のうち譲れる点がないかについて検討したり、対案を考えたりするなど知恵を絞るとともに、調停委員会の力も借りて、調停成立のための着地点を見つけるようにすることが大切であると思われる。

5　調停成立後の注意点

(1)離婚の届出　　調停離婚が成立した場合、申立人は、調停離婚が成立した日から10日以内に調停調書の謄本（省略謄本）を添付して離婚の届出をしなければならない。届出は、本籍地、住所地、所在地（居所など）のいずれでも可能であるが、加害者の戸籍に記録が残るので、所在地の市町村役場に提出することは控えたほうがよい。なお、

DV 被害者の場合、住民票上の住所と省略謄本の住所が異なっていて
も離婚の届出は受理されることになっている。

（2）住所の変更　　離婚が成立しても加害者からの危害のおそれがな
くなるわけではない。離婚成立後も加害者が被害者（および子ども）
の行方を探し回って、復縁を迫ったり、嫌がらせをしたり、脅迫した
り、子どもに会えない等と恨んで、生命、身体へ危害を加えた事件
（殺人、殺人未遂等）もある。DV 被害者等支援措置の申出をして住民
票・戸籍の附票等の交付制限をかけていても万全とはいえない。離婚
後の住民票の移動にも注意を払うべきである。

（3）荷物の引取り　　依頼者が家に残してきた荷物の引取りを希望す
る場合、相手方から荷物の引取りを要請される場合のいずれの場合で
あっても、依頼者に危害が及ばないように荷物を搬出する方法と荷物
の搬送先を加害者に知られないようにする対策を考えなければならな
い。こちらが希望する荷物の搬出方法に加害者が応じない場合もあり、
調整が難航することも少なくない。調停中に荷物の引取りの話がでた
場合、できれば調停中に荷物の引取りを終えておくとよいであろう。

6　DV 加害者の代理人の場合

（1）本人の意思確認　　依頼者（DV 加害者）に離婚に応じる意思があ
るのか、復縁したいと思っているのかを確認する。離婚には応じるが
DV の事実はない、あるいは DV は理由があってのことである等々、
離婚の原因が自分にあるという申立人の主張には納得できないという
者も多い。まずは依頼者の言い分を丁寧に聞いて、いわゆるガス抜き
をしておくことも必要である。申立人の主張する DV が虚偽という
場合は別として、申立人に対する何らかの暴力の事実があり、興奮し
やすい、キレやすい傾向のある依頼者の場合は、依頼者が申立人に更
なる危害を加えるようなことがないように、また、申立人の代理人や
自分自身にも危害が加えられることのないように慎重に対応しなけれ
ばならない。

反対に依頼者が申立人と復縁したいと言う場合、DVがあったのだ
から無理だと決めつけることなく、どうして申立人が離婚したいと言
ったのか、依頼者のどこに問題があったのか、どうすれば申立人が再
考してくれる可能性があるか等々を懸命に考えてもらうことが大切で
ある。また、DVの事実を認めて反省している依頼者には、加害者更
生プログラムの受講、専門家のカウンセリングを受ける、アルコール
依存の場合はその治療をする等、二度と暴力を振るわないようにする
ための具体的な努力をすることも必要である。DV事案であってもや
り直すことにした夫婦がいないわけではない。とはいえ、DV被害者
の離婚の決意を変えることが非常に難しいことも事実である。その場
合は、時間をかけて依頼者自身が受け入れるのを待つしかない。

（2）婚姻費用の請求を受けた場合　　法律上、婚姻費用の分担義務は
離婚するまで続くこと、婚姻費用の合意（調停成立）ができない場合、
審判手続に移行して、裁判官が婚姻費用の支払を命じる審判が出るこ
と、裁判所が採用する婚姻費用の計算方法では月額いくら位になる見
込みであること等を説明して、できるだけ早期に調停を成立させるの
がよい。また、未払いの婚姻費用があると、調停成立後または審判確
定後に未払い分をまとめて支払うことになるので、暫定額を支払って
おくように説得すべきである。

（3）加害者側から離婚の調停を申し立てる場合　　DV被害者が家を
出て所在不明となっており、かつまた、代理人弁護士からの受任通知
なども届いていない場合、どこの家庭裁判所に調停を申し立てるかが
問題となる。住民票や戸籍の附票の写しの交付制限措置がとられてい
る場合は、弁護士でも被害者の住民票所在地を調べることができない。
被害者が転送届を出していることもあるので、たとえば、被害者の元
の住所に○○家庭裁判所に離婚調停を申し立てる予定であること、今
後の連絡先を教えていただきたいこと等を書いた被害者宛の手紙を追
跡調査が可能な方法で郵送してみる。被害者からの連絡がなくとも、
手紙が届いたことが確認できれば、もとの住所を管轄する家庭裁判所

に申し立ててみる。被害者が転送届を出しておらず、勤務先も退職しており、就業場所送達ができない、親族等も連絡がとれない等の場合、被害者側からの連絡が来るのをしばらく待ってみる。被害者の代理人弁護士からの受任通知あるいは裁判所からの調停期日通知書などが届く可能性があるからである。しかし、DV 被害者が行方不明となり、住所、居所、就業場所その他送達する場所がわからない場合は、調停を申し立てることなく公示送達による離婚訴訟の提起を検討する。

【 *Answer* 】

　DV 被害者の代理人として、被害者の安全確保、秘密保持を図るように注意しなければならない。申立て段階では、申立書、添付書類その他裁判所に提出する書類に被害者の所在をうかがわせる記載がないようにする。調停期日において、被害者が加害者と遭遇したり、追跡されたりすることがないように事前に裁判所に連絡をして、出頭時間、帰宅時間や待合室などの調整をしておく。裁判所に出頭するときの弁護士との待ち合わせ場所にも気を付ける。

IV…訴訟における注意点

Case

 IIIのケースで調停が不成立に終わった。Xは、離婚が決まらないと安心して仕事を探せないので、一日でも早くYと離婚したいと言う。訴訟を提起するにあたって、どのようなことに注意すべきか。

• • •

ノボル：先輩。去年相談したDV事件の離婚調停が不成立になったので、訴訟を
   提起するんですが、依頼者の住所を秘匿している場合は、被告の住所地
   を管轄する裁判所にしか訴訟を提起できないですよね？

兄　弁：依頼者は今どこに住んでいるんだい？

ノボル：東京都○○区です。東京家裁なら、うちの事務所からも行きやすくて楽
   なんですけど……。

兄　弁：ノボル君の便宜はともかく、訴状に原告の住所を「東京都23区　以下秘
   匿」と書けば、裁判所は受理してくれるはずだよ。ただし、原告が23
   区のどこかに住んでいるということは被告に知られてしまうけどね。

ノボル：そうなんですか!?　原告が23区内に住んでいることを示せば東京家裁で
   訴訟ができるのですね。

兄　弁：管轄の問題はさておき、調停はどうして不成立になったんだい？

ノボル：DVの事実はないとYが言い張って、離婚に応じなかったからです。し
   かし、Xは、一日でも早く離婚したいと言っているのです。

兄　弁：DVの証拠にはどんなものがあるんだい？

ノボル：それがほとんどないのです。身体的暴力については、診断書もアザとか
   の写真もないし、精神的暴力や性的暴力については、本人の言い分以外
   に証明するものなんてないじゃないですか。

兄　弁：間接的な証拠もないのかな？　たとえば、日記、手帳のメモ、誰かに相
　　　　談したことがあるなら、その人のメモや証言、警察や配偶者暴力相談支
　　　　援センターの相談記録、別居後であっても心療内科に通院しているなら、
　　　　そのカルテや診断書とか……。

ノボル：もう一度依頼者に確認してみます。

兄　弁：ところで、別居期間はどれ位なんだい？

ノボル：約8か月です。

兄　弁：Yは、修復のための努力をしているのかい？

ノボル：調停の時に手紙を書いて持ってきましたが、Xさんは読みたくないと言
　　　　って受け取りませんでした。

兄　弁：保護命令が発令された事案であれば、それほど別居期間を気にしなくて
　　　　もいいけど、YがDVの事実を否定していて、もしXの陳述以外にDV
　　　　の証拠がないとすると、離婚原因が認められない可能性もあるかもしれ
　　　　ないなぁ。Xとはもう契約をしてしまったの？

ノボル：いえ、今日はまだ調停が終わったばかりなので、今後のことについては、
　　　　改めて打ち合わせをしましょう、ということで帰ってきました。

兄　弁：離婚訴訟も裁判である以上、離婚原因が争点になる場合は、これを立証
　　　　できるかどうかを検討する必要があるからね。証拠が弱い場合、やはり
　　　　ある程度の別居期間を置いてから訴訟を提起する、という選択も必要だ
　　　　と思うよ。

ノボル：わかりました。あせって請求棄却じゃ元も子もないですからね。

Check List

□ DVを理由とするだけで離婚原因が認められるか [→ **1**]

□ 管轄裁判所をどうするか [→ **2**]

□ 訴状に当事者の住所をどう記載するか [→ **3**]

□ 書証その他の提出証拠に被害者の住所の記載、所在をうかが
　わせる記載はないか [→ **4**]

［ 解 説 ］

1　DV を理由とする離婚原因

　DV を理由として離婚を求める場合の根拠条文は民法 770 条 1 項 5 号の「婚姻を継続し難い重大な事由」である。「婚姻を継続し難い重大な事由」とは、婚姻が破綻して回復の見込みがないことであるが、その判断は裁判官の評価（裁量）に委ねられる。

　配偶者による身体的暴力が原因で婚姻が破綻したと主張する場合において、当該暴力の危険性・悪質性が高く、暴力の回数・頻度が多く、被害結果が重大である程、別居期間の長短に拘らず婚姻破綻は認定されやすい。暴力により重い傷害を受けた場合には入通院していることがほとんどなので、診断書やカルテ等の客観的な証拠もあり、立証の点でもそれほど苦労しない。依頼者が早期解決を望む場合には、現時点における別居期間が短くとも速やかに訴訟を提起して、できる限り

早期解決（離婚）を目指すべきであろう。

他方、身体的暴力か精神的暴力か性的暴力かを問わず、暴力を証明する客観的な証拠のない場合で、調停のときに加害者が暴力を否認していた場合には、暴力以外の事情（別居期間、別居後の加害者の言動、修復のための努力の有無、当事者の離婚意思等）などを考慮した上で、婚姻破綻の有無を検討する必要がある。依頼者には、証拠の有無・内容、加害者の離婚についての考えやこれまでの言動その他調停における経緯等をふまえて、離婚請求が認容される見通しについて説明をした上で、訴訟提起の時期をいつとするかを決める（依頼者の納得を得る）べきであろう。

裁判所がどのような事案で離婚請求を認容したか、あるいは離婚請求を棄却したか、裁判例をあたり、それらと比較しながら、本件ではどのような判断がなされるかを推測するとよい。

2 管轄

離婚訴訟の管轄は、当事者（夫または妻）の普通裁判籍を有する地の家庭裁判所である（人訴4条1項）。離婚訴訟においては、裁判上の和解（和解離婚）成立時や当事者尋問期日には原告本人の出頭が必要となるので、管轄が競合する場合には、裁判所の場所や構造等からどちらの裁判所がより原告の安全を確保できるかを検討すべきである。また、原告の住所地を管轄裁判所とする場合には、原告が居住している地域を明らかにしても安全面で問題がないかの検討も必要である。

3 訴状に記載する当事者の住所

被告（加害者）の住所地の管轄裁判所に提訴する場合は、被告と同居していたときの住所（被告と同じ住所）を記載すればよい。

原告（被害者）が実際に住んでいる住所（被告には秘匿する住所）を管轄裁判所とする場合、たとえば、東京家庭裁判所（本庁）の管轄は東京都23区であるので、原告の住所として「東京都23区　以下秘

匿」などの記載で受け付けてもらえる。記載方法については事前に書記官に確認するとよい。

4 書証等のチェック

　調停と異なり、暴力の事実を立証する必要があるので、暴力の証拠となる診断書その他の書証の提出は必須である。また、子どもの親権が争われる場合には、母子手帳、保育園の連絡帳、通知表などの提出が必要となる。養育費を請求する場合には、勤務先の源泉徴収票や生活保護受給証明書などの提出が必要となる。これらの書証には、原告の現住所の記載がある場合もあるし、原告の現住所の記載がなくとも、原告の通院先、勤務先、原告が監護している子どもの通園先や通学先等、原告の所在の手がかりとなる記載がある。証拠として提出する以上、調停のように非開示というわけにはいかないので、一つひとつ入念にチェックをして、マスキングをしてから提出しなければならない。母子手帳や保育園の連絡帳などは、全頁を確認して、別居後の所在をうかがわせる記載がないか（たとえば、予防接種を受けた病院が現在の住所の近所の病院であった場合にはその病院名をマスキングする、保育園の連絡帳に「今日は○○公園に行った」との記載がある場合には、「○○公園」をマスキングする等）のチェックが必要である。

　「年金分割のための情報通知書」については、**III 1 (2)** (c)参照。

5 和解期日への本人出頭

　離婚は身分行為であり、本人の意思確認が必要であるから、和解期日には本人が出頭する必要がある（人訴37条2項、3項）。和解成立時には、原告と被告が同席するのが通例であるが、DV事案の場合は、同席を避けたいこと、裁判所内で原告が被告と遭遇したり、裁判所の帰りに追跡されたりすることがないように配慮を求めたい内容について、事前に上申しておき、担当書記官に確認しておく。もっとも、DV事案の場合、裁判所によっては、原告本人の意思確認をした原告

代理人が出頭することで和解離婚の成立を認める場合もあるので、事前に裁判所に確認しておくとよい。

6　当事者尋問

　和解成立の見込みがなく、判決となる場合には、当事者尋問が実施される。当事者尋問において、被害者は、加害者と法廷で顔を合わせることになるだけでなく、加害者の前で尋問を受けることになるため、著しい不安や緊張を覚えたり、圧迫を受けて精神の平穏を著しく害されたりするおそれがある。被害者の精神状態によっては、付き添い、遮へいの措置、ビデオリンク方式による尋問の実施について申請する必要がある。

　付き添いは、裁判長が当事者の年齢または心身の状態その他の事情を考慮し、当事者が尋問を受ける場合に著しく不安または緊張を覚えるおそれがあると認めるときにとることができる（民訴203条の2、210条）。

　遮へいの措置（一方からまたは相互に相手の状態を認識することができないようにするための措置）は、裁判長が事案の性質、当事者の年齢または心身の状態、当事者と相手方当事者との関係その他の事情により、当事者が相手方当事者の面前で陳述するときは圧迫を受け精神の平穏を著しく害されるおそれがあると認める場合で、遮へいの措置が相当と認めるときにとることができる（民訴203条の3、210条）。

　映像等の送受信による通話の方法による尋問（ビデオリンク方式による尋問）は、事案の性質、当事者の年齢または心身の状態、当事者と相手方当事者との関係その他の事情により、相手方当事者が在席する場所において当事者が陳述するときは圧迫を受け精神の平穏を著しく害されるおそれがあると認める場合で、ビデオリンク方式による尋問が相当と認めるときに行うことができる（民訴204条、210条）。

7 親権が争点になった場合

　被害者が子どもを連れて家を出た場合において、加害者が子どもの親権を争うことも多い。親権について争いがある場合には、通常、家庭裁判所調査官による子の監護状況等の調査が行われる。調査官は、家庭訪問や子どもの通園・通学先の訪問等の調査を行うため、被害者は、現住所や子どもの通園・通学先などを調査官に伝えることになる。そこで、これらの情報が加害者に知られると、子どもの利益を害するおそれや被害者の私生活の平穏を害するおそれ（人訴 35 条 2 項）がある旨を上申して、調査報告書には、被害者の現住所や勤務先、子どもの通学先学校名など、被害者の所在が加害者に知られることのないように配慮を求める（DV 防止 23 条）。

8 慰謝料を請求する場合

　暴力は不法行為に該当する行為である。DV 被害者は、個別の暴力により被った慰謝料を請求することもできるが、離婚の場合は、DV が原因で離婚せざるを得なくなったことによる慰謝料（離婚慰謝料）を請求することが多いと思われる。また、暴力が原因で受傷して入通院した場合や後遺症が残った場合は、離婚慰謝料の他に入通院慰謝料、後遺障害慰謝料、遺失利益などが認められる場合もある（大阪高判平成 12・3・8 判時 1744 号 91 頁）。

9 加害者側からの離婚訴訟が提起された場合

　加害者から先に離婚訴訟が提起された場合、離婚それ自体については争わない場合であっても、加害者に対する慰謝料請求、財産分与、年金分割などを求める場合には、被害者から反訴を提起する必要がある。子どもがいる場合において、親権者の指定と養育費の請求をする場合も同様である。

10　訴訟終了後の注意点

(1)戸籍の届出　　和解離婚が成立した場合、原告は、和解離婚が成立した日から10日以内に和解調書の謄本（省略謄本）を添付して離婚の届出をしなければならない。また、離婚判決が確定した場合、原告は、判決確定の日から10日以内に判決書の謄本（省略謄本）と確定証明書を添付して離婚の届出をしなければならない。どこの市町村役場に離婚の届出をするかについては、前述 **Ⅲ5(1)** 参照。

(2)住民票の移動、荷物の引取り　　離婚後に住民票を移動する場合の注意点については、前述 **Ⅲ5(2)**、荷物の引取りについては、前述 **Ⅲ5(3)** 参照。

11　DV加害者の代理人の場合

(1)心構え等　　DV加害者の代理人であっても、被害者の保護、秘密保持に配慮する必要がある（DV防止23条）。

　加害者の代理人は、依頼者が更なる加害行為（保護命令違反行為、つきまといやストーカー行為、子どもの連れ去り、脅迫等の行為、被害者や被害者の親族等の生命・身体に危害を及ぼす行為等）をすることがないように依頼者に適切な助言をしながら、訴訟代理人として手続を進めていくことが大切である。こうした配慮は、依頼者のためにするものであるが、同時に、被害者や子どもの安全を図ることにもつながることである。

　また、たとえば、裁判所に提出された書類（原告の書証、調査嘱託の回答書等）に被害者の連絡先の記載があることに気づいた場合には、依頼者に渡す前に裁判所と原告代理人に連絡を入れて対応を求めるべきである。

　加害者の中には、自分が加害者であることを自覚していない者も多く、そのため、被害者が別居した（離婚を求めた）理由を理解できずにストレスを溜めて精神状態が悪化している者も多い。また、加害者の中には、自分の支配下から逃げ出した被害者を許せないというだけ

でなく、被害者が自分から逃げて離婚を求めてきたのは、被害者の親族、弁護士、DV関係機関等の支援者が被害者をそそのかしたからであると支援者らを逆恨みする者も多い。加害者の代理人としては、こうした加害者の精神状態や言動には十分注意をしておく必要がある。加害者の不満や言い分については、時間をかけて丁寧に聞き取るとともに、そこから何らかの解決策を見出せないか、探るようにすべきであろう。

（2）本人の意思と方針決定　　他の事案と同様、原告の請求に対して、どのような解決を希望するかについての本人の意思や希望を確認して、裁判をどのように進めていくかについての打ち合わせを行う。

　加害者が原告の離婚請求に応じると言っている場合（離婚の理由については争うが、離婚自体には応じるという場合も含む）、また、子どもの親権についても争わないと言っている場合、その旨を原告代理人と裁判所に伝え、和解成立に向けて、離婚原因と親権以外の争点整理（財産分与の対象財産の整理、養育費の計算など）を進めていくべきであろう。なお、加害者が子どもとの面会交流を条件に原告を親権者とすることに了解すると言うことがよくあるが、DV事件の場合、面会交流の可否や方法等についての協議が難航することも多い。面会交流については、別途申し立てる調停の中で協議することにして、親権の問題と切り離して解決することも検討すべきであろう。

　他方、加害者が暴力の事実を否認して離婚原因を争う、あるいは暴力があったことは認めるが、その程度や頻度、暴力に至った背景や理由が事実と異なっており、離婚原因となるような暴力はなかった、それゆえ、慰謝料支払義務もない等と主張する場合、代理人としてどのように対応するかは重要である。暴力を正当化するような主張とならないように注意しながら、加害者としての言い分を主張すべきである。

　なお、原告がDVを理由に離婚訴訟を提起した以上、仮に今回離婚請求が棄却されたとしても、原告が家に戻らないであろうこと、もう一度原告と家庭生活を送ることが難しいことについて、依頼者に伝

えておくことも必要であると思われる。離婚原因を争うことについて、依頼者にどのようなメリットがあるのか（判決で暴力の事実が認定されなければ、それで満足なのか）、結局、何も解決しないこと、今後も婚姻費用を支払わなければならないこと、仮に今回の裁判で離婚とならなくとも、数年後、原告が再度離婚訴訟を提起した場合には、別居期間やその後も関係修復ができなかった事実等から婚姻破綻が認定されて離婚が認められるであろうこと、それでもよいのか（すなわち二度も裁判をするのか、今ここで解決するか）ということも依頼者にはよく考えてもらうべきであろう。

（3）加害者側から離婚訴訟を提起する場合　加害者側から離婚訴訟を提起するにあたっては、有責配偶者からの離婚請求であるとの抗弁（最大判昭和 62・9・2 民集 41 巻 6 号 1423 頁）が提出されることも念頭において、離婚原因の有無を検討しておく必要がある。

　DV 被害者が家を出た後行方不明となっており、調停等が申し立てられることなく、代理人弁護士からの連絡もない場合、訴状の送達先としての被告の住所をどうするかが問題となる。被害者が旧住所（別居前の住所）に転送届を出している場合には、訴状の送達が可能である。しかし、被害者が転送届も出していない、勤務先を退職しているために就業場所も不明（就業先送達ができない）、親族や知人も被害者の連絡先を知らないと言っているなど、手を尽くしても送達する場所がわからないようなに場合は、公示送達による離婚訴訟の提起を検討するほかないであろう。

12　弁護士への危害防止のために注意すること

　DV 加害者の中には、配偶者が家を出て離婚訴訟を提起してきたのは、弁護士がそそのかしたからであると逆恨みし、また、訴状記載の内容に激怒して、被害者の代理人弁護士に対して、様々な嫌がらせ、業務妨害、脅迫などをしてくる者もある。加害者が事務所まで押しかけて来る場合もあるので、事務員および他の弁護士にも伝えて注意喚

起しておくとともに、事務所の入り口には常時鍵をかけておくなど、事務所の防犯対策を十分に講じておくべきである。加害者の攻撃内容によっては、警察への被害届とともに裁判所に報告して期日における警備等の手配を依頼することも行う。

　依頼者がDV加害者の場合も同様の注意が必要である。味方だと思った弁護士が自分の意に沿わない言動をとった、自分の思う通りの結果を得られなかった等、怒りの矛先を向けてくることもあるからである。また、加害者の代理人として、依頼者が被害者本人のみならず、被害者の親族や代理人弁護士に加害行為を加えることのないように適切な誘導、対応をすべきである。

　その他の注意点については、I8(4)参照。

〔 *Answer* 〕

　離婚訴訟を提起するにあたっては、別居の経緯となったDVの具体的内容、DVの証拠の有無等から、離婚原因（婚姻関係の破たん）が認定されるかどうかを検討する必要がある。客観的証拠のない精神的暴力の事案では、別居期間、別居後の加害者の言動、関係修復の努力がないこと等の諸事情もふまえて判断する必要がある。

　訴訟においても、被害者の安全確保、秘密保持を念頭において訴訟活動を行わなければならない。訴状その他の主張書面、書証などに被害者の所在をうかがわせる記載がないよう注意しなければならない。また、被害者が裁判所に出頭する場合には、加害者と顔を合わせないで済むように、また、裁判所の帰りに追跡されないように、事前に裁判所に配慮を依頼しておく。当事者尋問の場合には、依頼者の精神状態に応じて、遮へい措置などの手配を裁判所に申請する。

◀ コラム ▶ 事務所のセキュリティ

　離婚事件では、代理人である弁護士にも危害が加わる確率が高ま

る。裁判所は、DV事案を中心に調停や訴訟の進行について細かな配慮をしているが、弁護士に関しては、当事者本人と全く同じような配慮はしていないようである。

　しかし、離婚事件を受任した弁護士が逆恨みの対象となり、身体生命の危険にさらされる例は増加しているといわれている。私が思い出す限りでも、相手方の夫が事務所に乗り込み妻側の弁護士を刺殺した悲惨な事案は、秋田と横浜で1件ずつある。そのほかにも、顔や手を切りつけられた事案があるし、執拗な脅迫や嫌がらせをされた事案は、おそらくかなりの数に上っていると思われる。

　弁護士会では、弁護士業務妨害対策委員会等を組織し、練達の弁護士による救済を実施しているところがあるが、会員数の少ない弁護士会では、自力で生命身体の安全を確保しなければならない。また、事前のシグナルがなく突然に襲われたときも、やはり自らで対処しなければならないであろう。

　弁護士は、サービス業であり、入り口を施錠しておくことに抵抗感がある人もいるが、何らかの予兆をキャッチしたならば、直ちに適切なセキュリティ対策を講じる必要がある。金融機関では、呼び出しブザーを押さないとドアを開けないところが一般的になったようであるが、私は、そのようなセキュリティに違和感がなくなった。弁護士も、旧来の考え方を変えてもよいように思う。　　[髙中正彦]

第 5 章

不貞行為を原因とする離婚事件

I…相談段階

Case

　ノボル弁護士は、顧問会社社長の知人女性から、夫の不貞行為を原因とする離婚の相談を受けるよう事務所の所長弁護士から指示された。ノボルは、不貞行為を原因とする離婚について相談を受けるのは初めてだったので、事務所の先輩弁護士に相談することとした。

　ノボルは、どのようなことに注意すべきか。

• • •

ノボル：先輩！　所長から、不貞行為を原因とする離婚の相談を受けるように言われました。離婚事件の経験はあるんですが、不貞行為が原因なのは初めてなんです。なにか気を付けることはありますか？

姉　弁：そうねえ。じゃあ聞くけど、ノボルくんだったらどんなことに気を付けたらいいと思う？

ノボル：あんまりプライベートなことは聞かないとか……。

姉　弁：プライベートなこと聞かないで、離婚事件はできないでしょう。もちろん、事情聴取の時に、あまり微に入り細をうがったことを聞くことは、依頼者の感情を害することがありうるから、問題だけどね。

ノボル：あと、慰謝料額がどれくらいになるかですかね。

姉　弁：たしかに、相談者からすると、慰謝料額は関心があることだと思うけど、いきなりそこにいくのはちょっと……。不貞行為を原因とする場合も、基本的には通常の離婚事件と同じじゃないかしら。ただ、不貞行為の事実が明らかな場合は、離婚原因が明確なので……。

ノボル：わかりました！　通常の離婚の場合に苦労する離婚原因が明確だから、楽なのですね！

姉　弁：まあ、そういう場合もないことはないけど。不貞行為の事実が認められ
　　　　たら即離婚が認められる可能性が高いからこそ、相手方は不貞行為を徹
　　　　底的に否定する場合もあって、不貞行為の証拠を集めることが重要にな
　　　　るケースもあるのよ。

ノボル：そうなんですか……。不貞行為の証拠って、だいたいそろっているもの
　　　　だと思ってました。

姉　弁：それから、相談者が集めてきた不貞行為の証拠をどのようにして使うか、
　　　　調停や訴訟の証拠として使っていいのか、弁護士の立場で難しい場面が
　　　　出てくる場合もあるわ。

ノボル：そうなんですか。

姉　弁：不貞行為をされた側からすると、どうしても感情的になってしまう場合
　　　　もあるから、きちんと相談者に向き合ってね。

ノボル：はい、またわからないことがあったら相談します！

Check List

□不貞関係を基礎づける事実は何か［→ **1(1)**］

□不貞関係に関する証拠はあるか［→ **2**］

□（証拠がある場合）証拠の種類は何か［→ **2**］

□（証拠がある場合）証拠はどのような方法により取得したか
　　［→ **2**］

□（証拠がある場合）裁判所に提出できる証拠か［→ **2**］

□（証拠がない場合）これから証拠収集を行う必要があるか［→ **2**］

□（証拠がない場合）証拠を収集するに際し注意すべき点はある
　　か［→ **2**］

□相手方が不貞行為の事実を認める可能性はどれくらいあるか
　　［→ **1(4)**］

〔 解説 〕

1 相談における注意事項

(1)概略　　不貞行為を原因とする離婚事件の場合も、その他の離婚事件の場合と比較して、弁護士としてなすべきことは基本的には変わりはない。

　不貞行為を原因とする離婚事件に特有なこととして、不貞行為を基礎づける事実は何か、証拠はあるか、証拠の収集方法等について十分な聴取が必要なことである。

(2)不貞行為を基礎づける事実　　発覚の端緒として考えられるのは、たとえば、不貞行為の当事者と相手方とのメールや SNS でのやりとりでわかったのか、不貞行為の当事者の「怪しい素振り」なのか。また、不貞行為を行っているかどうかについては、メールや SNS でのやりとりの内容から明白なのか、不貞行為をほのめかす程度の内容なのか、などが考えられる。

　正確な事実を聴取することが必要なのは、どのような事件であっても変わらないが、離婚事件、特に不貞行為を原因とする場合は、相談者は感情的になっていることが多いので、相談を受ける弁護士としては、相談者の感情に配慮しつつ、客観的な事実を正確に聴取できるよう、意を用いる必要がある。

(3)不貞行為の証拠　　不貞行為を基礎づける事実の聴取の次は、不貞行為の証拠があるか、あるとしてどのような証拠かを聴取、確認する必要がある。特に、不貞行為を基礎づける事実に関して、客観的な証拠が存在するか否かの確認が必要である。この点は 2 で詳述する。

(4)不貞行為を認める可能性　　不貞行為の当事者が不貞行為の事実を認める可能性があるかどうかは、今後の事件の見通し（交渉によるか裁判手続をとるかの手続選択や不貞行為の証拠が必要か否かなど）にかかわることなので、この点も事情聴取をすべきである。

　ただし、気をつけるべき点として、相談者から、不貞行為の当事者

が認めた＝自白しているという言動をしたことを根拠に、不貞行為を争わないであろうという回答をしている場合である。この場合は、他の客観的な証拠があるかどうか、あったとして提出できるものなのかなどを検討して、今後の方針を決定すべきである。不貞行為の当事者は、客観的な証拠がないことを奇貨として、それまでの言動を翻す可能性がかなり高いといってよいからである（**III4(2)**参照）。

2　不貞行為立証のための主な証拠
(1)興信所作成の調査報告書　　**(a)有力な証拠であること**　　興信所（調査事務所）が不貞行為の当事者およびその相手方の行動等を調査して作成した調査報告書は、不貞行為を原因とする離婚において、たびたびみかける。興信所を積極的に利用するか否かは、意見が分かれるところではあるが、有力な証拠の1つであることは間違いないところであるので、以下で検討する。

　(b)調査報告書をすでに入手済みの場合　　相談者が事前に興信所に依頼をして、弁護士への相談の際にすでに調査報告書を入手していた場合は、調査報告書の内容および作成の経緯を確認して、相手方の人格権やプライバシー侵害がある場合や法令違反の手段で調査された結果作成された場合は、それを不貞行為立証の証拠とするかどうかを慎重に検討し、弁護士に対する懲戒請求の可能性も視野に入れて結論を出すべきである。問題ないとの判断であれば、書証として提出することになる。

　(c)興信所の紹介を依頼された場合　　弁護士への相談段階で、興信所の紹介を依頼された場合に、弁護士としてどのような対応をしたらよいか。相談者の要望に応じてよいかどうかは、①他の客観的証拠の存在、②希望するような成果が出てくる蓋然性、③調査費用の負担、④信頼できる興信所の存在などを検討する必要がある。

　ほかに、**(2)**や**(3)**で後述する不貞行為の客観的証拠がある場合は、当該客観的証拠で不貞行為の事実が立証できる可能性が高いこと、興

信所に依頼する場合は費用がかかること等を相談者に説明して紹介に応じないという考えがありうる。

　また、不貞行為の当事者と不貞行為の相手方との接触が定期的でないなど、興信所に依頼したとしても不貞行為の証拠として利用できる成果が期待できない場合も同様である。興信所に依頼する場合は、調査の方法、範囲にもよるが、比較的高額な費用の支払が発生するので、その点も注意が必要である。もっとも、興信所を紹介するためには信頼のおける興信所を知っているかどうかが大前提であり、信頼できる興信所がないなら、相談者へ紹介することは慎むべきであろう。信頼できる興信所かどうかは、たとえば弁護士協同組合と特約店契約を締結している業者であれば、一応の信頼ができる業者とみてよいであろう。

◀ コラム ▶ 興信所の活用

　離婚事件では、主に夫の不貞行為を立証するために、興信所（調査会社）に尾行調査を依頼することが結構行われている。そして、興信所が作成した調査報告書をそのまま書証として提出することも相当広く行われているようである。

　ところが、興信所の調査報告書の取り扱いを間違えたために弁護過誤訴訟の被告となり、敗訴した事案が２つある。１つめは、不動産処分禁止仮処分命令の申立てに際し、「第三国人としての立場を利用して巧みに儲けを続けてきた」との記載がある興信所作成の調査報告書を疎明資料として提出したものである。京都地判平成２・２・18判時1349号121頁は、弁護士として要求される慎重さを著しく欠いたものであり、社会的に許容された範囲を逸脱するとして、慰謝料の支払を命じた。もう１つは、マンション管理組合の内紛を受任し敵対勢力から懲戒請求を受けた弁護士が、敵対勢力の中心人物の調査を興信所に依頼し、「いかんともしがたい傲慢な性格

を形成している」「その場その場で見栄を張って虚言を吐いている」との記載のある調査報告書を敵対勢力側の役員に見せた案件で、東京地判平成19・3・26判タ1252号305頁は、当該中心人物のプライバシーを侵害したとして、慰謝料の支払を命じた。

　興信所の調査報告書を裁判の資料とする際には、その内容を慎重に吟味することが必須である。　　　　　　　　　　　　　[髙中正彦]

(2)メール・SNSのやりとり　　(a)証拠としての重要性　　近年

メールやSNS（ダイレクトメッセージ等の個人間でのメッセージのやりとり）が広範に普及して、不貞行為の客観的証拠として提出されることが多くなっている。これらは、不貞行為の当事者と不貞行為の相手方のやりとりが文字や絵文字、スタンプ、SNSによっては画像や動画などで明確に残っており、不貞行為の証拠として重要なものとなる。

　(b)取得方法の検討　　重要かつ明確なものであるがゆえにその取得方法について問題が生じる場合がある。たとえば、不貞行為の当事者のスマートフォンがパスワードでロックがかかっているにもかかわらず、これを解除して不貞行為の相手方とのやりとりを見る場合などが典型的である。

　(1)の興信所の調査報告書と同様に、相談時にすでに証拠を入手済みのケースと、相談時には証拠がなく相談以後に証拠を入手するケースが考えられる。

　(c)証拠を入手済みの場合　　刑事訴訟と異なり、民事訴訟＝民事事件においては、原則として不当または違法な手段で収集した証拠であっても証拠として利用することは可能であるとされているから（しかし、民事訴訟でも違法収集証拠の証拠能力に制限があるとする見解が多数である。内堀宏達「証拠能力と証拠価値」門口正人編集代表『民事証拠法大系第2巻』（青林書院・2004年）参照）、相談時にすでに証拠を入手済みの場合は、原則として証拠として利用することを検討する。

ただし、たとえば、相手方の同意なくログインIDとパスワードを入手してSNSでのやりとりを手に入れたなどの不正アクセス禁止法にふれるような場合はどうか。家事事件（民事事件）での有利な結果を求めるあまり、相談者が刑事事件として立件される危険を冒すことは厳に慎むべきであるし、刑事事件として立件されるまででなくても、不正に入手した証拠を裁判手続で利用することが弁護士職務基本規程5条・6条違反などの問題になる可能性も視野に入れるべきである。このような場合は、これらの証拠を端緒として別の証拠を収集するなど、証拠の入手方法やその内容が問題とならない証拠を調査することにとどめるべきであろう。

　（d）証拠が未入手の場合　　たとえば、相談者から「不貞行為の当事者のスマートフォンのロックを解除するパスワードを知っているので、これから2人のやりとりを撮影する。これを不貞行為の証拠として使ってほしい。」と言われた場合、弁護士としてどう対処すべきかは、悩ましいところである。

　前述したとおり、民事訴訟では原則として違法に入手した証拠であっても証拠として利用することは可能とされているので、相談者が不当・違法な手段で入手しようとする証拠が証拠能力や証拠価値がないからやめるように強力に説得することはなかなか困難である。他方で、不当・違法な手段で証拠を取得しようとする相談者に対し、弁護士として何も言及しない場合どのようなことが考えられるか。このような証拠を提出することにより、将来的に不貞行為の当事者やその相手方から、不当・違法な手段で取得したことを指摘され、弁護士に対し懲戒請求、刑事告訴、損害賠償請求などをされる可能性もある。

　不貞行為に関する証拠がない場合に、弁護士が相談者に対し、不当・不法な手段での取得を積極的に示唆することは論外であるが、不当・不法な手段での取得を考えている相談者に対し、弁護士の立場からするとこれを行ってよいとは言えない、仮に行った場合に不当・不法な手段で取得したことを口実にされ、相手方から攻撃されるおそれ

があるということを、相談者に伝えることは必須である。

(3)写真・動画　　(a) データとしての存在　　不貞行為の当事者と
不貞行為の相手方が一緒に写っている写真は、不貞行為を直接証明す
る証拠とはいえないまでも、2人が親密な関係にあることを裏付ける
証拠として、以前から使用されてきた。

　最近は、携帯電話の写メやスマートフォンのカメラにより、以前よ
り簡単かつ日常的に写真や動画を撮影できるようになった。また、写
真が紙状の「物」として残るだけでなく、撮影データとして保管でき
るようになったため、大量の写真・動画データが残せるようになった。
さらに、日常的に撮影を行えるようになったことで、不貞行為の当事
者とその相手方の親密な関係を裏付ける証拠としてだけでなく、不貞
行為そのものを裏付ける証拠としても利用されるようになっている。
直接証拠としての利用は、動画で特に顕著である。

　(b) 相談時に入手済みか　　メールやSNSの場合と同様、現在で
は写真（データ）の取得方法が特に問題になり得る。不貞行為の当事
者の承諾なく、同人のスマートフォンを操作して写真や動画のデータ
を取り出すことが典型である。

　写真・動画の場合も、すでに取得したものなのか、（不当・違法な手
段で）これから取得するものなのかで議論があることはメールやSNS
の場合と同様である。たとえば、オートロック式マンションの建物内
に鍵をもたずに侵入して、共用部分（廊下）に設置した隠しカメラで
不貞行為の現場を撮影したものを証拠として利用できるか。メールや
SNSの場合と同様、住居侵入罪が成立するような方法で取得された
証拠は、他の証拠を調査するための端緒とするにとどめるべきではあ
る。ただ、依頼者の強い意向から提出を検討せざるを得ない場合も出
てくるが、その場合、弁護士としては、辞任を選択することを検討す
べきである。

(4)その他のデジタル証拠　　(a) GPS　　相談者が、不貞行為の
当事者が日常使用している車両に市販のGPSをつけた上、アプリと

連動させて、不貞行為の当事者の行動を追跡した結果得た、不貞行為の当事者の行動履歴を証拠として利用できるか。また、不貞行為の当事者のスマートフォンの GPS を、同人の承諾なく相談者のスマートフォンと連動させて、不貞行為の当事者の行動を監視して追跡した結果を証拠として利用できるか。

　いずれも、不貞行為の当事者のプライバシー権、人格権を侵害する行為で損害賠償の対象となりえる違法な行為とされる可能性が高い。これらの証拠がある場合、提出する証拠として利用するのではなく、これらを端緒として、他の提出に耐えうる証拠を収集するべきであろう。

　（b）公開されている SNS　　ツイッター、インスタグラム、フェイスブック等で日常生活を文章で、さらに写真や動画にして、頻繁に投稿することが一般的になっている。これら SNS は、限定された特定の者にしか閲覧できない場合もあるが（「鍵アカ」など）、だれでも閲覧できる設定になっていることも多い。したがって、当事者らの名前で検索すれば、当事者らの投稿が容易に確認できる。

　不貞行為の当事者も、だれでも閲覧できる状態であることを認識していることが通常であるので、これら公開されている SNS が不貞行為の直接的な証拠となることは少ないが、不貞行為の相手方らの投稿が端緒となって他の証拠と合わせて不貞行為の証拠となる場合がある。たとえば、ある日の不貞行為の当事者が投稿したディナーの写真と、同日の不貞行為の相手方の「今日、高級レストランの○○に行ったよ！　おいしかったよ！」とのつぶやきがあった場合に、高級レストラン○○をネットで検索したところ、ディナーの写真が不貞行為の相手方が投稿した写真と同じであった場合は、同日に不貞行為の当事者と相手方が高級レストラン○○に行って、写真に出ているディナーを一緒に食したことが推認できる。

　また、**IV** のケースのように、不貞行為の当事者の代理人となった場合は、同当事者が SNS をしていたかどうか、していたとすると公

開していたか、どのような内容の投稿をしていたか、などを聴取するとともに、今後は投稿する場合は慎重に投稿するよう、指導することが必要となる。

どちらの立場であっても、現代では、当事者らのSNSをチェックすることは必須といえよう。

【 *Answer* 】

通常の離婚の相談の場合と同様に丁寧な事情聴取を心掛ける。証拠については、スマートフォン、SNSなど、最近のデジタル技術の進展により収集できる証拠をもれなくカバーするとともに、その収集の手段についても注意する。

◀ コラム ▶ 裁判外での交渉

不貞行為を理由とする離婚の場合であっても、裁判所を介さず相手方と相対交渉することは当然考えられる。相手方当事者に弁護士がついていれば、弁護士を通して話を進め、事案によっては弁護士間で協議し、任意で話し合いがつかない場合は、調停、訴訟へと進むことは、他の離婚事件と変わらない。

ただし、不貞行為の当事者もしくは同相手方本人を対象として裁判外で交渉する場合は注意を要する。弁護士は私人であり、警察等の公権力の行使者と異なり、相手方に対して強制力を行使できるわけではない。したがって、不貞行為の当事者らと相対交渉するときも、あくまで私人対私人であることを弁護士自身は認識しているが、相手方当事者が同じように考え、同じように感じるとは限らない。日常的に弁護士と接触する機会がない人物が相手方の場合、相手方の立場からすると、弁護士という肩書で自分を威圧していると感じる場合があることは認識しておくべきである。特に、不貞行為が事実の場合、不貞行為の当事者は後ろめたい気持ちがあることから、

弁護士が不貞行為の事実を突きつけて、当事者を追い込むような言動を行えば、当事者は弁護士から威圧的な対応をされたと感じることは容易に想定できる。

　また、実際にも、弁護士が自らが当事者でないにもかかわらず依頼者に過度に入れ込んでしまい、あたかも当事者であるかのように、相手方当事者を責めたててしまう場合もある。その結果、相対交渉で相手方当事者に文書を書かせたとしても、「弁護士から威圧的な対応で脅迫され、念書に無理矢理サインをさせられた」として、文書が無効であると主張されるだけでなく、「弁護士が自らの立場を背景に威圧的な対応を行い脅迫した」ものとして、懲戒請求を受ける場合もあり得る。

　不貞行為の相手方当事者と裁判外で交渉する場合は、相手方からどのようにみられているかに配慮して、あくまで第三者として冷静に対応して、丁寧な対応を行うべきである。　　　　　　　[國塚道和]

II…離婚調停

Case

　ノボル弁護士が離婚の相談を受けた女性から、離婚の決心がついたので裁判所で決着をつけたいという依頼を受けた。また、不貞行為の相手方にも慰謝料を請求してほしいという要望もあった。この場合に注意すべき点は何か。

　依頼者から、離婚は求めないが、不貞行為の当事者と不貞行為の相手方に慰謝料を請求したいという希望があった場合は、どのような対応をしたらよいか。

・・・

ノボル：先輩！　例の不貞行為を理由とする離婚なんですが、訴訟を提起することになりました。いよいよ戦闘開始ですよ。

姉　弁：あらそうなの。いきなり訴訟提起？　離婚だったらまず調停よね。

ノボル：あっ、そうでした。相談者が裁判所でかたをつける、と言ったものだからついつい。でも、夫は不貞行為を認めようとせず、「やり直そう」と言っているので調停で話はつかないと思いますが。

姉　弁：不貞行為の証拠はどうなの？　きちんとした証拠はあるの？

ノボル：それはばっちり。メールやSNSで、言い逃れできない明確な不貞行為の証拠があると、依頼者は断言してますから。

姉　弁：そう。だったらいいけど……。依頼者が「間違いない証拠がある」といって、実際見てみると弱い証拠だった場合もあるから。

ノボル：……もう一度証拠を精査します。それより、依頼者は、夫と不貞行為の相手方両方に対し裁判手続で解決をしたい、という考えを持っています。夫と不貞行為の相手方への慰謝料請求をしたいということです。先輩はどう考えますか？

姉　弁：う〜ん、難しいところね。まず、不貞行為の相手方も一緒に調停の相手方とすることについてだけど、不貞行為の当事者と相手方が不貞行為を認めている場合は、2人一緒に解決を図るという趣旨で、2人を調停の相手方として申し立てることはあるけど、それ以外の場合、特に不貞行為自体を争っている場合、かえって話し合いが難しくなるということもあるわね。

ノボル：そうですね。ムキになって感情的になり話し合いがうまくいかないことも想定されますね。

姉　弁：同じことは不貞行為の当事者に対して慰謝料を請求するか、するとしてその金額をどのくらいにするのか、についても問題となると思うの。あまり高額な金額を設定すると、かたくなになって最終的な解決が遅くなる場合も想定されるわね。あと、離婚は求めないけど、慰謝料はとりたい、という場合もあるわね。

ノボル：わかりました。もう一度依頼者と話し合って検討してみます。

Check List

□裁判所に提出するに適切な証拠かどうか［→ 1］
□不貞行為の相手方も調停の当事者とするか［→ 2］
□調停段階で慰謝料請求も行うか［→ 3］
□離婚は求めず慰謝料のみ請求するか［→ 4］
□慰謝料のみ求める場合にどのような裁判手続をとるか［→ 4(2)］
□相手方のリアクションの態様の検討を行ったか［→ 4(1)］

［ 解説 ］

1 不貞行為に関する証拠の提出

　不貞行為に関する証拠について、取得方法が問題となりえることは、I2 で検討したとおりである。

　ここでは、証拠の中身（証拠価値）について検討する。不貞行為があった事実を裏付ける証拠は、当事者や第三者のプライバシーに関する事項が含まれていることが多く、当事者や第三者にとっては秘匿したいものであることが通常である。他方で、不貞行為があった事実を証するためには当事者のプライバシーを侵害してでも明らかにしなければ、離婚等の目的を遂げることができない場合がある。さらに、証拠がデジタルデータの場合、編集の可能性も考える必要がある。

　以下では、証拠の種類ごとに検討することとする。

(1)興信所作成の調査報告書　不貞行為の当事者と相手方の行動記録などは、興信所から依頼者宛の報告書の形をとるのが通常であり、第三者の目にふれるという前提で作成される場合が多いことから、通常は提出をして差し支えないものと考えられる。

　むしろ、興信所作成の調査報告書は、「証拠価値」からの検討が必要であることが多い。興信所は玉石混淆であり、依頼者の意向におもねって、結論ありきの事実とはいえない「報告書」を作成したり、実際には行っていない「尾行」をしたとして高額な調査料を要求する場合もないとはいえない。

　調査報告書を証拠として提出する場合は、事実がきちんと記載されているか、推測が入っていたとしても事実に基づく適切な推測か、など、弁護士の目からみて証拠価値があるかどうかの内容を十分に吟味する必要がある。

(2)メール・SNS　メールや SNS のやりとりは、不貞行為を直接裏付けまたは不貞行為があったことを推測できる事実の証拠となりえる。また、やりとりが文字や文字に代わる絵文字、スタンプだけであ

れば、相手方らに対するプライバシー侵害の程度も低いと考えられることから、これら証拠は積極的に提出を検討すべきである。

　注意すべき点としては、やりとりの中に、当事者以外の第三者の氏名等の個人情報が出てくる場合であり、このような場合は、マスキング等で第三者の情報が特定されない方法で証拠化するべきである。

(3) 写真・動画　　現代は携帯電話やスマートフォン、タブレットが普及し、日常的かつ簡易に写真や動画を撮影できるようになった。不貞行為の証拠として、スマートフォンで撮影された画像や動画が提出される機会も多い。写真や動画は、使われ方によっては被撮影者のプライバシー権や人格権を侵害する可能性があり得るので注意が必要である。たとえば、性行為の場面そのものを撮影した写真や動画は、裁判所に提出するべきではない。直接的な場面を省いて証拠化するなどの配慮が必要である。

　また、写真や動画は、現在ではデジタルデータで保管されることが多く、デジタル情報が編集される可能性も考慮にいれておく必要がある。たとえば、不貞行為の当事者と別の人物と一緒に写っている写真の顔部分のみを不貞行為の相手方の顔に変えて、あたかも不貞行為の当事者と同相手方が一緒に写っている写真を作ることなどである。2021年の段階では専門家であればともかく、一般人が写真や動画のデータを、違和感を感じさせることなく本物同様に編集することは容易ではないといえるが、写真や動画の編集アプリの進化具合からみると、今後、一般人でも写真・動画データを本物同様に編集ができるようになる可能性が十分考えられる。

　弁護士としては、不貞行為の直接の証拠であることで安易に提出するのではなく、聴取した事実関係と齟齬がないか、他の証拠と矛盾しないかなどの慎重な検討を行ったうえで証拠を提出する必要がある。

2　不貞行為の相手方を調停の当事者とすることの可否
(1) 問題の所在　　依頼者が不貞行為の当事者とともに、不貞行為の

相手方も調停の当事者にすることを希望する場合がある。訴訟と異なり、調停は、不貞行為の相手方も不貞行為の当事者に対する調停と同一手続で調停の当事者（相手方）とすることができることから、検討の余地はある。どのような場合にこの方法をとるかは一概にいえないが、以下で典型的なケースを検討してみる。

（2）ケース想定　　（a）ケース1　　不貞行為の当事者が不貞行為の事実を認めていることを前提に、不貞行為の相手方を慮り、同人に影響が及ばないように要請している場合はどうか。

このように、あえて不貞行為の相手方を調停の当事者とすると、不貞行為の当事者の態度がかたくなになって、当初受け入れるつもりであった離婚の話に応じない、といったことも想定される。

　（b）ケース2　　不貞行為の当事者が、不貞行為の事実を認めていない場合に、不貞行為の相手方を調停の当事者とすることで、「観念」して不貞行為の当事者が早めに「白旗をあげる」といったことが考えられる。

（3）結論　　依頼者の意向の強さ、不貞行為の当事者の性格、不貞行為の当事者と相手方の現在の関係（すでに関係が切れている場合は当事者とすることに積極的でもよいであろう）などから総合的に判断することになるが、一般的には、不貞行為の相手方を調停の当事者とすると、当事者が複数となることにより慰謝料額の算定とその負担割合をめぐって争点が増え、本来的な目標である離婚成立に至るまでの時間と手間がかかることにかんがみると、原則的には不貞行為の相手方を当事者とせず、一体解決が見込める例外的な場合に双方を当事者とする、という判断に落ち着くのではないかと思われる。

なお、不貞行為の相手方を調停の当事者とすることについて、依頼者の意向が強い場合には、調停段階で当事者とするとかえって解決が遅くなる可能性があること、調停では相手方の合意がなければ解決できないので、調停で解決できない場合に改めて検討することを説明して納得してもらうことになるであろう。

3　慰謝料請求

　調停段階で、慰謝料請求を行うかどうかも、**2**と同様の問題がある。

　不貞行為の当事者に不貞行為をされた依頼者からすれば、心の傷を埋めるために不貞行為の当事者に対して慰謝料請求したい気持ちは十分理解できるところである。他方で、不貞行為の当事者が不貞行為の事実を認めない場合や不貞行為の事実は認めても慰謝料請求には応じない可能性が高い場合には、慰謝料請求権の有無やその額で争いが生じ、最終的な解決が遅れる可能性もある。

　依頼者の意向を尊重するため、たとえば、申立て段階では慰謝料の請求をするとしても、実際の調停協議の場では、他の離婚条件を先行させるなど、調停の中で配慮するという方法も検討の余地があろう。

4　離婚は求めず慰謝料請求のみ行う場合

(1)可否および想定されること　　依頼者から、不貞行為の相手方に対し、離婚はしたくないが、不貞行為により被った精神的苦痛に対して慰謝料の請求はしたい、という意向が示されることがある。

　この方法は、たとえば、不貞行為の当事者双方が不貞行為の事実を認めて、夫婦が「やり直す」ために相手方に金銭を支払うことによって「元の鞘におさまる」ことを目的としたものである。事情を聴取して、不貞行為の当事者のこれまでの言動などから、そのような解決ができることが見込める場合は採り得る手段となろう。

　もっとも、不貞行為の当事者が離婚を望んでいるような場合には、不貞行為の当事者からの離婚請求を誘発することもありえることは注意すべきである。

(2)裁判手続の選択　　不貞行為の当事者双方が不貞行為を認め、やり直すことを望んでいたとしても、慰謝料額について折り合うことができず、裁判手続に移行せざるを得ない場合、裁判手続としてどのような手段をとることができるか。

　厳密にいえば、離婚を求めず、慰謝料請求だけをする場合は、損害

賠償請求という一般民事事件であるので、民事調停または民事訴訟の手続をとるのが原則である。ただ、将来的に離婚も考えているような場合は、家事調停手続を選択することも検討する。裁判所にもよるが、家庭裁判所では、比較的柔軟に対応してもらえるようである。

【 *Answer* 】

調停で提出する予定の証拠の取得方法や内容について事前に検討した上で、提出する。相対で解決できず、裁判手続となった場合に、不貞行為の当事者や同相手方に対し慰謝料を求めた場合、不貞行為の相手方らの対応いかんによっては、最終的な解決が遅れる場合があることに注意する。

また、離婚を求めず、慰謝料請求のみ求めることは、具体的事情いかんによっては検討の余地があるが、不貞行為の相手方からの離婚請求の誘発や裁判手続の選択に注意する。

III …離婚訴訟

> **Case**
>
> ノボル弁護士は、妻の代理人として、不貞行為をした夫のみを相手方として夫婦関係調整（離婚）の調停を申し立てたが、夫は不貞行為を認めず、離婚にも同意しなかったことから調停は不調に終わった。依頼者は速やかに離婚訴訟を提起することを希望している。
>
> 離婚訴訟で注意すべき点は何か。

• • •

姉　弁：ノボルくん、不貞行為の離婚の案件、調停が不調になったんだって？

ノボル：そうなんですよ。夫が不貞行為をどうしても認めなくって。メールやSNS の履歴からすると、不貞行為があることは明確なのに。意地を張っているんでしょうか。

姉　弁：それで、離婚訴訟を提起するんでしょう？

ノボル：はい。今準備中です。気をつけるべきこととして、人事訴訟の管轄の問題、親権や財産分与などの申立てを忘れないことなどのほかに何かありますか？

姉　弁：そうねえ、調停申立ての場合と同じだけど、慰謝料の額をどのくらいにするか、かしら。

ノボル：不貞行為をされた当事者とすれば、感情的な面からもできるだけたくさんとりたいと考えるのが通常ですし、また、実際にとれると思っているんですよね。

姉　弁：当事者の考えている金額と実際に裁判で認容されるであろう額にかなりの齟齬があるのは確かね。あと、不貞行為の相手方に対する依頼者の考えはどうなの？

ノボル：忘れてました。ここまできたら、不貞行為の相手方にも慰謝料請求をしたいという考えなんです。一方は人事訴訟、他方は民事訴訟と手続が異なるので、別訴とならざるを得ず大変なんですが……。

姉　弁：夫との紛争が終わってから改めて考える、という選択肢もあると思うけど、訴訟がこじれて長引くようだったら、時効の問題があるし、並行してやらざるをえないかもね。

ノボル：あと、ごくプライベートな写真やメモ、それから証人尋問なんかすごいことになるんですかね。ちょっと心配です……。

姉　弁：まあ、離婚訴訟の場合は通常の民事事件と違って感情的になりやすいし、ましてや不貞行為を原因とする場合は、ということもあるかもね。

ノボル：感情的な人に向き合うのは苦手なんですよね。

姉　弁：わたしたちは当事者ではないのだから、依頼者に寄り添いつつも、手続を粛々と進めるほかないわ。

　　　　それより不貞行為が証拠上明らかな場合は、訴訟中に夫側から、いわゆる「破綻の抗弁」を主張してくることも考えられるわね。これに対応する証拠集めを依頼者にお願いする必要があるのではないかしら。

ノボル：ハタンノコウベン？　婚姻関係が破綻しているから離婚するのでは？

姉　弁：相手方との交際が始まった時には、夫婦関係がすでに破綻していた、と主張することよ。これは不貞行為の相手方に対する慰謝料請求でも主張されることが多いわ。

ノボル：わかりました。準備して訴訟に臨みます。

Check List

□離婚事由である「不貞な行為」があるか［→ **1**］

□不貞行為の相手方も訴えるか［→ **2**］

□不貞行為の相手方も被告とする場合、時効が成立していないか［→ **2(2)**］

□慰謝料額をいくらに設定するか［→ **3**］

　　□不貞行為を裏付ける証拠の確実性を検討したか〔→ 4〕
　　□破綻の抗弁に対抗する事実および証拠を収集したか〔→ 5〕

［ 解 説 ］

1　不貞行為の存在

(1)問題の所在　調停での話し合いが不調に終わった場合、強制的に離婚するためには離婚訴訟を提起する必要がある。協議離婚や調停離婚の場合と異なり、他方当事者の意思にかかわらず離婚を認めるのであるから、法定の離婚事由がなければならない。この点、不貞行為がある場合は、明文で規定されている（民770条1項1号）が、まずは不貞行為とはなにかが問題となる。

(2)不貞行為の意義　不貞行為の意義については、配偶者以外の異性との性交（姦通）に限定する考え方と、姦通以外の性的信義誠実義務に違反するすべての行為を含むとする考え方とがあるが、判例は、「配偶者ある者が、自由な意思にもとづいて、配偶者以外の者と性的関係を結ぶことをいう」としている（最判昭和48・11・15民集27巻10号1323頁）。性的関係があるかどうか証拠上微妙な場合は、離婚原因として不貞行為とともに「婚姻を継続し難い重大な事由」（民770条1項5号）を併せて主張することになる。

　不貞行為があるかどうかが争いになる場合が多いのは、一方配偶者から不貞行為の相手方に対する慰謝料請求訴訟で、不貞行為の相手方が「性的関係＝不貞行為がなく、したがって不法行為の加害行為がない」といって争われる場合である。

2　不貞行為の相手方を訴えることの可否

(1)問題の所在　不貞行為の相手方も共同被告とすることを依頼者から要望される場合がある。しかし、調停と異なり、離婚訴訟は人事

訴訟（不貞行為の当事者に対する慰謝料請求を離婚請求と併合して同一手続で審理を行うことは可能である）であり、不貞行為の相手方に対する慰謝料請求は民事訴訟であって、別手続にならざるを得ない。また、依頼者から早く離婚をしたいという要望があった場合は、離婚訴訟を迅速に進行させるため、まずは離婚訴訟を提起して、不貞行為の相手方に対する慰謝料請求は、離婚訴訟の行方をみつつ、後日に行うこともある。

　ただし、不貞行為の相手方に対する訴訟提起が離婚訴訟より後になると、以下のような問題が生じる。

（2）慰謝料請求訴訟の時効の起算点　　離婚訴訟を先に提起して、不貞行為の相手方に対する慰謝料請求の訴えが後になった場合、慰謝料請求の時効が問題となる場合がある。不貞行為による慰謝料請求の消滅時効は、不貞行為があったことを知った時が起算点となるところ、不貞行為の当事者に対する離婚請求は、調停前置のため、調停と訴訟の手続を経ていると、後に不貞行為の相手方に慰謝料請求訴訟を提起しようとしたときには、不法行為の時効期間（3年）を徒過している場合がままあるからである。

（3）平成31年最判　　ここで、最判平成31・2・19民集73巻2号187頁（以下「平成31年最判」という）が問題となる。同判決は、不貞行為の相手方に対する離婚に伴う慰謝料請求について、「（不貞行為の相手方が、）単に夫婦の一方との間で不貞行為に及ぶにとどまらず、当該夫婦を離婚させることを意図してその婚姻関係に対する不当な干渉をするなどして当該夫婦を離婚のやむなきに至らしめたものと評価すべき特段の事情がある場合に限られる」と判示している。不貞行為の相手方に対して、「不貞行為＝加害行為」と構成せず、「離婚させた＝加害行為」と構成せざるをえないのは、慰謝料請求訴訟提起の時点で、不貞行為があったことを知った時から3年を経過していて、「不貞行為＝加害行為」の慰謝料請求が時効で消滅してしまったためであった。平成31年最判の事案も、慰謝料請求訴訟提起の時点で、不貞

行為を知ってから3年が経過していて、「不貞行為＝加害行為」による慰謝料請求が時効となっている事案であった。

　平成31年最判により、原則として「離婚させたこと＝加害行為」として慰謝料請求ができなくなったため、依頼を受けた弁護士として、不貞行為の相手方に対する慰謝料請求を時効消滅させないための配慮が必要となったのである。

（4）平成31年最判の影響　　不貞行為の相手方に対する慰謝料請求を時効消滅させないためには、不貞行為の当事者に対する訴訟を離婚訴訟と並行して提起すればよいが、実際上それほど簡単ではない。離婚訴訟とは別に民事訴訟を提起しなければならない労力や費用がかかること、不貞行為の相手方を訴えることによる不貞行為の当事者との離婚訴訟に影響を及ぼし、離婚訴訟の解決が遅れる可能性も十分考えられる。他方で、依頼者は不貞行為の相手方に対し強い感情的反発を持っていることが通常であるので、同人に対する慰謝料請求訴訟の提起を望んでいることについて配慮せざるを得ない。

　弁護士として、依頼者の意向を汲みつつ、離婚訴訟と同時に不貞行為の相手方に訴えを提起しない場合は、時効消滅の可能性を常に念頭に置くべきである。

3　慰謝料額の設定

　不貞行為を理由とする離婚訴訟の場合は、調停申立て段階と異なり、離婚請求に加え、慰謝料請求も同時に行うことが通常である。慰謝料を請求するとして、訴え提起段階で金額をいくらに設定するかが問題となる。

　慰謝料請求部分は通常の民事訴訟事件であるため、処分権主義から、請求する金額が上限となる。したがって、あまり低い金額を設定することはできない。しかし、他方で、判決で認められるであろう金額をはるかに超える金額を設定（依頼者の不貞行為の当事者らに対する感情的反発から高額の慰謝料を要望される場合がままある）すると、貼用印紙

が高くなる（160万円と慰謝料額を比較して高い金額が印紙額算定の基準となる）ということもある。

　不貞行為を理由とする場合は、そもそも当初から感情的な反発が強いことに加え、調停で話し合いがつかず訴訟までもつれたのであるから、依頼者の反発が増幅していることについての配慮が必要である。印紙代が高額になることの納得が得られれば、依頼者の考えを取り入れることも検討の余地がある。

　なお、不貞行為を理由とする慰謝料請求訴訟の請求額と認容額について、東京家庭裁判所民事第6部（人事訴訟部）の判決例を詳しく分析した論文が存在する（大塚正之「不貞行為慰謝料に関する裁判例の分析(1)〜(5・完)」家庭の法と裁判10号（2017年）〜同15号（2018年））ので、慰謝料額を決める際に参照するとよい。

4　訴訟で提出する証拠の検討

　本章Iで収集方法を、IIで中身について、それぞれ検討した証拠を訴訟で提出することになる。

　ここでは、上記で検討した証拠のほかに、不貞行為を理由とする訴訟において、よく提出される証拠を個別に検討する。

(1)クレジットカード・ETC・電子マネー履歴　不貞行為の当事者が使用しているクレジットカード・ETC・電子マネーの利用明細に、同人の不貞行為を推認させる事実が認められる場合がある。

　クレジットカードの利用明細は、不貞行為の当事者がレストランで会食をした事実やホテルで宿泊した事実が推認されるし、飛行機や電車の利用は、当事者が旅行に行った事実などが推認される。

　また、ETCの利用明細は、不貞行為の当事者が通常利用しないルートがあれば、当事者らがドライブしたことが推認される場合がある。

　さらに、電子マネーの利用明細は、不貞行為の相手方に対し高価な物品を贈与した事実が推認される場合がある。

　これらの証拠についても、「履歴の明細をどのようにして入手した

か」について依頼者に確認の上、提出を検討すべきである。

（2）不貞行為の当事者の不貞行為を認める供述　　不貞行為の当事者
が不貞行為の事実を認めていて、それが証拠化されている場合がある。
実務上よくみられるのは、たとえば、「誓約書」や「念書」の表題の
もとに、不貞行為の当事者が自署（捺印）した書面で、その中身は、
「間違ったことをしてしまい申し訳ありません。今後は家族を大事に
します」などと記載された文書である。

　このような文書があると、不貞行為の事実が容易に認められそうに
思える。しかし、調停や訴訟の段階になって、「事実がないのに強要
されて無理やり書かされた」「不貞行為があったわけでなく、家事や
育児に積極的でないことなど日ごろの生活態度についての謝罪であ
る」などと主張し、不貞行為の事実を争ってくることがある。

　さらに、大塚正之・前掲論文（2）（家庭の法と裁判 11 号（2017 年）
50 頁）の分析によれば、裁判例では、これら文書だけでなく、法廷で
の不貞行為の当事者の陳述があった場合であっても、それだけでは証
拠価値は低く、不貞行為を推認できないケースがあるとのことである。
同論文では、これらの裁判例について、「配偶者から不貞を疑われる
行為をしたことを理由に不貞をしただろうと責められた場合、不貞に
まで至らなくても、いけないことをしたという負い目があったり、そ
の場を収めるために、あるいは、離婚手続を速やかに進めるためなど
の理由で、仕方なく事実に反して不貞行為を認める旨の書面を作成し
てしまうことも、経験則上、あり得るということが前提となっている
と思われる」と分析している。この分析は、実際に離婚の相談を受け
た弁護士の実感にも一致するものであって、適切な分析と考えられる。

　以上のように、離婚を請求する側の弁護士としては、不貞行為を認
める内容の書面があった場合であっても、他の証拠の収集を怠っては
ならないことが明らかであろう。

（3）パスポート　　不貞行為を原因とする離婚請求訴訟の裁判例では、
不貞行為の当事者と不貞行為の相手方が海外旅行をしていたとして、

パスポートが証拠として提出されている事案が散見される。パスポートは通常自宅に保管されていて家族が容易に確認ができるものであるため、証拠として提出されるものと考えられる。

　ただ、現在では相手方らの行動履歴が、デジタルデータによって相当程度明らかになる場合が多いので、今後は、パスポートが証拠として使用されるケースは減少するのではないかと思われる。

5　破綻の抗弁に備えた証拠収集

(1)破綻の抗弁の意義　　不貞行為の当事者が、不貞行為の事実は認めるが当該事実が生じたときにはすでに夫婦関係は破綻していたと主張することをいう。離婚訴訟においては、被告から離婚事由はあるが慰謝料は発生しないことを主張する場合や、不貞行為の相手方を被告とした慰謝料請求訴訟において被告から主張される場合が多い。「抗弁」と呼ばれているが、慰謝料請求権の発生原因事実を否認（積極否認）するものである。

(2)破綻の抗弁に備えた主張・立証　　破綻の抗弁は、不貞行為の当事者から主張されるものであるから、不貞行為を主張する側からは積極的に「破綻していなかったこと」を主張・立証する必要はない。不貞行為の当事者から破綻の抗弁があった場合に、これに反論するための事実および証拠の収集が必要となる。具体的には、不貞行為の当事者が婚姻関係が破綻したと主張する時点で破綻していなかったことを主張、立証することになる。たとえば、不貞行為の当事者が主張する破綻の時点で、家族旅行に行ったこと、子どもの運動会、学芸会等の行事に家族で出ていたことなどを主張するとともに、その際に撮影した写真等を証拠として提出するなど、家族が円満であったことを主張、立証することになる。

　また、仮に不貞行為の当事者の主張時点で別居の事実を否定できない場合であっても、不貞行為の当事者が頻繁に自宅を訪れていたこと、別居している期間が短いことなどを主張、立証することで、婚姻関係

が破綻していないことを主張、立証すべきである。

【 *Answer* 】

　不貞行為の事実を裏付ける証拠について、収集方法や中身に配慮して、提出の有無を検討する。また、不貞行為の相手方に対する慰謝料請求訴訟の提起を検討している場合は、時効による消滅の可能性を常に頭にいれておくこと。

◀ コラム ▶ 同性事実婚破綻の慰謝料

　同性事実婚が、一方の不貞行為により破綻した場合の慰謝料請求を認めた裁判例（宇都宮地真岡支判令和元・9・18 裁判所 HP）がある。同性事実婚の場合であっても、一方当事者の不貞行為により慰謝料請求ができると判断した初めての裁判例として、マスコミで大々的に報道され、話題となった裁判である。

　本件は、同性のカップル（同性婚が認められているニューヨーク州で婚姻登録をした）の一方（Y₁）が、当時異性の相手方（Y₂）と「不貞行為」をしたことから、カップルの他方（X）が、両者を被告として慰謝料を求めた事案である。

　判決では、同性婚も異性間の内縁関係に準ずるものとして法的保護を受ける場合があること、本件事案のもとで X と Y₁ は内縁関係と同視できる生活関係にあったこと、そして、Y₁ と Y₂ 間で「不貞行為」があったことを認定した上、Y₁ の不貞行為により X と Y₁ の同性婚関係が破綻したことにより X が精神的苦痛を被ったとして、X の Y₁ に対する慰謝料請求が認められた。

　他方で、X の Y₂ に対する慰謝料請求の可否の判断の中で、前述した平成 31 年最判に言及し（理由は不明であるが、原告は Y₂ の「不貞行為」を理由とせず「離婚＝内縁関係破綻慰謝料」があると主張していた）、平成 31 年最判の「当該夫婦（本件では同性カッ

プル）を離婚（同内縁関係に準じる関係を破綻）させることを意図してその婚姻関係（同内縁関係に準じる関係）に対する不当な干渉をするなどして当該夫婦（同性カップル）を離婚（関係破綻）のやむなきに至らしめたものと評価すべき特段の事情」の有無を検討した上、前記特段の事由はないとして、XのY2に対する慰謝料請求は棄却している。

今後、LGBT が浸透してくれば（本件では、「不貞行為」の相手方 Y2 はトランスジェンダーであって、後に性転換して、判決当時 Y1 と同性カップルとなっていると認定されている）、弁護士として LGBT に関する事案を受任することも十分考えられることから、理解しておきたい裁判例である。

なお、本件裁判は控訴、付帯控訴されたが原審の判断が維持され（東京高判令和２・３・４ウエストロー）、上告されたが上告は棄却され１・２審判決が確定した。　　　　　　　　　　　[國塚道和]

Ⅳ…不貞行為当事者からの受任

Case

　ヤナギ弁護士は、弁護士会の法律相談で、不貞行為の当事者
である夫から、妻から離婚を求められているという相談を受け
た。すでに妻には弁護士が就いて調停を申し立てられたが不調
に終わり、離婚訴訟を提起されることは確実とのことであった。
込み入った事情があるようなので、再度打ち合わせをすること
となり、事務所での打ち合わせでは不貞行為の相手方の女性も
同席した。打ち合わせ後、離婚事件の経験が豊富な同期のG
弁護士に相談した。気を付けるべき点は何か。

• • •

ヤナギ：Gさん、ちょっと相談したいことがあるんだけど聞いてくれる？　離婚
　　　　事件なんだけど。

　G　 ：ぼくでわかることなら。

ヤナギ：この間、弁護士会の法律相談で不倫をしている夫から相談があったんだ。
　　　　妻から離婚を求められていて、調停を申し立てられたが不調に終わった
　　　　けど、訴訟を提起されることは確実なんだって。

　G　 ：なるほど。

ヤナギ：それで正式に受任することになり、改めて事務所で打ち合わせをしたと
　　　　ころ、不倫の相手方の女性も同席して話をしたんだ。

　G　 ：調停が不調になった原因はなんなの？　財産分与の条件とか。

ヤナギ：そうではなくて、夫が不貞行為の事実を認めなかったんだ。ただ、話を
　　　　聞くと、不倫の証拠はばっちり妻に握られていて、ちょっと不貞行為の
　　　　事実を否定するのは難しいんだ。調停では、不貞行為の相手方の女性に
　　　　対しても将来慰謝料を請求する、といわれているんだ。

G　：なるほど。で、調停は弁護士をつけずにやって難しかった。訴訟では不
　　　貞行為の事実は認めざるを得なくなったので、不貞の相手方も一緒に相
　　　談に連れてきたというわけだね。

ヤナギ：相手方の女性からは、将来自分が訴えられたら、代理人についてほしい
　　　とお願いされている。どう思う？

G　：ぼくなら受任しないな。君が夫の代理人となるなら、相手方の女性には
　　　知り合いの弁護士を紹介して代理人となってもらうな。

ヤナギ：その方法もあるけど、代理人が一緒なら、慰謝料額などで歩調を合わせ
　　　ることができるメリットがあるだろう。そもそも相手方の女性には弁護
　　　士に依頼する資力もないから、一緒に代理した方が安上がりというメリ
　　　ットもあるし。

G　：たしかに利害が相反しなければメリットはあると思う。ただ、今は利害
　　　が相反しなくても、潜在的には利害相反の可能性があり、今後の2人の
　　　関係によっては顕在化する場合もあるよね。相手方女性の代理人ときち
　　　んと連絡をとりあえば、歩調は合わせることができるよ。

ヤナギ：なるほど。あと、夫のほうの今後の方針だけど、不貞行為は認めざるを
　　　得ないんだけど、夫は一切お金は出したくないと言うんだ。メンツがあ
　　　るのか、不貞の相手方のためにお金をとっておくのか、その辺はよくわ
　　　からないが、事情を改めて詳しく聞こうと思っているけど、破綻の抗弁
　　　は通用するかなあ。

G　：破綻の抗弁はなかなか認められないからねえ。ましてや、今回の場合は
　　　調停では不貞行為自体を認めていないんだろう。ちょっと苦しいねえ。

ヤナギ：そうだよねぇ。離婚に応じる代わりに、財産分与や慰謝料額などで譲歩
　　　を求めることになるんだろうね。ありがとう！　助かったよ。

Check List

□不貞行為の事実があるか〔→ **1**〕

□事実があったとして相手方の手元に証拠がある可能性がある

か［→ **1**］

□証拠の信用性を争う余地はあるか［→ **1**］

□不貞行為の相手方と両方の代理人となることはどうか［→ **2**］

□破綻の抗弁の主張の余地はあるか［→ **3**］

□破綻の抗弁の主張を裏付ける事実および証拠はあるか

　［→ **3(1)(2)**］

□裁判外の解決の検討の余地があるか［→ **4**］

［ 解 説 ］

1　不貞行為に関する事実および証拠の収集

　不貞行為の当事者からの相談の場合は、不貞行為の事実があったか、あったとして証拠を相手方配偶者に把握されているか、が今後の方針を決める基準となる。不貞行為があった場合に、配偶者に証拠を把握されていない可能性があるのであれば、後日何らかの証拠を突き付けられて窮地に陥り、それまでウソをついてきたことに対する反発や悪感情にさらされるリスクを説明した上で、不貞行為の事実を認めないという方針を採用することもあり得るであろう。しかし、弁護士としては虚偽と知りながら虚偽の主張を続けることになるわけであり、懲戒請求を受けかねないことも考えると、相当にリスキーな戦術というほかはない。これに対して、配偶者に証拠を把握されている、または把握されている可能性が高いのであれば、そのことを前提として今後の方針を決定することとなる。

　なお、**III4(2)**で述べたとおり、不貞行為の証拠が不貞行為の当事者の作成した書面である場合は、書面の作成経緯によっては、決定的な証拠とならない場合があることは注意すべきである。

2 双方の代理人となることの可否

(1)問題の所在　　相談時に不貞行為の当事者と同相手方の交際が継続している場合、弁護士に2人で揃って相談にくる場合がままある。その際、双方の代理人就任を要請される場合があることから、どのような対応をしたらよいか問題となる。

(2)検討　　離婚と慰謝料請求の事件の進行具合、配偶者の要求の強さ、当事者の感情、今後予想される展開などにもよるが、原則として双方の代理人に就任することは避けるべきである。

　たしかに、実体法的には、不貞行為の当事者と同相手方の慰謝料債務は不真正連帯債務であり、1人が支払えばその分もう1人の支払額が減るなど連動しているし、双方の代理人になれば、手続的にも歩調を合わせることができるというメリットがないではない。

　しかし、不貞行為の当事者と同相手方はいつ喧嘩別れするかわからないし、いつ何らかの紛争関係に立つかもわからないのであって、潜在的な利害相反があるというべきであり、それが顕在化すれば双方の代理人を辞任するだけでなく、双方の争いに巻き込まれて懲戒請求を受ける危険性もある。たとえば、相談時には交際していても、その後関係が悪くなり、不貞行為の相手方が不貞行為の当事者に対し、「私をだましていた」と主張することが想定できるであろう。

　もっとも、極めて例外的に、双方の代理人となることが適切なケースも考えられる。

　以下では、双方の代理人となることを依頼された場合に考えられるいくつかのケースを想定して検討してみる。

(3)不貞関係にある当事者双方の代理人となり得るケース　　**(a)ケース1**　　不貞行為の当事者も同相手方も訴訟の被告となっている場合は、双方に弁護士をつけることが望ましいので、一方には他の弁護士を紹介することが望ましい。任意の交渉や調停の場合と異なり、訴訟となると、自分の利益を守るために弁護士の援助が必須となるからである。

（b）ケース２　　不貞行為の当事者の離婚調停が家庭裁判所に係属しており、不貞行為の相手方が相手方配偶者から内容証明郵便で慰謝料を請求されている場合などは、調停手続はそのまま不貞行為の当事者本人に委ね、相談を受けた弁護士が不貞行為の相手方の代理人となることが考えられる。もっとも、相談者の意向、相談者との関係、調停での話し合いの経緯如何によっては、不貞行為の当事者のみの代理人となることや双方に別々の弁護士を選任することも考えられる。

（c）ケース３　　不貞行為の当事者および同相手方が不貞行為の事実を認め、相当金額を支払うことを考えている場合で、金額についておおむね合意ができそうな場合は、例外的に双方の代理人となることを検討してもよい。この場合はすでに話が進んでいて利益相反が顕在化する可能性は低い一方で、双方の支払額の割り振りや残余請求免除などの条項をつけるなどで双方代理人となることのメリットがあるからである。

3　破綻の抗弁の主張およびその証拠

（1）主張される場合　　事実として、また、証拠上不貞行為の事実を否定することができない場合に、不貞行為の当事者から、不貞行為はあったが、その時点では配偶者との間の婚姻関係は破綻していたと主張される場合がある。このような主張を、実務上「婚姻関係破綻の抗弁」（略して「破綻の抗弁」）と呼んでいる。婚姻関係が破綻した後に交際をしたものであるから、そもそも「不貞」ではないという主張である。

破綻の抗弁が主張されるのは、配偶者からの慰謝料請求に反論する場合のほか、離婚には同意しているものの財産分与等の金銭面での合意ができない場合にも主張されることがある。不貞行為の相手方との交際時には配偶者家族と別居していたことを主張することが典型的であろう。

（2）破綻の抗弁を基礎づける事実　　破綻の抗弁を基礎づける事実と

しては、離婚届の作成、離婚を求める内容のメール、別居、夫婦間に性行為がなかったことなどがある。

　事案にもよるが、上記のうちいくつかの事実が認定されれば、破綻の抗弁が認められる場合がありえる。たとえば、離婚届が作成され、配偶者と不貞行為の当事者双方の署名と捺印がある場合や、配偶者の署名捺印がなくともメール等で離婚届にサインをする旨を明示している場合などは、破綻の抗弁が認められやすくなるであろう。

　他方で、不貞行為の当事者が破綻していたと認識していただけでその他の破綻をうかがわせる事実がない場合や、性行為がなかったことのみを理由とする場合などは破綻があったとは認められないと考えられる（大塚正之・前掲論文（3）・家庭の法と裁判 12 号（2018 年））。

(3) 破綻の抗弁に関する証拠　　先にふれた離婚届、メールなどのほかに、別居の事実を証する証拠（自宅の賃貸借契約書や住居が別の住民票）などがあるが、客観的証拠は少なく、本人の陳述書等で主張するほかない場合が多い。

(4) 不貞行為が始まった時期との関係　　不貞行為が始まった時期にすでに夫婦関係が破綻していれば、「不貞」ではなくなり、したがって、不法行為として加害行為はなくなる。そこで、不貞行為の開始時期が実務上問題となり得る。不貞行為の当事者、同相手方は遅い時期に交際が始まったと主張するのが通常である。

　もっとも、後述するとおり、婚姻関係破綻は容易に認められず、「破綻」していなければ、そもそも不貞行為の時期は問題にならない。たとえば、別居期間が長期間に及んだ後に交際が開始したなどの場合は破綻の抗弁が認められることがあるであろう。

(5) 破綻の抗弁主張の意味　　大塚・前掲論文 46 頁でもふれられているとおり、過去の裁判例の分析結果では、破綻の抗弁は容易には認められていない。これについては、「婚姻中であるということは、基本的には、夫婦関係は破綻しておらず、婚姻共同生活の平和の維持という利益が存在していると考え、したがって、〔配偶者が〕法律上の

婚姻関係の事実さえ主張すれば、これによって、婚姻共同生活の平和の維持という利益が推認され、これを覆すためには、不貞行為の時点において、婚姻関係が破綻していた事実を被告〔不貞行為の当事者ら〕が主張立証しないといけないというように理解されるのであろう。」と分析している。

不貞行為の当事者らの相談を受けた弁護士とすれば、この点を相談者に対し、説明する必要がある。

もっとも、仮に破綻の抗弁が認められず、離婚理由としての婚姻関係の破綻がなかったと認定されたとしても、「破綻まではいたらなかったが、諸般の事実にかんがみれば、夫婦関係が円満でなかったことは証拠上うかがえる」等の認定がされて、慰謝料減額の事由となる可能性もあるので、不貞行為の当事者の代理人からすれば、破綻をうかがえる事実があれば積極的に主張していかざるを得ないであろう。

4 依頼者の説得

不貞行為の事実があり、配偶者に証拠も握られていた場合、最終的に離婚請求が認容され、また慰謝料等で金銭的負担が大きくなってしまう可能性がある。依頼者である不貞行為の当事者らの利益を考えれば、一定程度譲歩して、たとえば、離婚には応じる、金銭給付の減額を持ち掛けるなどの方法をとるよう説得することが考えられる。他方で、依頼者とすると、相手方配偶者とのそれまでの生活や、「自分だけが悪いのではない」という思い、それまでの経緯で感情的な反発もあり、なかなか納得できない場合もありえる。

弁護士としては、依頼者の気持ちは十分理解できるとしつつ、依頼者の今後のことを考えると譲歩することもよりよい解決方法になることを、粘り強く話すことが必要である。

〖 *Answer* 〗

不貞行為があったか、あったとしてその証拠は何かを中心に事情聴取す

る。不貞行為の当事者と相手方双方の代理人になることを依頼された場合、双方代理人とならないことを原則としつつ、事案に応じて例外を検討する。また、婚姻関係破綻の抗弁が容易に認められにくいことを依頼者に説明することを忘れないようにする。

◀ コラム ▶ 調停条項・和解条項作成の難しさ

　調停が成立する場合、また、訴訟の場合でも和解により話し合いの解決ができそうな場合は、調停条項や和解条項を作成することになる。調停条項・和解条項の中では、判決文とは異なり、訴訟物に限定されず当事者間でさまざまな取り決めを行うことができる。一般的な離婚の場合、当事者の今後の一切の接触禁止や調停・和解条項の内容を第三者に秘匿する秘密保持条項（口外禁止条項）などの取り決めがなされる場合が多い。

　不貞行為を理由とする離婚の場合に時々問題となるのが、一方配偶者から「離婚には応じる。ただし、不貞行為の当事者と相手方が交際することは許せない。今後は交際しないことを和解（調停）条項で約束させてほしい」といった要望がなされる場合である。

　一方配偶者がこのような要望をする気持ちは、裏切られた当事者の立場に立った場合は理解できるところではある。ただ、すでに関係が切れている場合ならともかく、いまだ交際継続中の場合に、不貞行為の相手方がこのような条項を入れることについて同意することはないであろう。和解（調停）で解決することが依頼者である一方配偶者の利益になると考えた場合、弁護士として自分の依頼者を説得しなければならなくなる。依頼者の感情も理解できるだけに、この点に一方配偶者がこだわる場合は、説得は難しくなるであろう。

　離婚事件、特に不貞行為が絡む場合は、当事者の感情をいかに「折り合ってもらうか」が、弁護士としての腕のみせどころである。

[國塚道和]

Ⅴ⋯有責配偶者からの離婚請求

Case

　ヤナギ弁護士は、弁護士会の法律相談で、不貞行為の当事者
である夫から、妻と離婚したいという相談を受けた。夫は離婚
調停を申し立てたが、妻は離婚に応ぜず不調に終わっている。
婚姻期間は10年であるが、そのうち5年は別居していて子ど
もはいない。ヤナギ弁護士は、依頼者との相談後、以前にも相
談した同期のG弁護士に相談した。ヤナギ弁護士はどのよう
な点に注意すればよいか。

• • •

ヤナギ：Gさん、先日はありがとう（本章Ⅳ参照）。結局訴訟に至らず、裁判外
　　　　で話がついたよ。

　G　：そうか。よかったね。

ヤナギ：またまた相談なんだけど。今度は離婚をしたいという夫が相談者の案件
　　　　なんだ。

　G　：ヤナギさん、最近やけに離婚事件にあたるね。

ヤナギ：でもこの夫、実は不倫をしていて、すでに相手の女性と一緒に暮らして
　　　　いるんだ。

　G　：ふう〜ん。有責配偶者からの離婚請求なんだ。子どもはいるの？

ヤナギ：子どもはいない。婚姻期間は10年、別居期間は5年なんだ。

　G　：それはまた微妙だね。別居期間が5年となると、有責でない場合は現在
　　　　の実務では離婚が認められてもいい事案だよね。

ヤナギ：そうなんだ。いろいろ調べてみたけど、現在の実務はいわゆる破綻主義
　　　　で、ある程度の別居期間があると離婚は認められやすいと言われてるけ
　　　　ど、こと有責配偶者からの離婚請求となると別かなと思って。そこで、

　　　　　離婚事件のプロフェッショナルであるＧ大先生のご意見を賜ることにし
　　　　　たんだ（笑）。

Ｇ　：かんべんしてくれよ。ぼくなんてまだペーペーだよ。それはさておき、
　　　　質問のことだけど、ぼく個人の考えとしては、破綻主義の流れは有責配
　　　　偶者の場合も同じだと思うな。ただ、有責配偶者の場合は、相手方との
　　　　間の信義則上、別居期間や財産的給付、子どもがいる場合の子どもの年
　　　　齢・養育状況などが、通常の離婚の場合と比較して厳しくなるといった
　　　　ことだと思うよ。

ヤナギ：そうだよね。ぼくも判例、判決例の流れを調べたけど、同じ感覚なんだ。
　　　　確認できてよかったよ。

Ｇ　：とはいえ、相談に来た人が訴訟で離婚請求が認められるかどうかは別だ
　　　　よね。

ヤナギ：そこが頭の痛いところで。子どもがいない、というのは離婚に傾く事情
　　　　なんだけど、あとはどこまで認められるか。正直訴訟をやってみないと
　　　　わからない部分があるよね。

Ｇ　：その意味では、調停で解決すべき事案だったよね。調停段階で相談に来
　　　　て君が代理人についたら、もう少しいい解決方法があったのに。

ヤナギ：そうなんだよ。調停なら、いろいろな条件を出したり、ゆっくり話がで
　　　　きたんだけど。調停での話し合いの経緯にもよるけど、双方が感情的に
　　　　もつれていないといいと思っているんだ。

Ｇ　：相談者の離婚の意思が強いなら、離婚できない可能性があることを十分
　　　　説明したうえで訴訟を提起することもありえるよね。

ヤナギ：ありがとう。もう一度依頼者と今後の方針を一緒に考えてみるよ。

Ｃｈｅｃｋ Ｌｉｓｔ

□相談者が有責配偶者といえるか［→ **1**］

□協議・調停で解決できる見込みあるか［→ **5**］

□昭和62年最高裁判決の3要件を検討したか［→ **2**］

□婚姻当初と請求時点で変わった事情があるか [→ 2]

□別居の開始時点で争いが生じる可能性があるか [→ 2(1)]

［ 解説 ］

1　一般的な離婚との異同

　不貞行為を行った配偶者から離婚を求める場合を、有責配偶者からの離婚請求という。有責配偶者からの離婚請求であっても、他の離婚の場合と法定の離婚理由が特別であるわけではなく、また、協議→調停→訴訟という手続を経ることに関しても、異なるところはない。

　ただ、有責配偶者からの離婚請求は、これまでの裁判例の積み重ねがあり、昭和 20〜30 年代には、原告が「有責配偶者」であることが認定された場合は離婚請求が認められなかった（有責配偶者からの離婚請求が認められた場合、他方配偶者は、不貞行為を受けた苦痛と意思に反する離婚をしなければならないという苦痛という二重の苦痛を受けることになるという状態を、「踏んだり、蹴ったり」として、排斥されていた。最判昭和 27・2・19 民集 6 巻 2 号 110 頁、最判昭和 29・11・5 民集 8 巻 11 号 2023 頁、最判昭和 29・12・14 民集 8 巻 12 号 2143 頁）。その後離婚の増加に伴い、若干の例外を認める裁判例（双方有責の場合や破綻後に有責となった場合）はあったものの、以下で述べる昭和 62 年最高裁判決までは、有責配偶者からの離婚請求は基本的に認められなかった。

　また、昭和 62 年最判で、一定の要件を満たした場合には有責配偶者で「あっても」離婚が認められる場合があると判断されたことから、この要件に当てはまるかどうか検討するために、有責配偶者からの離婚請求を特に取り上げることが必要であった。

　現在でも、有責配偶者からの離婚請求が、訴訟になった場合に、そうでない離婚請求に比べて認められにくいといった意味で類型化することには意味があると考える。

2 有責配偶者離婚容認の3要件

　協議や調停で話し合ったものの合意ができず、離婚が成立しなかった場合、それでも有責配偶者が離婚を望むときは、最大判昭和62・9・2民集41巻6号1423頁（以下「昭和62年最判」という）のいわゆる「有責配偶者離婚容認の3要件」を検討することが必要である。3要件とは、次の通りである。

　　①夫婦間の別居が夫婦の年齢および同居期間に対比して相当長期間に及んでいること

　　②夫婦の間に未成熟の子が存在しないこと

　　③不貞行為の当事者の他方配偶者が離婚により精神的・社会的・経済的に極めて過酷な状態におかれる等離婚請求を認容することが著しく社会的正義に反するような特段の事情がないこと

　受任した事案が上記要件に該当するかどうかを、上記昭和62年最判以降に積み重ねられた裁判例の事案を分析して、受任した事案の該当性を検討することになる。以下では、3要件について、実務上注意すべきいくつかの点を述べることとする。

(1) 別居期間　　以前の裁判例は、別居期間○年経っているから、もしくは、○年経っていない、という形式的な基準で離婚請求の可否を決めていたが（最判昭和63・2・12集民153号335頁ほか）、近年は、別居の期間は離婚の相当性を判断する事由のうちの1つで、他の事由があれば別居期間が短い場合でも離婚が認められている例もあり（最判平成2・11・8集民161号203頁ほか）、必ずしも別居期間の長短「だけ」で判断されているわけではない。夫婦の婚姻期間によって、同じ別居期間であっても離婚請求が認められるかどうか変わってくることにも注意すべきである。たとえば、夫婦の年齢が若く、同居期間・別居期間が比較の短い場合であっても、有責配偶者からの離婚請求を認容した裁判例もある（那覇地沖縄支判平成15・1・31判タ1124号244頁〔別居期間6年〕）。

　また、実務上、別居の始期について当事者の主張が食い違い、争い

になる場合がある。離婚を求める有責配偶者が別居期間を長くするため別居の始期を遠い過去の時点と主張する一方、他方配偶者は別居期間を短くするため別居の始期を近い過去の時点と主張するような場合である。たとえば、有責配偶者が別居とされる時点で単身赴任をしていた事案で、同人が単身赴任となった時点を別居の始期と主張することに対し、他方配偶者は不貞行為の当事者が単身赴任中であっても時々自宅に戻っていたので別居とはいえないとして、単身赴任が終わっても自宅に完全に戻ってこなかった時点を別居の始期と主張する場合などが考えられる。

　上記のとおり、近年の傾向として別居期間の長短だけで離婚の可否が決定されるわけではないが、可否決定の重要な要素であることに変わりはない。別居の始期が変われば別居期間の長短も変わらざるを得ないことから、この点が争いになる可能性があるかどうかを検討すべきである。

（2）未成熟の子の不存在　　この要件についても、現在は必須ではなく、他の事情があれば未成熟の子が存在しても離婚請求が認められる場合がある。

　ただし、この要件が欠けていても離婚請求が認められる場合はかなりハードルが高く、たとえば、子どもの養育、生活費として世間一般以上の十分な金額を一定期間支払っており、今後も支払をする見込みがあることが最低限の事情として必要であることは頭に入れておく必要がある。

（3）社会的正義に反しない特段の事情　　これは、一言でいえば、離婚を認めることが「信義則に反しない場合であること」である。これまで有責配偶者が収入に比例して相応の生活費を支払ってきており、今後も支払う意思があるという経済面を中心に論じられているが、精神面については、たとえば子どもが障害を負っている場合に、子どもの日常介護で他方配偶者に負担が偏らないことなどが考えられる。諸事情をすべて考慮することからすると、この要件に該当させるために

は、有利と考えられるあらゆる事情を依頼者から聴取して、主張する
必要がある。

3 裁判例の検討

　有責配偶者からの離婚請求が一律に認められなかった時代であれば、
離婚を求めている一方当事者が有責か否かにより、離婚が認められる
か否かがある程度予測できた。ただ、昭和62年最判以降、裁判例が
積み重ねられ、最終的に離婚が認められるか否か、判断に迷う事例も
でている。

　ここでは、第1審と控訴審で判断が分かれた事例（第1審：千葉家
判平成24・6・28平成23年（家ホ）90号・控訴審：東京高判平成25・1・
16平成24年（ネ）5294号）を題材に検討する。

(1)事案の概要　　夫と妻の間に11歳未満の3名の未成熟子があり、
妻が子どもを連れて別居した。12年の同居期間、2年の別居期間、
妻が不貞行為を行った事案（不貞行為の事実は当事者間で争いがない）
で、妻からの離婚請求であった。

(2)判決の骨子　　第1審は、夫婦関係は破綻しており、婚姻を継続
し難い重大な事由があり離婚事由があることを認めるともに、有責配
偶者性についての判断では、妻の不貞行為が婚姻の破綻に影響があっ
たことは否定できないが、諸般の事情にかんがみれば、妻が有責配偶
者であるとまでは認められないとして、妻からの離婚請求を認容した。

　控訴審は、婚姻を継続し難い重大な事由があることは第1審と同
様に認めたものの、有責配偶者性（控訴審判決文では、「離婚請求の信義
則違反」という項目をたてて検討している）では、第1審と異なり、妻
からの離婚請求を認めることは信義則に反するという判断をしている。

(3)判断の分かれ目　　第1審と控訴審で、認定された事実にほとん
ど違いがない。夫と妻との婚姻関係はすでに破綻していたことを認定
したことも違いがない。他方で、有責配偶者性（離婚請求の信義則違
反）を基礎づける事実の評価で正反対の結論となっている。

（a）第 1 審判決の評価

・妻の不貞行為の前に夫婦間の破綻に至る重大な兆候があった

・破綻の責めが一方的に妻の不貞行為にあるとまで言えない

　　→妻が有責配偶者にあたると立証されていない

（b）控訴審判決の評価

・妻が不貞行為を行った上別居を自ら行った事実は重い

・夫が復縁を強く望んでいる

・子らが未成熟であり、離婚すれば生活費が減額される

・別居期間が長期間とは言えない

　　→妻からの離婚請求を認めることは信義則に反する

（4）検討　　第 1 審判決は夫婦関係破綻の事実を重視した一方で、控訴審判決は当該事案では離婚を認めることは信義則に反すると判断した。事実の認定に大きな違いはないことから、最終的には認定された事実の選択、選択された事実の評価の軽重により判断が分かれた事案と考えられる。

　第 1 審判決と控訴審判決のいずれも、これまでの経緯や訴訟での態度も含めて最終的な判断をしていることは同様と思われる。ただ、離婚を認容するか否かは、最終的には当該事案を担当した裁判官の婚姻に対する考え方により左右されるというのが私見である。

　破綻した夫婦に婚姻関係を維持させる意味はないという一方の極（仮に「N 極」とする）と破綻した夫婦であっても有責な配偶者からの離婚請求は認めないという他方の極（仮に「S 極」とする）の間で、「N 極」に近い方向で考えるのか、「S 極」に近い方向で考えるのかという価値判断が先行し、その上で「N 極」「S 極」に近い事実を選択し、または選択した事実を重視する（他方極に近い事実を重視しない）。「信義則」という開かれた構成要件では、どのような事案であってもある程度上記のような判断形態にならざるを得ないが、有責配偶者からの離婚請求の場合は特にこのような判断形態をたどらざるを得ないのではないか、だからこそ、第 1 審と控訴審で判断が分かれたので

はないか、と考えられる。

4　3要件を満たさない場合

　有責配偶者からの離婚請求で、昭和62年最判の3要件にあてはまらない場合であっても、協議離婚や調停離婚により離婚する事案は多数ある。問題は「訴訟になったら」有責配偶者からの離婚請求は認められにくい、ということにある。これは、一般の離婚の場合の「法定の離婚事由が認められ難い」事案と同様と考えられる。法定の離婚事由が認められ難い事案であっても、相手方との協議により、また調停の場で離婚が成立することは日常的に存在する。これと同様、有責配偶者から相談を受けた際、当該事案が最高裁の3要件を充たさない場合であっても、協議ないし調停で、他方配偶者が了承できるような条件を提示するなどして、訴訟に持ち込まずに、相談者の要望に応えることができる。

　有責配偶者からの離婚の場合は、相談を受けた段階で、協議ないし調停での解決を目指し、訴訟にまでいかないような方針で臨む必要がある。

5　話し合いによる解決の有用性

　有責配偶者の離婚請求の事案にあたった弁護士の立場からすると、上記事案で検討したとおり、訴訟になれば、離婚が認められるか、認められないか、予測がつかない場合が想定される。この点、明らかに認められないような事案、たとえば、有責であることは明らかで未成熟子が複数で、かつ、生活費も払っていないようなケースでは、訴訟になれば離婚が認められる可能性が少ないので、十分な生活費（養育費、慰謝料）を支払うなどして、話し合いによる解決を求めることになる。しかしながら、前に検討したような微妙な事案の場合であっても、訴訟になった場合にどちらにころぶか予測がつけ難いことから、有責配偶者からの離婚請求は、訴訟にいくまでの任意の話し合いや調

停で決着すべきである。

【 *Answer* 】

　有責かどうか、別居期間の始期に争いが生じる可能性があるか、昭和
62 年最判の 3 要件があるかに注意しつつ、請求を行う側からの依頼の場
合は、結果の予測が困難な訴訟の前に決着をつけることを検討する。

事項索引

判例索引

【編著者】

髙中正彦（たかなか・まさひこ）／弁護士（髙中法律事務所）
早稲田大学法学部卒業。昭和 54 年弁護士登録（第 31 期）。
『弁護士法概説〔第 5 版〕』（三省堂、2020 年）、『法曹倫理』（民事法研究会、2013 年）、『判例弁護過誤』（弘文堂、2011 年）など。
※コラム執筆

岸本史子（きしもと・ふみこ）／弁護士（あずさ総合法律事務所）
早稲田大学大学院法学研究科公法学専攻修了。2000 年弁護士登録（第 52 期）。主著として、『弁護士の失敗学』（分担執筆、ぎょうせい・2014 年）など。
※第 1 章、第 2 章執筆

【著　者】

大森啓子（おおもり・けいこ）／弁護士（フローラ法律事務所）
創価大学法学部卒業。2003 年弁護士登録（第 56 期）。主著として、『Q & A 改正相続法のポイント──改正経緯をふまえた実務の視点』（共著、新日本法規・2018 年）、「家事調停の制度と運用──家事事件手続法による変化」（『木内道祥先生 古稀・最高裁判事退官記念論文集 家族と倒産の未来を拓く』金融財政事情研究会・2018 年）など。
※第 3 章執筆

國塚道和（くにづか・みちかず）／弁護士（かすが・國塚法律事務所）
早稲田大学法学部卒業。2003 年弁護士登録（第 57 期）。主著として、『Q & A 相続・遺留分の法律と実務』（共著、日本加除出版・2011 年）など。
※第 5 章執筆

澄川洋子（すみかわ・ようこ）／弁護士（ヒューマンネットワーク中村総合法律事務所）
明治大学大学院法学研究科博士前期課程修了。2000 年弁護士登録（第 52 期）。主著として、『離婚給付算定事例集』（共同執筆、新日本法規、2010 年）、『実務家が陥りやすい離婚事件の落とし穴』（共同執筆、新日本法規、2020 年）など。
※第 4 章執筆

【編著者】
髙中　正彦　　弁護士（髙中法律事務所）
岸本　史子　　弁護士（あずさ総合法律事務所）

【著　者】
大森　啓子　　弁護士（フローラ法律事務所）
國塚　道和　　弁護士（かすが・國塚法律事務所）
澄川　洋子　　弁護士（ヒューマンネットワーク中村総合法律事務所）

離婚のチェックポイント【実務の技法シリーズ8】

2021（令和3）年8月15日　初版1刷発行

編著者　髙中正彦・岸本史子

発行者　鯉渕　友南

発行所　株式
　　　　会社　弘文堂　　　　101-0062 東京都千代田区神田駿河台1の7
　　　　　　　　　　　　　　TEL 03(3294)4801　振替 00120-6-53909
　　　　　　　　　　　　　　https://www.koubundou.co.jp

装　丁　青山修作
印　刷　三陽社
製　本　井上製本所

ISBN 978-4-335-31388-2

━━━━ 実務の技法シリーズ ━━━━

〈OJTの機会に恵まれない新人弁護士に「兄弁」「姉弁」がこっそり教える実務技能〉を追体験できる、紛争類型別の法律実務入門シリーズ。未経験であったり慣れない分野で事件の受任をする際に何が「勘所」なのかを簡潔に確認でき、また、深く争点を掘り下げる際に何を参照すればよいのかを効率的に調べる端緒として、実務処理の「道標（チェックポイント）」となることをめざしています。

- ☑ 【ケース】と【対話】で思考の流れをイメージできる
- ☑ 【チェックリスト】で「落とし穴」への備えは万全
- ☑ 簡潔かつポイントを押さえた、チェックリスト対応の【解説】
- ☑ 一歩先へと進むための【ブックガイド】と【コラム】

会社法務のチェックポイント　　市川　充=安藤知史 編著
美和　薫=吉田大輔 著　　　　　　　　　　　　　　　A5判　2700円

債権回収のチェックポイント　　市川　充=岸本史子 編著
國塚道和=嵯峨谷厳=佐藤真太郎 著　　　　　　　　　A5判　2500円

相続のチェックポイント　　高中正彦=吉川　愛 編著
岡田卓巳=望月岳史=安田明代=余頃桂介 著　　　　　　A5判　2500円

交通賠償のチェックポイント〔第2版〕　高中正彦=加戸茂樹 編著
荒木邦彦=九石拓也=島田浩樹 著　　　　　　　　　　A5判　2800円

破産再生のチェックポイント　　高中正彦=安藤知史 編著
木内雅也=中村美智子=八木　理 著　　　　　　　　　A5判　2700円

建物賃貸借のチェックポイント　　市川　充=吉川　愛 編著
植木　琢=小泉　始 著　　　　　　　　　　　　　　A5判　2800円

労働法務のチェックポイント　　市川　充=加戸茂樹 編著
亀田康次=軽部龍太郎=高仲幸雄=町田悠生子 著　　　A5判　2800円

離婚のチェックポイント　　高中正彦=岸本史子 編著
大森啓子=國塚道和=澄川洋子 著　　　　　　　　　　A5判　2800円

━━━━━━━━━《以降、続刊予定》━━━━━━━━━

- ■管理術　　　　　　　　　　高中正彦=市川　充 編著
- ■文書作成・尋問技術　　　　高中正彦=市川　充 編著
- ■弁護士倫理　　　　　　　　高中正彦=市川　充 編著

※表示価格（税別）は2021年7月現在のものです。